中国社会科学院
经济研究所

经济所人文库

叶坦集

中国社会科学院经济研究所学术委员会 组编

中国社会科学出版社

图书在版编目（CIP）数据

叶坦集/中国社会科学院经济研究所学术委员会组编. —北京：中国社会科学出版社，2022.9

（经济所人文库）

ISBN 978 - 7 - 5227 - 0665 - 8

Ⅰ.①叶… Ⅱ.①中… Ⅲ.①经济学—文集 Ⅳ.①F0 - 53

中国版本图书馆 CIP 数据核字（2022）第 141211 号

出 版 人	赵剑英
责任编辑	王 曦
责任校对	殷文静
责任印制	戴 宽

出　　版	中国社会科学出版社
社　　址	北京鼓楼西大街甲 158 号
邮　　编	100720
网　　址	http://www.csspw.cn
发 行 部	010 - 84083685
门 市 部	010 - 84029450
经　　销	新华书店及其他书店

印刷装订	北京君升印刷有限公司
版　　次	2022 年 9 月第 1 版
印　　次	2022 年 9 月第 1 次印刷
开　　本	710 × 1000　1/16
印　　张	20.25
字　　数	301 千字
定　　价	108.00 元

凡购买中国社会科学出版社图书，如有质量问题请与本社营销中心联系调换

电话：010 - 84083683

版权所有　侵权必究

中国社会科学院经济研究所
学术委员会

主 任　高培勇
委 员　（按姓氏笔画排序）
　　　　龙登高　朱　玲　朱恒鹏　刘树成
　　　　刘霞辉　杨春学　张　平　张晓晶
　　　　陈彦斌　赵学军　胡乐明　胡家勇
　　　　徐建生　高培勇　常　欣　裴长洪
　　　　魏　众

总　序

作为中国近代以来最早成立的国家级经济研究机构，中国社会科学院经济研究所的历史，至少可上溯至1929年于北平组建的社会调查所。1934年，社会调查所与中央研究院社会科学研究所合并，称社会科学研究所，所址分居南京、北平两地。1937年，随着抗战全面爆发，社会科学研究所辗转于广西桂林、四川李庄等地，抗战胜利后返回南京。1950年，社会科学研究所由中国科学院接收，更名为中国科学院社会研究所。1952年，所址迁往北京。1953年，更名为中国科学院经济研究所，简称"经济所"。1977年，作为中国社会科学院成立之初的14家研究单位之一，更名为中国社会科学院经济研究所，仍沿用"经济所"简称。

从1929年算起，迄今经济所已经走过了90年的风雨历程，先后跨越了中央研究院、中国科学院、中国社会科学院三个发展时期。经过90年的探索和实践，今天的经济所，已经发展成为以重大经济理论和现实问题为主攻方向、以"两学—两史"（理论经济学、应用经济学和经济史、经济思想史）为主要研究领域的综合性经济学研究机构。

90年来，我们一直最为看重并引为自豪的一点是，几代经济所人孜孜以求、薪火相传，在为国家经济建设和经济理论发展作出了杰出贡献的同时，也涌现出一大批富有重要影响力的著名学者。他们始终坚持为人民做学问的坚定立场，始终坚持求真务实、脚踏实地的优良学风，始终坚持慎独自励、言必有据的学术品格。他们是经济所人的突出代表，他们的学术成就和治学经验是经济所最宝贵的财富。

抚今怀昔，述往思来，在经济所迎来建所90周年之际，我们编选出版《经济所人文库》（以下简称《文库》），既是对历代经济所人的纪念和致敬，也是对当代经济所人的鞭策和勉励。

《文库》的编选，由中国社会科学院经济研究所学术委员会负总责，在多方征求意见、反复讨论的基础上，最终确定入选作者和编选方案。

《文库》第一辑凡40种，所选作者包括历史上的中央研究院院士、中华人民共和国成立后的中国科学院学部委员、中国社会科学院学部委员、中国社会科学院荣誉学部委员、历任经济所所长以及其他学界公认的学术泰斗和资深学者。

《文库》第二辑共25种，在延续第一辑入选条件的基础上，第二辑所选作者包括经济所学术泰斗和资深学者，中国社会科学院二级研究员，经济所学术委员会认定的学术带头人。

在坚持学术标准的前提下，同时考虑的是入选作者与经济所的关联。他们中的绝大部分，都在经济所度过了其学术生涯最重要的阶段。

《文库》所选文章，皆为入选作者最具代表性的论著。选文以论文为主，适当兼顾个人专著中的重要篇章。选文尽量侧重作者在经济所工作期间发表的学术成果，对于少数在中华人民共和国成立之前已成名的学者，以及调离经济所后又有大量论著发表的学者，选择范围适度放宽。为好中选优，每部文集控制在30万字以内。此外，考虑到编选体例的统一和阅读的便利，所选文章皆为中文著述，未收入以外文发表的作品。

《文库》每部文集的编选者，大部分为经济所各学科领域的中青年学者，其中很多都是作者的学生或再传弟子，也有部分系作者本人。这样的安排，有助于确保所选文章更准确地体现作者的理论贡献和学术观点。对编选者而言，这既是一次重温经济所所史、领略前辈学人风范的宝贵机会，也是激励自己踵武先贤、在学术研究道路上砥砺前行的强大动力。

《文库》选文涉及多个历史时期，时间跨度较大，因而立意、观点、视野等难免具有时代烙印和历史局限性。以现在的眼光来看，某些文章的理论观点或许已经过时，研究范式和研究方法或许已经陈旧，但为尊重作者、尊重历史起见，选入《文库》时仍保持原貌而未加改动。

《文库》的编选工作还将继续。随着时间的推移，我们还会将更多经济所人的优秀成果呈现给读者。

尽管我们为《文库》的编选付出了巨大努力，但由于时间紧迫，工作量浩繁，加之编选者个人的学术旨趣、偏好各不相同，《文库》在选文取舍上难免存在不妥之处，敬祈读者见谅。

入选《文库》的作者，有不少都曾出版过个人文集、选集甚至全集，这为我们此次编选提供了重要的选文来源和参考资料。《文库》能够顺利出版，离不开中国社会科学出版社领导和编辑人员的鼎力襄助。在此一并致谢！

一部经济所史，就是一部经济所人以自己的研究成果报效祖国和人民的历史，也是一部中国经济学人和中国经济学成长与发展历史的缩影。《文库》标示着经济所90年来曾经达到的学术高度。站在巨人的肩膀上，才能看得更远，走得更稳。借此机会，希望每一位经济所人在感受经济所90年荣光的同时，将《文库》作为继续前行的新起点和铺路石，为新时代的中国经济建设和中国经济学发展作出新的更大的贡献！

是为序。

于2019年5月

编者说明

《经济所人文库》所选文章时间跨度较大，其间，由于我国的语言文字发展变化较大，致使不同历史时期作者发表的文章，在语言文字规范方面存在较大差异。为了尽可能地保持作者个人的语言习惯、尊重历史，因此有必要声明以下几点编辑原则：

一、除对明显的错别字加以改正外，异形字、通假字等尽量保持原貌。

二、引文与原文不完全相符者，保持作者引文原貌。

三、原文引用的参考文献版本、年份等不详者，除能够明确考证的版本、年份予以补全外，其他文献保持原貌。

四、对外文译名与今译名不同者，保持原文用法。

五、对原文中数据可能有误的，除明显的错误且能够考证或重新计算者予以改正外，一律保持原貌。

六、对个别文字因原书刊印刷原因，无法辨认者，以方围号□表示。

作者小传

叶坦，女，1956年10月生于北京，1988年进入经济所工作。

她1971年11月入国营企业工作，1978年考入河北大学，1982年获历史学学士学位；同年考入武汉大学，1985年获文学硕士学位。1985考入中国社会科学院研究生院、1988年获经济学博士学位并留所工作，这也是中国经济思想史学科首次授予博士学位。

叶坦为中国社会科学院二级研究员、博士生导师，1993年起获国务院政府特殊津贴，2012年受聘中国社科院首批"长城学者"。先后任日本学术振兴会和国际交流基金研究员、早稻田大学等校客座研究员、《中国社会科学季刊》（香港）学术委员、中国出版集团学术顾问及多种学术刊物和机构的编委、评委等。2008年被聘为浙江大学经济学院兼职教授，2012年荣聘北京大学经济学院兼职教授、2016年获聘中南财经政法大学"文澜学者"讲座教授等。2018年以来续聘北京大学经济学院兼职教授、上海财经大学经济学院特聘教授等，2021年以来荣聘北京大学经济学院讲席教授。现还任浙江大学儒商与东亚文明研究中心学术委员、中国经济思想史学会副会长、国家社科基金重大项目首席专家等。

几十年来，叶坦一直从事中国经济思想史研究。其在海内外较有影响的学术贡献主要是开拓宋代经济思想史、中国经济学术史、经济范畴史以及东亚经济思想比较研究，致力于丰富和深化传统汉学及中国经济史学的创新探索。1989年以来主持完成国家和中国社科院及国际合作课题20余项，近年出任中国大百科全书第三版"经济卷"中国经济思想史学科主编，国家社科基金重大项目《中国经济史学发展的基础理论研究》（15ZDB131）首席专家，国家社科基金重大项目《中国社会科学词条库（经济学）》（17ZSK010）中国经济思想史分支主编。先后出版独著《传统经济观大论争——司马光与王安石之比较》《富国富民论——立足于宋代的考察》《大变法——宋神宗与十一世纪的改革运动》《叶坦文集——儒学与经济》等，合著（含主编）《文明的运势——中日民族性诸形态比较研究》《宋辽夏金元文化史》、Economic Development in Twentieth Century East Asia、《日本の經濟思想世界》、The History of Ancient Chinese Economic Thought、《仙境・酒都・新乡镇——山东蓬莱刘家沟镇调研报告》等著书廿余部，译著《中国经济思想史论》《日中两国现代化比较研究》等十余部（主译）。自1981年发表《试论隋文帝时期社会经济的发展》以来，发表独撰学术论文180余篇，其研究成果获得多种学术奖励或为国内外学者评介、引用。应邀在北京大学、东京大学等多所大学和研究机构进行演讲、报告、讲座等。其专著《富国富民论——立足于宋代的考察》获中国社科院"第二届青年优秀成果奖"专著一等奖（1995年）、中国经济思想史学会"首届全国优秀成果奖"专著一等奖（1995年）等；《中华文化通志》"宋辽夏金元文化志"（主笔）获第四届"国家图书奖"荣誉奖（1998年），独撰论文《"中国经济学"寻根》获第八届"孙冶方经济科学奖"，《全宋文》"司马光文"（校点本）获首届"中国出版政府奖"图书奖（2007年）和全国古籍整理优秀图书奖等。叶坦的学术情况收入 Who's Who in Social Sciences in China（《中国社会科学家大辞典》英文版，1995年）等多种工具书。

近年来，叶坦的学术研究凸显理论性、实践性和继承性三大特征。理论性是中国经济史学发展亟待突破的"瓶颈"，叶坦深入钻研用功甚勤，发表了《经济史学及其学理关联——基于史实与逻辑的视域》《重写学术史与"话语体系"创新——中国特色经济学话语体系创新及其典型案例考察》《中国经济史学的演进与走向》等论文，不仅为开展国家重大项目的研究奠定了基础，而且是引领同行开展研究和推动学科创新发展的重要内容。实践性方面,她反复强调"治史"而不可"囿史",认为深入了解国情是开展研究的必要前提。从经济史学的方法论来看,调查取得的一手资料可以弥补文献记载之阙,也能"史实互证"稽核数据记录之实,还可以警示驻足书斋的研究可能出现的局限性。因此,她不仅带队深入田间地头实地考察,撰写了数十万字的调研报告,而且通过田野调查反思经济史学研究方法创新,发表了《调查研究的传统与学术创新——经济史学研究方法之反思》等论文,被《新华文摘》、人大复印报刊资料《经济史》等转载。她还在一些全国性学术会议的主题报告中讲述相关问题,强调研究要"接地气",引起学界重视。继承性方面,叶坦多次指出"创新的前提是继承",这看似简单实则不易,并且关涉学风,对于治经济史学尤为关键。她认为需要学习西方理论,但继承和发展中国经济史学前辈的治学方法和精神更为重要,前人宝贵的学术财富,值得潜心发掘、梳理和总结。近年来,她不仅系统地考察了经济史学大家吴承明先生的研究,在应邀撰写的《吴承明全集》序言中深入阐述吴先生的生平与学术;而且对中国经济思想史前辈胡寄窗、巫宝三、赵靖等先生的学术思想和研究方法进行爬梳、总结和论述,引导同仁继承优良学术传统,创新学科研究。

可以说,理论性、实践性和继承性也正是中国经济史学创新发展的关键所在,因此上述论文也尽量收入本文集。这些成果受到学者重视,有的成为多所大学教学科研的参考文献。随着春天的临近,中国经济史学将更加"边缘也出彩"!

目　　录

"中国经济学"寻根 …………………………………………………… 1
中日商品经济思想比较研究
　　——以石门心学和清初实学为中心（上、下） ……………… 19
经济史学研究特色述要 ……………………………………………… 63
中日近世商品经济观及其现代价值
　　——以石门心学和浙东学派为中心 …………………………… 79
《孔门理财学》
　　——中国经济学走向世界的百年始步 ……………………… 108
学术创新与中国经济史学的发展
　　——以中国经济思想史为中心 ……………………………… 113
凯恩斯为哪位中国人的书写过书评？ …………………………… 129
海外叶适经济思想研究论析
　　——百年典案：从哥大到京大经济学研究中的叶适 ……… 137
一部承前启后的中国经济史杰作
　　——《中国近代经济史，1927—1937》评介 ………………… 162
"欲创造适合我国之经济科学"的唐庆增其人其书 …………… 170
中国社科院创新工程首批"长城学者"代表致辞 ……………… 186
文化良知岂能拍卖 ………………………………………………… 188
经济史学及其学理关联
　　——基于史实与逻辑的视域 ………………………………… 192
重写学术史与"话语体系"创新
　　——中国特色经济学话语体系创新及其典型案例考察 …… 213

寄语新生 ………………………………………………………… 233
中国经济史学的演进与走向 …………………………………… 237
调查研究的传统与学术创新
　　——经济史学研究方法之反思 ……………………………… 243
中国经济史学的新发展
　　——以1896年的经济学术公案为中心 …………………… 261
一锄明月满园花
　　——《吴承明全集》序言 …………………………………… 281

编选者手记 ……………………………………………………… 307

"中国经济学"寻根

中国现今经济学的"根"在哪里？有无"中国特色的"经济学基础理论或"中国经济学"？西方经济学到底是否具有"普遍性""一般性"？如此等等，成为有争议的经济理论问题。本文从系统考察汉语"经济"一词的原初语义与运用实例入手，考辨其切实含义与变迁轨迹，及其与西方"经济学"的关系；通过对中国传统的"经济之学"与西方自古希腊、罗马以来逐步发展的"经济学"的分析，考证中国接受"西学"并探索建立"中国经济学"之努力的艰难历程。本文强调跨世纪学术深进的基础与前提是对本世纪学术研究史进行研究，重点阐述了"中国经济思想史"唯有在中国成为经济学独立分支学科的特有价值，指出经济学基本原理的发展与具体应用的要求双向互动，推动"经济"内涵与理论方法的发展演进，提示中西方经济学之渊源关系及后来的发展呈多向性、多元化，不宜简单化。

一

近年来，有关经济学的本土化、规范化或国际化等问题，成为有争议的经济理论问题之一。称谓不一，但核心问题是西方经济学到底是不是"普遍的、一般的"经济学基础理论，其是否有国界或阶级性、是否面临范式危机等；与此相应，是否应该有"中国特色的基础理论"，或有无"中国经济学"，以及构建中国经济学是否应有多元基础等，讨论见仁见智、莫衷一是，远非我在这里可以置喙说清。①

但我将这些讨论视为跨世纪学术发展的一种趋向。在"近代"与"西方"这两个基础上建立和发展起来的"Social Sciences",在脱离了这两个背景的现今中国(大概不仅仅是中国),面临的学术挑战在世纪之交愈显严峻,而经济学尤甚。中国经济理论研究和经济发展与改革实践,必然对经济学提出理论创新与学科发展的要求,而其他学科的学者不约而同地进行的学科理论探讨与研究方法创新,也证明了原有的学科划分或基础理论与方法面临更新和发展的时代挑战。不管创新是从学科以外去借鉴参照,还是从研究对象本身去总结提炼,抑或兼而有之的整合与升华,都离不开对本学科学术研究史进行研究分析的努力。随着21世纪的临近,本国各种"百年反思"接踵而至,而经济学学术史却未得到足够重视,这不能不说是一种遗憾。我曾提出跨世纪学术发展的重要基础或前提工作,是对本世纪学术史进行研究。② 经济学学术史的研究,首先是经济学说史或经济思想史学科责无旁贷的职责。

"中国经济学的寻根与发展"是个有价值的话题。我感觉其中一个关键处就是"寻"中国现今的经济学之"根"。一般认为经济学在中国学术中是"西学"之一种,是"舶来品"。不过,现今中国的经济学科中,也有"非西学"性质、甚至是以所谓"旧学"为重要内容的学科,例如中国经济思想史就是这样一门学科。这门学科研究中国自古及今经济思想、学说、观念、理论的历史发展,传统帝政时代占据了很大版块,而"彼时"的这些已注入本土斯民的民族文化积淀与观念习俗传承;同时,此学科又直接以"此时"中国经济思想理论为研究对象,现今的改革与发展为理论研究提供了丰富而新颖的内容。对于本国的研究自近代以后不可能孤立隔绝,不

---

① 参见张问敏等编《中国经济大论争》(第二辑),经济管理出版社1997年版。
② 参见叶坦《1920—30年代中国经济思想史研究之分析》,《中国研究》(东京)1995年12月号、1996年1月号。英文版见 Edited by Aiko Ikeo: *Economic Development in Twentieth Century East Asia*, Routledge Press, U.K., 1997, pp. 35–54.

能不与世界发生联系,经济科学尤其如此。中国经济思想史作为中国理论经济学的独立学科,尽管研究的深度广度都有很大的发展空间,却有据此认识"中国经济学"及相关问题的特有优势。寻中国经济学之根,有必要从汉语"经济"一词的原初语义与运用实例入手,考索其切实含义和历史轨迹,及其与西方"经济学"的关系,进而考察21世纪初"中国经济学"探索的艰难历程。

二

现代汉语中的"经济"一词,到底是西文"economy"的中译,还是古代汉语中"经邦治国""经世济民"等意义的"经济"之遗绪延伸?这涉及语源与内涵的考证。据著名语言学家高名凯等编《汉语外来词词典》,汉语"经济"一词的语源一个是日语的"经济"(keizai),再一个语源是古代汉语,列举出《宋史·王安石传》。又,记述此词为英语"economy""economics"的意译。此书"经济学"条目记汉语的"经济学"来源于日语的"经济学"(keizai-gaku),又说明是英语"Economics""Political economy"的意译。就是说,现代汉语的"经济"有两个语源,即从古代汉语和日语而来;"经济学"则译自日语,而日语此词又是从西文意译而来。[①] 据日本较为权威的辞典《广辞苑》(第4版,1991年)"经济"词条的解释:(1)《文中子·礼乐》治国救民、经国济民、政治;(2)economy,即经济;(3)俭约。"经济学"(Political economy; economics)"研究经济现象的学问……旧称理财学。"也就是说,日文"经济"有来自汉语"经国济民"之"经济"的含义;但作为一门"学",则是西文的日译。江户时代就有以"经济"命名的书,如太宰春台《经济录》、海保青陵《经济谈》、佐藤信渊《经济要录》等,大抵取义于古代汉语。至于西文日译,据考日本早期

---

① 参见[意]马西尼(F. Masini)《现代汉语语汇的形成——十九世纪汉语外来词研究》,黄河清译,汉语大辞典出版社1997年版,第222—223页。

英日辞典《谙厄利亚语林大成》未收"economy",文久二年(1862年)堀达之助等编《英和对译辞书》(开成所刊印,仅早稻田大学和静嘉堂藏。到庆应三年出增补改正版则多处有藏)将"Political economy"译为"经济学",将"economist"译成"经济家"。庆应三年(1867年)神田孝平将 W. Ellis 的 Outlines of Social Economy 重译为《经济小学》。福泽谕吉 1868 年在其创办的庆应义塾讲授美国弗兰西斯·威兰德(Francis Wayland)《政治经济学原理》(The Elements of Political Economy,1843),最早在日本讲授西方经济学;同年翻译了在苏格兰出版的供学校和私人用的《经济学教科书》,被认为是最早向日本系统传播西方经济学的人。日本经济思想史专家、高崎经济大学校长山崎益吉提出:"众所周知,经济就是经世济民、经国安民,是《大学》八条目之治国平天下论。……近代以后,经济的真实意义被遗忘,单纯讲追求财物的合理性而失去了本来面目。"他强调"经世济民"的本义不应丢①。总之,日本人在翻译西文经济学时使用了汉语"经济"一词,国人后来又把西文日译后的此词"译"回了中国,成为现代汉语"经济"的另一个来源。

　　古代汉语的语源显然早于日文中译的语源,那么,古代汉语中的"经济"最早是何时开始使用的呢?古文献浩如烟海考证颇难,有说法认为上溯到殷商时代已有相关之"经"或"济",但"经济"作为一个词出现则要晚许多。我查遍《十三经》之类的古籍,没发现"经"书中有"经济"一词,倒是"史"书中有明确记载——《晋书》记述西晋"八王之乱"中长沙王司马乂曾致书其弟成都王司马颖,说他们"同产皇室,受封外都,各不能阐敷王教,经济远略。"事在 303 年。又,东晋明帝(司马绍,323—325 年在位)褒奖纪瞻的诏书中说:"(纪)瞻忠亮雅正,识局经济。"再有简文帝(司马昱,371—372 年在位)致殷浩答书曰:"足下沈识淹长,思综

---

① [日]山崎益吉:《横井小楠の社会经济思想》,多贺出版株式会社 1981 年版,"序章"。

通练，起而明之，足以经济。"① 4世纪初的西晋已正式使用"经济"一词，这是我迄今看到的最早记载。较隋人王通（584—618年）《文中子》卷六中所记"皆有经济之道而位不逢"以及《宋史》中的相关记载早数百年。

到南北朝，如《宋书·蛮夷传》记宋文帝因克林邑，嘉诏："龙骧将军、交州刺史缲和之忠果到列，思略经济。"唐以后，此词用得比较多了，如史赞唐玄宗"庙堂之上，无非经济之才"。名臣魏征之赞称："郑公达节，才周经济；太宗用之，子孙长世。"唐宪宗时宰相裴度"不复有经济意，乃治第东都集贤里"。诗人李白《赠别舍人弟台卿之江南》诗有："令弟经济士，谪居我何伤。"杜甫《上水遣怀》诗中有："古来经济才，何事独罕有。"② 再到《旧五代史·唐书九·庄宗本纪》记述同光三年（925年）水灾地震，枢密承旨段徊上奏说以往"天子将求经济之要，则内出朱书御札以访宰臣"。至宋代，"经济"之用又有发展。大儒朱熹曾评论王安石"以文章节行高一世，而尤以道德经济为己任。"又史称叶适"志意慷慨，雅以经济自负。"陈亮"志存经济，重许可"。③ 以上这些都是比较典型的例子，"经济"的内涵不外乎"经邦治国""经世济民""经国济世"等；文献中多"经济之略""经济之才""好谈经济""雅负经济"等用法。另有作官职名的，如《金史·傅慎微传》记其任京兆等三路"经济使"。

值得注意的是，宋以来"经济"不仅普遍使用，而且出现以此命名的不少书籍。《宋史·刘颜传》载其著《经济枢言》，《宋史·艺文志七》记马存著《经济集》12卷等。自宋以后名为"经济"的书主要有：

宋·滕珙（字德章，号蒙斋，婺源人，淳熙进士，任合肥令等，

---

① 《晋书·长沙王乂传》《晋书·纪瞻传》《晋书·殷浩传》。
② 《旧唐书·玄宗本纪下》《旧唐书·魏征传》《新唐书·裴度传》《全唐诗》卷171、卷184、卷223、卷436。
③ 《宋史·王安石传》《宋史·叶适传》《宋史·陈亮传》。

朱子学人）编《经济文衡》前后集各 25 卷、续集 22 卷，其中记有三代贡、助、彻法，秦代阡陌之制，当朝王安石新法等。

元·李士瞻（字彦闻，新野人，至正进士，任参知政事等）撰、其曾孙李伸辑《经济文集》6 卷，此书虽名为"经济"，实际多是往来简札、书信等。

明·陈其愫（字素心，余杭人）编《经济文辑》32 卷，天启时成书，录明代嘉、隆以前议论之文，分为官制、地理、刑法、财计、河渠、漕运、工虞等类目。

明·黄训（歙县人，嘉靖进士）编《皇明名臣经济录》53 卷，辑洪武至嘉靖名臣之论，分为赋役、屯田、盐法、茶法等。

明·冯琦（字用韫，临朐人，万历进士，任礼部尚书等）编《经济类编》100 卷，为"经世济民"之用，记述储宫、理财、赋役、治河、漕运、货殖等。

明·陈子壮（字集生，南海人，万历进士，任礼部侍郎等）编《经济言》12 卷，辑先秦管、韩至唐宋名士之言，分类标题，主要供程试之用。

明人张文炎编《经济文钞》11 卷，李豫章撰《经济录》2 卷，张炼编《经济录》2 卷，贺中男撰《经济名臣传》4 卷，汪学信、汪以时编《经济宏词》12 卷，沈一贯编《经济宏词》15 卷，等等。《明史·艺文志》还载有黄溥《皇明经济录》18 卷、王杰《经济总论》10 卷、陈仁锡《经济八编类纂》255 卷等。明代"经济"之书蔚为大观，其中多有备答策之用的内容。

清代《古今图书集成》分为六汇编，"经济"汇编内有食货典 83 部。

求自强斋主人编《皇朝经济文编》128 卷，1901 年出版，此书比以往经济文编增列"西政"，介绍外国情况。同年还出版宜今室主人编《皇朝经济文新编》62 卷，专以讲求经济为宗旨。①

---

① 参考《四库全书总目》卷 92、卷 124、卷 136、卷 138、卷 139、卷 167 等；今人赵乃抟教授作《披沙录》一，亦有相关著录。

清人以"经世"之名言经济事物较普遍，名为"经济"的书较明人更重"经世致用"而轻场屋之需。

上述诸书名为"经济"，内容基本不出"经国济民"等传统含义，并有不少是供科考之用的，说明入仕要求懂"经济"。中国虽很早就有"食货""货殖""理财""富国"等比"经济"具体得多的语词，但在"讳言财利"的时代，其宏观性、整体性、政治性特征，决定了"经济"具有远较"财利"重要的意义；而且，在经济与政治和文化尚未分离的时代，单纯性的经济不独立而从属于政治，这在中外都很相似。然而，随着历史的发展经济的内容更加丰富，将相关内容归类整理编纂成书并命名"经济"，虽还不可言此为"学"，却也不是单纯的语词使用了。不过，作为一门科学的经济学，在中国还是接受了"西学"之后的事，却不能说这门学问完全是、或只源于"西学"。

三

汉语"经济"的另一语源是日译西文，那么，英文"economics"又从何而来呢？来自希腊文，这几乎是经济学界的成论，但有必要看看希腊文的含义及其演化。

色诺芬（Xennophon，约前430—前355年）的《经济论》最先使用西文"经济"一词。其书名原是希腊文 οικουομικος，一般认为，"οικος"作为"家"解释，"υομος"是法律或支配的意思，"οικουομικα"就是这两个字组成的，原意是"家政（或译家庭、家务、家计）管理"，所以此书又称《家政学》。英文的"economy"一词就是从希腊文这个词演变而来的。古希腊奴隶制生产以家庭为单位，因此把组织管理奴隶制经济的相关问题都列入"家政管理"范围。

伪亚里士多德（Pseudo—Aristotle）的《经济论》，约作于公元前4世纪末亚历山大远征东方期间，真实作者不详，但近代学者威尔卡克（Wilcken）、罗斯托夫采夫（M. Rostovtzeff）、安德里德斯

（Andreades）等人的著作中都有讨论。① 此论分为两卷，第 1 卷讲家庭经济，与色诺芬《经济论》一样，其中的"οικουομικα"一词也是指"家政管理"；第 2 卷谈公共财政问题，内容有发展。

亚里士多德（Aristotle，前 384—前 322 年）的经济思想集中于《政治学》和《伦理学》中。他对经济学的贡献在三个方面：经济学范围的定义、交换的分析、货币理论，这是埃里克·罗尔（Eric Roll）在名著 A History of Economic Thought 中的论断。亚里士多德认为经济学研究取财术和致富术，为家庭和国家取财与追求货币增值是取财的重要内容，家庭管理与城邦管理被联系起来。

西方的"经济"起源于微观性的"家政管理"，这与中国"经济"源自宏观性的"经邦治国"不同；但其也含有管理城邦国家等与"经国济民"相仿佛的内容，并带有伦理道德、情感哲理的色彩，这与古代中国尤其是儒家的经济观是很相似的。例如大名鼎鼎的亚当·斯密（Adam Smith）在《国富论》（1776）之前就写了《道德情操论》（1759）。就是说，无论中文还是西文，"经济"的语源都有人文的内涵，都有治国济民等政治含义蕴于其中，都与今天的"economics"有不同，经济与政治以及哲学等都无法分开。于是，中国出现"富国策"等、西方出现"政治经济学"的名称。最早使用"政治经济学"一词的，是 1615 年法国蒙克莱田（A. de Montchretien）的《献给国王和王太后的政治经济学》，此书是为治国献策的。英国的威廉·配第（William Petty）1672 年在《爱尔兰政治剖视》（The Political Anatomy of Ireland）一书中使用了"政治经济学"一词。1755 年卢梭（J. J. Rousseau）为法国《百科全书》写了"政治经济学"条目，区分了政治经济学与家庭经济学。到詹姆斯·斯图亚特（J. D. Steuart）写了《政治经济学原理研究》（An Inquing into the Principles of political Economy，1767），是以政治经济学为名的第一部英文著作。此后"政治经济学"被广为沿用。到 1776 年，亚当·斯密发表

---

① 参见巫宝三主编《古代希腊、罗马经济思想资料选辑》，商务印书馆 1990 年版，第 178 页。

《国富论》，标志着古典政治经济学理论体系的建立；大卫·李嘉图（David Ricardo）是古典政治经济学之完成者，其代表作是1817年出版的《政治经济学及赋税原理》(On the Principles of Political Economy and Taxation)。

就政治经济学的发展来看，重商主义时期的政治经济学重在流通领域，但也包括国家管理。到重农主义和英国古典学派，则研究重点转向包括生产和流通领域在内的再生产，接触到财富增长和经济发展规律。古典政治经济学与政治或哲学思想已经逐渐分离，到17世纪至19世纪末，政治经济学逐渐被用于研究经济活动和经济关系的理论科学的名称。到马克思又有发展，研究对象拓展到人类社会的各种生产方式，被称为"广义政治经济学"。19世纪末随着研究更倾向于经济现象论证而轻于国家政策分析，"政治"渐趋淡化，到威廉·杰文斯（W. S. Jevons）《政治经济学理论》(The Theory of Political Economy, 1871) 1879年第2版序言中，提出应以"经济学"取代"政治经济学"。1890年马歇尔（A. Marshall）出版《经济学原理》(Principles of Economics)，从书名上改变了政治经济学名称，有"超政治"的含义。20世纪以后，西方多以经济学代替政治经济学。20世纪60年代以来又有重新使用政治经济学之倡导，提出要"复兴"政治经济学，但内涵复杂观点不一。

经济学是否具有"普遍的""一般的"性质？要回答这一问题不仅应当区分基本原理与具体应用，而且应当注意古典经济学与现代经济学的差异。实际上，在不同的时期与不同的国度或经济学家中，看法是不尽相同的。所谓不同国度的经济学，既含研究对象的差异，也有研究主体的区别。意大利经济学家科萨·路易吉（Cossa Luigi）、英国经济学家约翰·英格拉姆（J. K. Ingram）等人在经济学说史的研究著述中，就有"英国经济学""德国经济学""法国经济学"等说法。恩格斯在《卡尔·马克思〈政治经济学批判〉》中提到直到德国关税同盟建立（1834年），"英国和法国的经济学才真正开始输入，以适应德国资产阶级的需要"。到德国无产阶级政党出现,"科学的、独立的、德国的经济学也就产生了。"①

21世纪以来,西方经济学随世界经济的发展与学术研究的深化而变迁。社会历史的演进与经济事象的发展,尤其是世界经济的"一体化"与"多极化"(或称全球化与区域化等)、学术研究的"整合化"与"细密化"(或称综合化与深入化等)交织迭进,基本原理的发展与具体国度和时代中的应用双向互动,推动"经济"的内涵与研究的理论方法都不断发展,各种经济学说史从不同视角提供了记录。中国21世纪前后接受的西方经济学已有变迁,此后同样向着数学化、模型化发展,传统的人文精神愈加淡化。不过,近年来西方经济学的上述趋势又有新发展,从近年的诺贝尔经济学奖得主的贡献中,可以看到行为科学、伦理规范、制度变迁等也受到重视;从政治学、社会学、文化学等广域视野分析经济问题,已呈一种态势。

回到原话题。"economics"最初没有经过日译本也有直接被译到中国的,只是当时没有使用"经济学"这个词,而是使用有"中国特色"的"富国策""生计学""计学"等词。西方经济学自19世纪后期在中国传播,1867年美国传教士丁韪良(W. A. P. Martin)在清同文馆开设经济学课程,名为"富国策"。其所用教材是英国亨利·福西特(H. Fawcett)1863年出版的 Manual of Political Economy(《政治经济学教本》),1880年以《富国策》为译名(汪凤藻参译)由同文馆刊印,此书大概是中译西文经济学教材之始。此后,1886年海关总税务司署出版艾约瑟(J. Edkins)译威廉·杰文斯1878年出版的 Primer of Political Economy(《政治经济学入门》)中译本,名为《富国养民策》。1900年以前中国还出版了介绍西方经济制度或政策的译本及外国人写的相关著书,如英人布莱德著、傅兰雅(John Fryer)口译的《保富述要》(1889)、李提摩太(T. Richard)写的《局外旁观论》(1894)等。据不完全统计,到1898年出版西方经

---

① 马克思:《〈政治经济学批判〉序言、导言》,人民出版社1971年版,第36页。

济学译著（主要是英国的）有 12 种、26 册。这一时期中国人自著经济类的作品，也称"富国策"，著名的如陈炽 1896 年写的《续富国策》，其《自叙》称"为救中国之贫弱而作也"。他是要续亚当·斯密的《国富论》，他称英国"有贤士某，著《富国策》"使英国富强，而他著《续富国策》要倡"踵英而起"。① 这时的"富国策"与古代不同，已有经济学即"economics"之含义了。

为什么不使用"经济学"一词呢？梁启超在《〈史记·货殖列传〉今义》（1897）中说："西士讲富国学，倡论日益盛……，虽曰新学，抑亦古谊也。"② 他通过比较，认为在中国的《管子》《史记》等文献中已有西学此内容。这时，梁启超还没有使用"经济学"一词，而是沿用"富国学"，又使用"生计学"一词。1902 年他写出了《生计学学说沿革小史》一书，介绍西方的经济思想史。③ 1901 年严复翻译亚当·斯密的《国富论》，使用了《原富》之名，在"译事例言"即译序中说："计学，西名'叶科诺密'，本希腊语。'叶科'此言'家'，'诺密'为'聂摩'之转，此言治；言计则其义始于治家，引而申之，为凡料量经纪撙节出纳之事；扩而充之，为邦国天下生食为用之经，盖其训之所苞者至众。故日本译之以'经济'，中国译之以'理财'。"他认为译为"经济既嫌太廓，而理财又为过狭。自我作故，乃以'计学'当之。……故《原富》者，计学之书也。"④ 他同样认为古代中国已有"计学"之"本干"，但又说那时"不为专学"，即没有独立学科。

四

关于中国人使用"经济学"之始，据赵靖先生考证："至迟在

---

① 陈炽：《续富国策·自叙》，光绪丁酉重校本。
② 梁启超：《饮冰室合集·文集》之一、之二。
③ 参见京都大学森时彦《生计学与经济学之间：梁启超的 Political Economy》论文，提交"日本在中国接受西方近代思想中的作用——梁启超个案国际研讨会"（1998 年 9 月圣巴巴拉）。
④ 严复译：《原富·译事例言》，《严译名著丛刊》第 2 种，商务印书馆 1931 年版。

公元八世纪的唐代已使用'经济学'一词，唐严维诗就有'还将经济学，来问道安师'之句（见《全唐诗》卷二六三）。但它的章义为'经世济俗''经国济民'之学，同现代的经济学不是一回事。"①我认为，将"经济"作为一门正式"学"大概要晚些，并且切实内涵与现代经济学也不尽相同。中国传统学问中的"实学""事功之学""经世之学"等与经济有关系，但又都具有宏观性、模糊性和相对性，不是独立意义之学科，"经济之学"亦如此，然而"经济之学"有其特性。

我看到的文献中，最早使用"经济之学"的是《朱子语类》卷一三六评价《陆宣公奏议》"论税事，极尽纤悉。是他都理会来，此便是经济之学。"后来有《明史·选举志一》记述明太祖洪武初国子学中选拔才学优赡、聪明俊伟之士博览群书，"讲明道德经济之学，以期大用"。《清史稿·张履祥传》记载明末大儒刘宗周弟子张履祥（1610—1674年）曾"谓门人当务经济之学"。他还亲撰《补农书》（1658），为研究太湖流域农业生产技术的重要文献。清人讲"经济之学"并不罕见，如《清史稿·曾钊传》记他"好讲经济之学"。

经济意义的增强反映在传统学术中的一个鲜明特点，是道德性命之学与经济事功之学不是对峙分立而是珠联璧合。清初陈迁鹤（1639—1714年）著《储功》，讲道："是以性命之学与经济之学，合之则一贯，分之则两途。……经济之不行，所为性命者，但等诸枯禅无用。"同书录乾嘉时人汪家禧《与陈扶雅书》，说："今时最宜亟讲者，经济、掌故之学。经济有补实用，掌故有资文献。无经济之才，则书尽空言；无掌故之才，则后将何述？"②曾国藩是被清廷《御制碑文》称为"阐程朱之精蕴，学茂儒宗"者，他在同治八年（1869年）六月七日所撰的《劝学篇示直隶士子》中，将孔门学问分为义理、考据、辞章、经济四科，说："经济者，

---

① 赵靖主编：《中国经济思想通史》第1卷，北京大学出版社1991年版，第4页"注1"。
② 《皇朝经世文编》卷1、卷5。

在孔门为政事之科，前代典礼、政书及当世掌故皆是也。"提出"苟通义理之学，则经济该乎其中矣"①。他认为"经济之学即在义理内"②。

值得注意的是，清代"经济"不仅有"学"之名，还有"学"之实，是学校的科目，还被列为制举特科。如《清史稿·选举志》各卷所记。《清史稿·德宗本纪二》记载光绪二十四年（1898）年初应贵州学政严修之请设立"经济特科"，变法失败后罢，1901年慈禧又重开经济特科，直到1903年还"御试经济特科人员于保和殿"。《清史稿·张之洞传》就记载张之洞当过"经济特科阅卷大臣"。

本土"经济之学"既如此，中国正式使用西学意义的"经济学"又是何时？大约1903年日人杉荣三郎（1873—1965年）被聘为京师大学堂经济学教习，其编写的《经济学讲义》，可能是首次在中国使用"经济学"名著书。此讲义主要是欧美经济大家著作的选编，当年就出版了四版，此后还不断刊印。至于中国人使用"经济学"为译书名，如1905年王憬芳译日人山崎觉次郎之《经济学》。1906年王绍曾编辑山崎觉次郎讲述之《经济学讲义》，由日本翔鸾社印刷、清国留学生会馆与天津北洋官书局发行。1908年朱宝绶译、麦克文（S. M. Macvane）著 The Working Principles of Political Economy 名为《经济原论》。1910年出版的 R. T. 伊利（R. T. Ely）著、熊嵩熙等译《经济学概论》（Outlines of Economics），先后出了几版。日文中译还有安部矶雄《经济学概论》、福田德三《经济学原理》，等等。据统计，戊戌变法至辛亥革命期间，出版西方经济学相关著作大约42种、54册，此外中国人自己编写的介绍西方经济思想较重要的书有15本。③

---

① 《曾国藩全集·诗文》。
② 《曾国藩全集·日记一》。
③ 译著问题部分参考《中国大百科全书·经济卷》"西方资产阶级经济学在旧中国的流传"条目；《胡寄窗文集》，中国财经出版社1995年版，第636页"注2"、第712页"注1—注3"等。另外，前述《中国人日本留学史》《现代汉语词汇的形成》等均是研究此问题的重要资料。21世纪初前后的官报、外报及民报尤其是中译部分也值得深入考稽。

除了外文中译，中国人自己也使用现代意义的"经济学"。限于拙识，最早大概是梁启超 1905 年在《驳某报之土地国用论》中所说："言经济学必当以国民经济为鹄，固己。虽然，国民之富，亦私人之富之集积也，不根本于国民经济的观念以言私人经济，其褊狭谬误自不待言。"① 在此文中，他提出德国经济学家菲立坡维治（E. Philippovic）是"现世经济学者中最以持论公平著者也"。还用了经济行为、经济法则、经济组织、经济动机等词汇。梁启超在戊戌变法失败后逃亡日本，毋庸讳言其会受日文影响，梁文初刊于《新民丛报》后辑入《饮冰室合集》。另外，1906 年《商务官报》章程中第四条有"论说，以经济学理为基础，而参以实际应用之方法"的规定②。国人之书使用"经济学"为名者，有李佐庭《经济学》（1907）、熊元翰《经济学》（1911）等，较有影响者如刘秉麟《经济学》（1919 年已出修订本，直到 40 年代再版共十余次）、赵兰坪《经济学》（1933 年至 1947 年刊印了 26 版）。这些书所述之"经济学"已完全是西学意义的经济学。

与此同时，国人并未满足于仅仅接受西学，而是继续本国经济学的探索，21 世纪以来不乏有识之士要创建中国的、但有别于传统意义的经济学。1902 年梁启超在《论中国学术思想变迁之大势》中说："余拟著一《中国生计学史》，采集前哲所论，以与泰西学说比较。"所谓"生计学"即经济学，他认为"我国先秦以前，原有此学。"③ 身处日本并接触西学的梁启超，此时提出本国自古已有可与西方经济学相比较的内容，并试图写一部中国的经济学史，可视为探索"中国经济学"之先驱。探索"中国经济学"的努力，不仅表现为对现实经济问题的研究和理论问题的探讨，在 20 世纪 20—30 年代有不少论著问世；而且集中体现在对中国历代经济思想、学说、理论的发掘、整理和提炼，希图建立起系统的本国经济研究学科。

---

① 《饮冰室合集·文集》之一八。
② 参见戈公振《中国报学史》，中国新闻出版社 1985 年重印本，第 49 页。
③ 《饮冰室合集·文集》之七、之二。

五

建立本国经济研究学科，包括从基础理论上的探索和本国经济思想史的研究。现时偏重基础理论的探索，多是将经济学（主要是马克思主义）的基础理论与中国经济发展史的研究相结合，以求理论创新适应中国经济问题的研究，并建立系统的中国经济学（包括广义政治经济学层面）理论；偏重经济思想史的研究，则侧重于本国上古以来经济思想、学说、理论的爬梳发掘，探讨中国传统经济思想理论的发展，以求总结提炼本国经济发展的基础理论，并利于分析研究现实经济问题。

相关探索先后出版了不少著作[①]。偏重基础理论的研究者中，影响较大的如王亚南力倡建立"中国经济学"。他是一位博学之士，不仅具有深厚的"国学"底力，而且有着系统的古典经济学和马克思主义经济学素养。其著述颇丰，有著译四十余部，论文三百余篇。为大众耳熟能详的贡献，是他与郭大力一起最早译介了《资本论》全本（1938年），倡导运用马克思理论研究中国经济，建立"中国经济学"。他讲自己"把'中国经济学'这个命题，作为我研究的重心"[②]。其代表作《中国经济原论》（1946）后增订易名为《中国半封建半殖民地经济形态研究》（1957，有日、俄等文本），就是对这一特殊经济形态所作的理论与实际的研究；他还著有《中国地主经济封建制度论纲》（1954）等。

再如，许涤新对政治经济学中国化的创造性探索。他40年代末在香港撰著出版《广义政治经济学》，自述动机是"要写出一本中国化的政治经济学来"，因为当时一些人读了政治经济学却无法解决实际问

[①] 如王渔村《中国社会经济史纲》（1936），霍衣仙《中国经济制度变迁史》（1936），余精一《中西社会经济发展史论》（1944），傅筑夫等《中国原始资本积累问题》（1957），吴大琨《中国的奴隶制经济与封建制经济论纲》（1963），胡如雷《中国封建社会形态研究》（1979），孙健《资本主义以前的社会经济制度》（1980），等等。

[②] 厦门大学经济所编：《王亚南经济思想史论文集》，上海人民出版社1981年版，第148页。

题，他要作"大胆而冒昧的尝试"，写出一本"马克思列宁主义的普遍真理与中国经济的具体情况相结合的政治经济学读本。"此书到80年代由人民出版社出版修订本三卷，作者认为以往写了"原始公社到封建经济""资本主义与殖民地经济"两卷，后将"新民主主义经济"作为第三卷不成功，因为新民主主义不是独立的社会制度。到1982年冬他下决心"要把全书重新改写"，以恩格斯"广义政治经济学"为指针，不仅要研究社会主义经济，还要研究资本主义、帝国主义以及前资本主义的几个生产方式的经济关系。他指出："广义政治经济学不仅具有理论上、学术上的意义，而且具有活生生的现实意义。"[①]

中国经济思想史的系统性研究则在20世纪20—30年代就开始了。[②] 这是中国社会大变革的历史时期，也是学术思想大发展的重要时期。强盛国力抵御外侮和建设国家发展经济的现实需求，推动了实业发展与理论创新之实践；西方经济学的传入和马克思主义的传播，为中国经济研究的发展提供了学术参照；掌握西学理论又致力于献身本国发展的一批留学生归国，成为探索本国经济学的中坚。中国经济思想史作为经济学独立分支学科在这时形成的主要标志，是这一时期系统性研究成果集中大量问世和不少大学开设中国经济思想史课程，这些此前都是没有的。如甘乃光在1924年写、1926年1月出版的《先秦经济思想史》，就是他"在岭南大学教授中国经济思想史的一部分"。[③] 又如唐庆增《中国经济思想史》上卷（未续下卷）就是作为大学教本的，其《自序》说"民十七年春，应友人徐君叔刘之约，在交大担任此课，乃着手编著。……著者在沪上及南

[①] 许涤新：《广义政治经济学》（修订本）第1卷，人民出版社1984年版"初版序言""修订版序言"。

[②] 因篇幅所限，有关中国经济思想史系统研究开端期，包括世界范围内的情况请参考叶坦《1920—30年代中国经济思想史研究之分析》（见前注），此后的发展参见 James. L. Y. Chang: History of Chinese Economic Thought: Overview and Recent Works, *History of Political Economy*, 19：3，1987 by Duke University Press. 叶坦《中国经济思想史研究的回顾与展望》，载《经济学动态》1993年第4期；《中国经济思想史研究现状与课题》（岸本美绪译），载东京大学《中国：社会与文化》第9号，1994年等。

[③] 甘乃光：《先秦经济思想史》，商务印书馆1926年版，自序。

京各校，担任此课，先后达三四十次……"① 他先后在交通大学、暨南大学、浙江大学、光华大学、复旦大学等多所大学任教。再如侯外庐自述1931年"我在哈尔滨法政大学任教，开设了一门'中国经济思想史'课程，写了一部研究性质的讲义"；又说"但我在此时，除了在北平几所大学讲授中国经济思想史之外，并没有直接在报刊上参加论战。"② 据上可知中国经济思想史课程当时已普遍开设。

就开展中国经济思想史的研究而言，不仅国人而且以日本为主的外国学者也几乎同时开始了相关研究。西方学者的工作多是中国典籍的西译，专著如 S. Y. 李《古代中国经济思想大纲》（1936）③。日本学者在中国经济思想史系统研究开端期的主要贡献是田崎仁义《中国古代经济思想及制度》（1924）、田岛锦治《东洋经济学史——中国上古的经济思想》（1935）和小岛祐马《中国思想：社会经济思想》（1936）等专著的问世。尤其值得重视的是，田岛锦治先生1894年即发表相关论文，并在京都大学经济学科开课讲授中国经济思想史，其专著即后学整理汇编之讲义。可惜日本至今没有中国经济思想史的独立学科，研究者分布于东洋史学或经济史学等学科之中。

中国学者这一时期主要专著有：甘乃光《先秦经济思想史》（1926）、李权时《中国经济思想史小史》（1927）、熊梦《晚周诸子经济思想史》（1930）、赵可任《孙中山先生经济学说》（1935）、唐庆增《中国经济思想史》（上卷，1936）、黄汉《管子经济思想》（1936）、赵丰田《晚清五十年经济思想史》（1939）等。以中国"经济思想史"命名的专著此前基本没有。另据不完全统计，1949年以前有450余篇相关论文发表，其中百分之九十以上是1926年以后的。④

---

① 唐庆增：《中国经济思想史》上卷，商务印书馆1936年版，《自序》。
② 侯外庐：《韧的追求》，生活·读书·新知三联书店1985年版，第224页。
③ J. A. Schumpeter, *History of Economic Analysis*，第2编"本编的计划"中提到此书。参见《经济分析史》中译本第1卷，商务印书馆1991年版，第86页"注1"，但中译者将此注中"陈焕章"按音译误作"黄昌辰"。
④ 赵靖主编：《中国经济思想通史》第1卷，北大出版社1991年版，第10页。据我统计1949年前论文约五百篇。

唐庆增的著作可认为是当时最高成就。他有家学渊源，后留学哈佛大学学习财政学和西洋经济思想史，1925 年归国后在多所大学任教。其自序称"世界各国实情不同，其历史的背景亦迥异，处今日而欲创造适合我国之经济科学，必以不背乎国情为尚"。认为"非审度本国思想上之背景，不足以建设有系统之经济科学也"。他要"为创造本国新经济思想之准备"。该书有马寅初、赵人俊、李权时三篇序言，都提出中国经济思想学说光辉灿烂，很有研究之必要；而要整理国故"以创造中国独有之新经济学"，则学贯东西的唐庆增可当此大任，"固舍君莫属也"[1]。唐书分为十编，阐述儒、道、墨、法、农各家及政治家、商人和史书的经济思想，并设专章研究中国经济思想对西洋各国的影响。作者指出："中国经济学说，发达确在西洋各国之先也。"并认为"中国之上古经济思想，流入西土，殆为必然之事实"[2]。到1912 年 10 月，孙中山在上海中国社会党的演说中还讲："经济学本滥觞于我国。"[3]

当时确实不少人认为中国经济思想比欧美发达更早，而且对西方经济学产生了重要影响。例如中外许多学者先后研究法国重农学派与中国古代思想的关系。日本著名经济史学家泷本诚一的《欧洲经济学史》（1931），其副标题便是"西洋近代经济学的渊源在于中国的学说"。[4] 因之，中西经济学之渊源关系及后来的发展演变呈多向性、多元化，中日"经济"语词的关系亦是如此。总之，不宜简单化。

（原载《中国社会科学》1998 年第 4 期，此文获第八届孙冶方经济科学奖）

---

[1] 唐庆增：《中国经济思想史》上卷，《自序》《马序》《赵序》《李序》。
[2] 唐庆增：《中国经济思想史》上卷，第 362 页。
[3] 《孙中山全集》第 2 卷，中华书局 1982 年版，第 510 页。
[4] 有关此问题可重点参考谈敏《法国重农学派学说的中国渊源》，上海人民出版社 1992 年版。应当说明，也有学者不同意法国重农思想导源于中国，认为"那是太牵强附会了"。见王亚南《中国经济原论》，广东经济出版社 1998 年版，第 298 页。

中日商品经济思想比较研究*

——以石门心学和清初实学为中心(上、下)

倡导、开展中日经济思想比较研究，在海内外尚处于探索阶段。迄今世界经济学说史或经济思想史基本上还是以西方为主，很少涉及东亚的内容。这不仅与20世纪后半期以来东亚地区尤其是中国经济的"腾飞"现状不相称，也影响经济学基础和现代化理论等的完备，还可能割裂现今与传统时代的种种关联，形成"无源之水"等缺失。无论21世纪是不是亚洲的世纪，至少"欧洲中心主义"或"西方中心论"的"话语霸权"近几十年来已屡受质疑，即使如马克斯·韦伯（Max Weber）提出的"新教伦理"促生西方资本主义的学说，也遭遇"儒家伦理"或"商人精神"等等的挑战，尽管挑战者多是依据韦伯的命题来探讨"东亚经济奇迹的文化渊源"以反驳韦伯的"结论"。当"文化热"渐趋寂寥，加之"亚洲金融危机"突发的阴影，回归经济自身的研究再度成为科研主流。然而，单纯的经济研究并不能给出充分的诠释，结合经济与文化直至从两者的"一体性"学理出发的探索逐步提上日程。当我们从文化、哲学或宗教伦理的解读深入到经济思想、学说或经济伦理的辨析，更容易凸显"问题意识"，也更便于认识和理解若干相关问题，这与经济思想史学科的独有特性分不开。近十余年来，笔者进行过一些初步的爬梳、摸索和实践，有些研究成果已在国内外发表[①]。

---

* 此研究系 The Sumitomo Foundadon "亚洲各国日本关联研究助成"课题，特致谢忱。

① 参见拙作《中国经济学术史的重点考察——中国经济思想史学科创始与发展优势论析》，载《中国经济史研究》2003年第4期。笔者的相关研究主要有《中日近（转下页）

本文即是这些研究的继续和深入。前此的研究主要探究开展研究的意义价值、理论依据与基本方法，并从中日两国社会历史发展的阶段性特征入手，重点考察江户时代与宋代相关经济思想之异同；本文则进而以"实存时间"作为比较研究的基准，对17世纪末18世纪初中日两国"近世"社会重要转型时期的经济思想进行研究，以颇具代表意义的石门心学与清初实学的商品经济和职业伦理观为中心，开展中日商品经济思想的比较。

一 中日商品经济思想比较研究的学理分析

众所周知，东亚国家多具有儒家文化的历史背景，然而，日本经明治维新而成功步入近代化历程[1]，中国历戊戌变法却未能跻身近代世界强国。自甲午海战"学生打败先生"震惊大清朝野后，一代代国人就不断地深思、学习、探求，寻觅中日两国方方面面的同异缘由，并且取得了可观的成就，但从经济思想史的学科界域进行的系统性比较研究还很薄弱。毋庸讳言，影响两国近代化历程的因素是多方面的，但经济无疑是基础性要因；而经济思想即基于现实经济状况，又直接引导和制约经济政策的制定及经济活动的开展，其作用远非其他文化、宗教因素可比。故而，比较研究两国的经济思想具有特别的意义。

诚然，经济思想比较研究的学术价值不仅关涉现代化理论的全

（接上页）世商品经济观略论》，载《中国社会科学季刊》（香港）第1卷，1993年版；《中日近世商品经济观比较》，收入笔者倡筹的首届《东亚经济社会思想与现代化》论文集，山西经济出版社1994年版；《中日近世经济思想比较研究与现代》，载日本高崎经济大学学会编《特集：東洋思想と現代》第3号，1994年；《"石门心学"的经济思想与儒学》，载黄俊杰主编《儒家思想在现代东亚·日本篇》，台北"中研院"文哲研究所1999年版；《石门心学与浙东学派经济思想比较研究》，川口浩主编《日本の経濟思想世界》第14章，日本経濟評論社2004年出版。另外，本文所列拙作中独立刊发的部分论文收入《叶坦文集——儒学与经济》，请参阅。

[1] "近代化"与"现代化"在英文中都是"modernization"，本文依据所研究的时代与内容并参考中文和日文的表述特征，主要采用前者，但谈到诸如"现代化理论"等专用概念时，不另改动，特此说明。

面、完备，而且影响经济学基础理论或经济学说史、思想史的丰富与完善。研究近代化本身是重要的，但研究近代化赖以植基的条件与基础或许更为重要。从传统时代向近代化转型的历史时期，是科研工作不容忽视的重点。17世纪末18世纪初，在中日两国的发展史上均属"近世"（pre-modern）晚期，都具有特殊的历史地位。

江户时代（1603—1867年，也称德川时代）是日本社会由传统经济形态向近代市场经济过渡的重要时期，也是日本文化发展的定型期和高峰期。石田梅岩（1685—1744年）创立的"石门心学"即是关西地区商品经济发达与思想文化发展的产物，后经其高足手岛堵庵（1718—1786年）等人的发扬光大，对日本社会产生了较深的影响。石门心学作为"町人之哲学"[①]或"道德性实践之实学"，在日本思想史和经济思想史上占有重要地位。石门心学与中国儒学有关，其阐释商人的职业伦理与赢利的合理性等，并赋予经济伦理以宗教意义，被研究者视为类似于韦伯提出的"新教伦理"，对日本从传统社会走向近代化及其发展历程产生影响。与此大抵同时代的清初中国，社会经济和思想文化同样进入一个新的历史阶段，"实学"成为重要的社会思潮。最具代表性的主要如稍早些的南方三大启蒙思想家黄宗羲（1610—1695年）、顾炎武（1615—1682年）和王夫之（1619—1692年），以及北方的"颜李学派"，代表人物是颜元（1635—1704年）、李塨（1659—1735年）、王源（1648—1710年）。清初实学的共性即力倡求实黜虚，主张经世济民，"崇实""致用"。梁启超的《清代学术概论》高度评价清初实学，认为顾、黄、王、颜诸学皆是"对于宋明理学之一大反动"，赞扬其"皆与欧洲之'文艺复兴'绝相类"。

实际上，国际学术界早有中国"文艺复兴"宋代说。李约瑟（J. Needham）说过，"谈到十一世纪，我们犹如来到最伟大的时期"；日本及西方汉学家称宋代为一次"复兴"和一次"商业革命"，或称中国的"文化高峰"，还出现了影响很大的"宋代近世

[①] 日文"町人"包括商人、手艺人和工匠等，为准确起见，本文直接使用"町人"一词。另外，"俭约""职分"等词同样没有完全对应的中文，故亦保持原貌。

说"。中国学者如陈寅恪也提出，华夏民族之文化"造极于赵宋之世"。宋代的政治经济和思想文化的确发生了许多前所未有的划时代变迁，而明清时代的许多思想均可以追溯到那一时期。笔者基于二十多年来的学习探索并先后向明清史研究者讨教交流，认为中国历史上11世纪与17世纪无疑都是重要的转型时期，但就思想尤其是经济思想而言，后者是前者的发展与拓扬。当然，17世纪的中国已有较大的时代变化，特别是西学的传入对中国学术体系的影响非此前可比，但总的说来若干重大的变迁肇端于宋代，研究明清当上溯至唐宋方能较为全面客观。例如，一般认为"实学"是明中叶以降三百余年的重要社会思潮，许多学者进行了多方面研究。笔者曾论证中国较有系统的"实学"并非起自明清而是起自宋代，至明清而光大；宋代浙东学派讲求实利功效、力倡"经世致用"之实学，开明清事功实学之先河，而经济思想应是"实学"的重要内容。[①]

清初实学发展了宋明以来的经济思想，在商品经济和职业伦理方面也提出若干建议主张，并对此后的思想家特别是维新士人产生影响，值得认真研究。此外，石门心学与清初实学都不主张坐而论道，都很重视普及民间教育，以求践履"学以致用"，在两国的学术史、教育史上都具有鲜明的特征。值得注意的是，三宅石庵等开设的怀德堂和石田梅岩的弟子手岛堵庵开设的明伦舍等，开展专门性的町人及其思想家的培养。私塾在日本教育发展史上意义重大，明治维新后成立的高等学校许多就是私塾的发展，如大名鼎鼎的庆应义塾等。在接受"兰学"等并经历幕藩体制下的"日本化"发展，日本民族文化和精神气质伴随社会经济的变迁而整合凝聚。文化的町人化、庶民化特征明显，而且兰学、国学、古学、朱子学、阳明学并存，经济思想也呈现一定的学理谱系，迄今的日本经济思想史研究一般都是从江户时代开始。

近代化转型是一个系统性的历史过程，包括整个社会的若干层

---

① 叶坦：《宋代浙东实学经济思想研究——以叶适为中心》，《中国经济史研究》2000年第4期。

面,但基础是经济,即从传统的自然经济向市场经济的转化。有关现代化的理论与实践的相关研究辐射至若干学科领域,题目或称谓也多种多样,如"某某现代化""资本主义萌芽"等,都取得了令人瞩目的成就。不过,以"传统时代"同"现代社会"的空间对峙为基点的现代化理论与研究,还是可以推敲的。笔者以为,还是以经济形态的演进即向市场经济的转型来认识近代化的基础较为贴切。诺贝尔经济学奖得主约翰·希克斯(J. Hicks)的《经济史理论》,揭示了市场经济的起源及其在经济发展史上的意义,成为专业经典,也启发后人的科研思维。本文以商品经济思想作为社会历史转型时期的关键来进行比较研究,除受前人启迪之外,也基于笔者长期的学术思考——商品经济思想不仅按到了社会经济形态演进的主脉,而且抓住了历史更迭转型进程的枢机。主要依据如下:

第一,商品货币经济的发展促进了交流、联系与交换活动的增强,打破了分散、隔绝的传统经济形态,奠定了市场经济的必要基础。

第二,商业利润的获取,有利于资本的原始积累和商人或市民阶级经济实力的增强,商业的专门化和商业组织以及专业商人的出现,动摇传统体制的社会基础。

第三,随着产品经济向商品经济的过渡,指令或习俗经济逐步让位于市场经济,商品货币关系的发展和统一市场的形成,瓦解了传统社会的经济基础。

第四,随着商品货币关系的深入,促进了财产权利、法治观念的变迁,终至政治制度的创新,以鼎革专制体制的统治基础。

第五,市场促进分工,而分工拓展市场,商业活动的频繁,促进了人身依附或固着地域关系的松解;从业者身份地位的改变,不仅有利于自由劳动力的产生,而且改变着人们的职业伦理观念。行业的规范与职业的伦理以及从业者的自律,成为市场经济发展的重要保障。

第六,市场经济作为法制经济类型,其"看不见的手"需要健全的法制制约和普适的伦理约束,经济利益与道德伦理相辅相成,故而在经济思想中往往表现为两者的密不可分。

或许还可以列举出一些内容,但关键在于如何认识商品经济及其发展,以及与之相关的社会行业及其从业者,这些在传统时代与步入近代是有很大差异的,成为经济思想尤其是社会历史转型时期经济观念的重要标志。

经济利益与道德伦理之密不可分,不仅表现为转型时期前后不同的商品经济思想,更重要的是凝聚于经济学的学理根基及其发展轨迹之中。换言之,两者在经济学的"母体"中就是相互关联的。这也是本文的选题与立论的学理佐证。笔者曾就中西方经济学术的发展以及经济与伦理的关系等基本问题进行过一些探讨①。一般认为,"经济学之父"亚当·斯密(Adam Smith)1776年3月9日出版的《国富论》,标志着古典政治经济学理论体系的建立。其实,斯密1751—1763年在格拉斯哥大学先后任逻辑学和道德哲学(含伦理学)教授;在伦理学讲义的基础上,1759年出版了他的第一部著作《道德情操论》,颇得好评,临终前还出了第六版。博学的斯密一生中出版的主要专著即此两书,而两书的关系历来为研究者所注重,包括名家埃里克·罗尔(Eric Roll)、约翰·雷(John Rae)和熊彼特(J. A. Schumpeter)等。熊彼特在其名著《经济分析史》第一卷中介绍当时的道德哲学主要由自然神学、伦理学、法学及政策学(分为经济学和财政学)构成,而斯密的两部书"都是从一较大的有系统的整体上分割出来的部分"。难怪马克·布劳格(Mark Blaug)等主编的较权威的专业工具书《世界重要经济学家辞典》将斯密首先界定为伦理学家。经济学说史上的"斯密问题"实质也是针对斯密上述两书看似矛盾的论点的,无论结论如何,斯密的经济学都有其伦理学根源是可以肯定的。或许现今人们可以将"经济学"解析成数理模型与公式系数,这大概与"边际革命"分不开。笔者特别注意

---

① 叶坦:《"中国经济学"寻根》,《中国社会科学》1998年第4期。(该文获第八届孙冶方经济科学奖);叶坦:《论道德伦理与经济利益——"义利"观念的时代演化与市场经济伦理的建构》,《安徽师范大学学报》2001年第4期。

到边际主义代表人物威廉·斯坦利·杰文斯（W. S. Jevons），他是数理经济学派的早期代表，或许大家不太注意他同时也是重要的逻辑学家，而且他的经济学与逻辑学著作很早都有中译本。1886年海关总税务司署出版了由艾约瑟（J. Edkins）所译杰文斯（当时也译耶方斯、哲分斯等）于1878年出版的《政治经济学入门》（*Primer of Political Economy*），即著名的《富国养民策》。值得注意的是，经济学的数理化并非完全割断其伦理关联；直至近年，"不讲道德"的经济学还不断受到质疑。1998年诺贝尔经济学奖得主阿马蒂亚·森（A. Sen）在《伦理学与经济学》一书中论证了"经济学与伦理学的严重分离，以及这一分离如何铸就了当代经济学的一大缺陷"[①]。

作为理论经济学分支学科的经济思想史，应重视伦理观念的研究，这里的伦理即经济伦理。具体到转型时期的商品经济思想，其注重工商业者的职业伦理，实质即所谓"商人精神"，这在东亚经济思想史上有其独特意义。我们知道，中国经济思想史的核心问题有"三大教条"之说——"重本抑末""重义轻利"与"黜奢从俭"；而日本传统社会深受中国思想文化影响，"本末"、"义利"、"奢俭"等同样是其经济思想的核心问题，本文的"问题意识"正是这些问题的集中体现，因为商品经济思想涵括了上述核心问题。

诚然，赋予传统"实学"以经济思想内涵，使之成为经济思想史的研究对象，尽管有其学理基础，但毕竟还是一种新的研究尝试。这不仅可以丰富思想史、哲学史研究，而且能够充实经济思想史的内容。深入考察中日实学思潮中颇具代表性的主要学派是东亚经济思想史研究的重要环节，对于研究总结有别于西方的现代化道路与模式和丰富发展理论经济学基础与内容，都具有重要的学术价值。

---

① 阿马蒂亚·森（Amartya Sen）：《伦理学与经济学》，商务印书馆2000年版，第1页。

二 石田梅岩的思想渊源与石门心学的经济思想

以往学者对石田梅岩及石门心学的研究主要是思想史研究,也有一些经济思想史方面的研究,有关江户时代经济思想的著作多有涉及,专著则主要是四十多年前竹中靖一的《石门心学的经济思想》。不过,《日本思想史》(季刊)2004年第65号是专刊石门心学的特辑,说明相关研究至今依然很受重视。石门心学的经济思想根基是在石田梅岩的著述中,其后学将其发扬光大,在竹中的专著中论及了手岛堵庵、镰田一窗、中泽道二等人的经济思想。限于篇幅和比较研究的时段,本文主要研究心学创始人石田梅岩的经济思想。一般说来,研究一个思想家及其学派,首先要考察其思想渊源,除了石田梅岩的个人经历以外,还需要联系石门心学产生的时代背景来分析。

石田梅岩1685年9月15日生于日本丹波国桑田郡东悬村(今龟冈市东别院町东挂),名兴长,通称勘平,号梅岩。1692年他到京都商家当"奉公"(学徒)。1699年辞归乡里。1707年再度上京,在吴服商黑柳家当学徒,后升小掌柜。1727年辞去。1729年在京都车屋町御池上町初开讲席,此即是心学发端之时。1739年7月,其刊行《都鄙问答》。1742年正月,他在大阪开讲席,并与神道家问答。1744年5月,《齐家论》(即《俭约齐家论》)问世;同年9月24日,石田梅岩去世。主要著作即《都鄙问答》和《齐家论》,其后学编辑《石田先生语录》(以下简称《语录》)、《石田先生事迹》(以下简称《事迹》)等。这些文献收入柴田实编纂的《石田梅岩全集》(上、下册),由清文堂1956年出版,1972年改订再版。

石田梅岩生活的江户时代,是日本人常常引以为自豪的,如认为这是日本历史上"一个最富于创造性的时代"①。在幕藩体制下,

---

① [日]山本七平:《日本资本主义精神》,生活·读书·新知三联书店1995年版,第82页。

国家与地方二元体制并存，商品经济也呈现出双重结构。全国性商品经济的中心在"三都"即江户、大阪和京都，江户是德川幕府的城下町，大阪、京都则是江户物质的供应地。京都具有传统的工艺品和绢织业，大阪则是日用生活必需品的产地与集散地。当时涌动着全国市场的建立、货币经济的扩大、都市化的不断发展，以及武士的贫困化和商人的富裕化等一系列社会文化变革的激流，许多变革直接导致了明治维新和后来日本的勃兴。商品经济的发达和町人文化的兴起，促使人们思考和探索建立新的社会秩序与经济制度以及思想文化体系。石田梅岩创立的石门心学应运而生，就是为倡言"町人之道"而建立的思想体系。

石田梅岩活跃的享保时期（1716—1735 年）正值德川幕府第八代将军德川吉宗的统治期，这时商品经济发展，町人势力增长，许多著作如奈良本辰也的《町人的实力》专有研究。但当时的商品货币经济植根于武家为中心的社会，呈现出一定的畸形性。建立在自然经济基础上的封建制度，生活在实物经济中的武士，与町人建立的商品货币经济之间产生矛盾，出现了幕府和诸藩财政危机。德川吉宗进行了著名的"享保改革"，以奖励武艺、禁止奢侈游惰、提倡俭约为宗旨，以求增加幕府收入。然而，改革实行的紧缩政策造成了商业的不振和经济不景气，町人的利益和商品经济的发展受到制约。但改革继续推行，并实行"重农抑商"措施，町人受到抑制。经济思想领域也存在明显的分歧，关键就是如何看待商品经济。

新旧交汇、差异并存是转型时期思想观念的重要标志，中国的明末清初也很相似。江户时代的思想家传统意识还比较浓厚，一些人依旧从武士本位的立场出发，秉持农本主义的经济观，他们强调"町人无用论"，并主张抑制其利润追求，"农本商末"观念也还较为深固。比较典型的论点如熊泽蕃山《集义和书》说："农者，本也；工商，助农者也。"贝原益轩《君子训》提出："古之明王重农抑工商，贵五谷而贱金玉，行俭约而禁华美，此重本抑末之道，治国安民之政也。"荻生徂徕的《政谈》强调武士归农和抑制町人为第一要务，说："重本抑末者，古圣人之法也。本，农也；末，工商也。"那时，武士的"贵谷贱金""尊士抑商"等传统思想，在林子平的思想中同样突出，其《上书》说："町人只以吸取诸人之禄为计，此外无益者也。"另外，如高野昌硕的《富强六略》等，也倡言"商业无用论"。

与此相对，随着商品经济的发展和町人势力的增强，出现大商人和自治都市，町人的"自主性"意识逐渐强化。以大阪的批发商为中心，强调以"本商人"自勉，逐步确立起町人之"道"。透着重信用的"正直之道"的町人风姿，早在元禄年间（1688—1703年）井原西鹤的《町人物语》就已有描绘，连丸山真男的名著《日本政治思想史研究》都为此占去不少篇幅。到梅岩初开讲席时，日本已逐步建立起"商业社会"并确立了全国性规模的商品需给原则，太宰春台的《经济录》就是此时问世的。在此前后，学问呈现大众化和通俗化倾向，基于町人立场的论点主张也逐渐多了起来，先后出现了代表町人利益的一些著述，主要如西川如见的《华夷通商考》《町人囊》以及手岛宗义的《商人夜话草》、三井高房的《町人考见录》等；而在佐藤信渊的《经济要录》，特别是本多利明的《经济放言》《经世秘策》等之中，不仅倡言振兴产业富国强兵，甚至积极要求海外扩张以外贸富国。然而，在商品经济思想的深刻性、系统性、哲理性等方面最具代表意义和普遍影响的，应是石田梅岩为代表的石门心学。思想家的新论与町人自身的发展相伴随，町人的"本商人"意识中产生出强劲的道德性能量，通过石田梅岩而得到反省、自觉和体系化。寻求在传统的社会秩序中町人的生存"正道"，对町人进行教化，是石田梅岩的强烈意愿，"这可以说是由新兴町人的转变所产生的精神的自觉，因此是石门心学创立的意义之所在"[1]。

石田梅岩的学问形成与其经历分不开。他在黑柳家时最初热衷神道，但接触儒籍后，逐渐向儒学发展。幕府曾倡导"奖励儒学"

---

[1] 古田绍钦、今井淳：《石田梅岩の思想——"心"と"俭约"の哲学》，ぺりかん社1979年版，第39页。

的政策，当时荻生徂徕的学问风行，尊重博识之士成为风尚。梅岩的学问要求是从其自身的内在要求出发的，重视"知心""知性"，对佛教尤其是禅宗的关心也逐渐形成。《事迹》记载他三十五六岁时已知"性"，这个"性"到底是朱子学之"性"，还是佛学或其他学之"性"不很清楚。不过，他在《都鄙问答》卷一中多处论及孟子的"尽心知性""知性乃学问之纲领"等等。他的著作中有一些篇幅谈其"见性"的体验，并论及朱子《大学补传》中的"豁然贯通焉，则众物之表里精粗无不到"。日本思想史家源了圆指出：梅岩的体验与那些"仅以文字之迹理解朱子学的半吊子朱子学者是不同的"①。梅岩提出"知性至行易"，为达到"知性"，首先要勤勉于静坐的冥想工夫；其次是排除利己心及求利欲望，并与日常生活中的奉行俭约相合，这成为町人及大众伦理的特征。日本思想史和伦理学大家相良亨认为，"梅岩在这里为日本人开启了伦理观的新世界"②。梅岩倡导的"道德性实践之实学"，就是要求排除利己心，进而尽心于自己的义务与职业，这具有"世俗内"禁欲主义的意味。

研究者一般都注意石田梅岩的学术师承，知其曾拜小栗了云（1670—1729年）为师。梅岩自述初无定师，拜了云为师读圣人之书，学"五伦五常之道"。但是，关于梅岩的思想渊源特别是其与三教的关系大家莫衷一是。源了圆认为：梅岩最初接触的是神道，其次几乎同时接触了儒教和佛教，也接触了老庄思想，其思想是新旧并存的，这是思想史研究者较具代表性的观点。但竹中靖一明确指出："石门心学的思想核心无疑出自儒教"，认为梅岩的思想特征是"三教止扬"③，即对儒、佛、神道三教的扬弃。梅岩本人对此也不回避，《语录》记录他以礼共尊神、儒、佛；《事迹》记载他日常生

---

① 古田绍钦、今井淳：《石田梅岩の思想——"心"と"俭约"の哲学》，ぺりかん社1979年版，第82页。
② 古田绍钦、今井淳：《石田梅岩の思想——"心"と"俭约"の哲学》，ぺりかん社1979年版，第160页。
③ 竹中靖一：《石門心学の經濟思想》，ミネルヴァ書房1962年版，第95、109页。

活中的确是依循神、儒、佛的顺序礼拜的。他认为，神道的"正直"、儒教的"诚"和佛教的"慈悲心"是相通的。

毋庸讳言，笔者关心石田梅岩学术的儒学渊源成为开展中日比较研究的基点，认为儒学在梅岩思想中居于重要地位，可以从其著作主要引用儒书及其"言必称孔孟"得到证实。日本研究心学颇具权威的柴田实在编纂《石田梅岩全集》时深入考证梅岩的主要代表作《都鄙问答》，提出其所引用汉籍共38种、389次之多。其中，《论语》引用133次，《孟子》引用116次，其余为《大学》《中庸》等；"经书"共引18种、362次，含程朱理学之书；再就是引用诸子之书9种、11次，史书4种、8次，其他为佛典及日本书籍，陆王心学的著作完全没有被引用①。这正是石门心学的中国儒学渊源之力证。美国学者贝拉（R. N. Bellah）也直言"儒教给他的思想最大的影响"②。另外，从梅岩本人的言论中，的确可以看出其与儒学的直接关联。《孟子·滕文公下》有"入则孝，出则悌，守先王之道，以待后学者"，他则强调"尧舜之道，孝悌而已。鱼跃水里，鸟翔空中。《诗》云：'鸢飞戾天，鱼跃于渊。'道者，察上下也，何疑哉！人当仔细者，孝悌忠信而已"。《事迹》中记载梅岩自述幼年不晓事，到"十四五岁时顿悟，以是为悲；及三十岁时，大抵明理，犹显于言端；四十岁时，觉如梅之烤焦仍略有酸；至五十岁时，大抵不为恶事"，到六十岁，则曰"我今为乐矣"。这样的表述和《论语·为政》的名句很像："子曰：吾十有五而志于学，三十而立，四十而不惑，五十而知天命，六十而耳顺，七十而从心所欲不逾矩。"梅岩在《都鄙问答》的开端阐发《孟子·告子上》的"求其放心"时说，"孟子又曰：'学问之道无他，求其放心而已矣。'知此心而后，见圣人之行而取法也。尽君之道者尧也，尽孝之道者舜也，尽臣之道者周公也，尽学问之道者大圣孔子也。此皆孟子之所谓'性

---

① 柴田実：《梅岩とその門流——石門心学史研究》，ミネルヴァ書房1977年版，第3—23页。

② R. N. Belldl：《日本近代化と宗教倫理》，未来社1962年版，第202页。

者，与上下天地同流；圣人者，至人伦也'。如是见君子大德之行踪，以此为法，以五伦之道为教，使知天所命之职分而力行之时，乃身修、家齐、国治而天下平也。"由此不难看出，梅岩确可称"言必称孔孟"，必以"圣人之道"为教，却也包含其自有的思想内容。

如果说石田梅岩的思想渊源主要是儒学的话，石门心学经济思想的直接基础则是当时反映商品经济发展、代表町人利益与需求的思想文献，这样的文献包括前文已列举之外，还有《民家重量记》《商人心得草》等数十种。笔者认为，当时町人思想最突出的表现，一是肯定自身的社会价值，二是否定"身份"等级尊卑要求社会平等。前者对于町人的正当生存与商品经济的发展明显有裨益，后者则推动了近代化的平等性"国民意识"的逐步形成。

山本七平提出石门心学的经济伦理受铃木正三（1579—1656年）的影响。铃木是武士，后以禅宗信徒出家，其撰著反映禅宗社会伦理的《四民日用》，讲述任何职业皆为佛行，四民各守其业皆可成佛，关键在于其心而非其业，"世无铁匠以下诸工匠，则无诸品可用；世无武士，则无以治国；世无农人，则无粟谷充饥；世无商人，则无货物流通"。他认为，"买卖之业，乃天道所授"，"必先致力于增大其利"，要增利"当悉心修习之正直之道"，只要"守正直之旨而事买卖之业……天恩必成其业"[①]。总之，按照铃木的理念，专心本业就是修行——佛法即世法、职业即天职。铃木的佛教到梅岩则为儒教，梅岩主张孔孟佛典都能为我所用，"有用即真理"！这大概正是日本文化的特质，看似矛盾的东西都可以"共用"，神、儒、佛与金、银、铜并存，当然《论语》与算盘也就能"合一"了。只是，铃木作为武士考虑的是国家，梅岩是商人在意的是商人之道，两者的主旨却无异："可以认为梅岩属于正三思想的谱系……不管怎样，二人的思想非常接近，我们从后来梅岩的弟子手岛堵庵重新刊

---

① 山本七平：《日本资本主义精神》，生活・读书・新知三联书店1995年版，第109—120页。

行正三的著作并为之作序也可以看出这一点。"①

　　实际上，石门心学经济思想直接继承发展了新兴町人代表西川如见、三井高房等人的思想。西川如见（1648—1724 年）在 1719 年出版的《町人囊》卷二论及"吝"出自"私欲"，"俭约"出自"天理"，即贯穿于不同"职分"中之"一理"。其论"町人之理"的人生哲学，提出商人虽位于四民之末，但能融通天下万物对社会有用，人的本性无贵贱之别。此外，如近松门左卫门也曾提出，"武士不为贵，商人亦不贱，所贵者唯丹心耳"②。《町人囊》以及手岛堵庵之父手岛宗义的《商人夜话草》（1727 年刊）等，发展了"町人的学问"。三井高房是三井财阀家族中的第三代嫡孙，其《町人考见录》记录町人兴衰之实例，记录其"家法"，阐发"商人心"，倡导俭约敬业、仁义赢利。日本学者注重石门心学经济思想对町人意识和学问的发展，半个多世纪以来，西尾阳太郎、竹中靖一直到佐久间正等人，先后研究了石田梅岩与西川如见等的关联，提示石门心学经济思想的承继性③。

　　的确，石门心学既是江户时代商品经济发展的产物，也是商人思想的系统性、哲理化发展，其倡导"道德性实践之实学"，强调"町人之道"，提倡勤勉敬业、恪尽职守与献身精神，主张节欲与赢利统一，将商人的思想学术化、伦理化，并上升到宗教观念的高度，以阐释士农工商各行业的社会平等与商人获取利润的正当性、合理性，阐发以"正直""俭约"为中心的经济合理主义，与商业社会的要求相适应，从而具有广泛的社会基础，反映了商品经济发展的时代要求。

---

① 山本七平：《日本资本主义精神》，生活・读书・新知三联书店 1995 年版，第 105 页。
② 奈良本辰也：《日本近世の思想と文化》，岩波书店 1978 年版，第 41 页。
③ 参见西尾阳太郎《石门心学の发生について——町人囊と都鄙问答との关连》，载《史渊》第 50 号，1951 年出版；竹中靖一《石门心学の经济思想》，ミネルヴァ书房 1962 年版，第 281—305 页；佐久间正《石田梅岩の思想》，载日本思想史恳话会编辑的《日本思想史》（季刊）第 65 号，2004 年。

三 清初实学的时代特征与经济思想传承

与石门心学大抵同时期的中国清初，社会正处在"天崩地解"的重要历史转型时期，同样面临着由传统社会向近代化过渡。历明代中叶尤其是嘉靖、万历朝以来的社会经济变革和思想文化激荡，固有的道德观、价值观和学术体系开始松解，传统观念与新的思想发生激烈撞击。明清易代，各种社会问题日益严峻，解决问题的社会需求日趋迫切，对"学问"的要求也发生了重大变化，主张黜虚崇实、经世致用的实学长足发展，并形成蔚为大观的时代思潮，遍及大江南北。

何谓实学？确切地说，"实学"并不是一个静态的、固定的或严格的概念。拙作《宋代浙东实学经济思想研究》①进行过一些考证，认为理学中也蕴涵着实学的因素，但理学是在反对佛老的"虚无寂灭之教"与汉学"辞章记诵之学"中发展实学的，将追求人间真实的圣贤之学和在现实生活中实践道德之学称为实学，即日本学者所称的"追求人间真实之实学"与"道德实践之实学"，而称明末清初的实学为"经世致用之实学"。源了圆指出："实学乃如具有多种侧面之巨像"，有实践、实用、实证、求实等等之学，观其与社会之关系，有"经世济民""经世致用""利用厚生"等之学。"当人们不满意现存之思潮及价值观，社会价值体系发生动摇时，则有些人将支持当时价值观之学问贬为'虚学'或'伪学'，而将自己的学问称为'实学'，以强调其正当性。"②中国学者也提出，"所以明清时期的实学家在批评、否定理学的空谈心性的同时，对其中的某些实学思想也多加肯定和继承"③。说到底，实学就是指实实在在的学

---

① 叶坦：《宋代浙东实学经济思想研究——以叶适为中心》，《中国经济史研究》2000年第4期。
② 葛荣晋：《中日实学史研究》，中国社会科学出版社1992年版，第205页。
③ 葛荣晋：《中日实学史研究》，中国社会科学出版社1992年版，第3页。

问。清初，举凡与国计民生有关的政治、经济、文化、教育等方面的实务，尤其是具体的理财、治河、漕运、盐务、水利、边政诸政，均是经世实学的重要内容。此外，还有实体实学、考据实学、科学实学、启蒙实学等提法。

一般认为清初实学思潮是在对程朱理学与陆王心学的批判中逐渐形成的，笔者则认为不应完全割裂或对立理学、心学的实学关联性。以往将思想家在学理上或师承上的这些关联性视为"不彻底"等，反倒证明关联的客观存在。尤其是经世致用的学术传统并非明清之际才出现，经世致用与其说代表"新兴市民阶级"，毋宁说是传统学术顺应时代要求的发展。以往研究不否认实学家大都是从朱学或王学中分化、脱胎而来，在理论或思想渊源上与朱学或王学保持着千丝万缕的联系。如将黄宗羲、孙奇逢、李颙、唐甄等人基本归属陆王心学系统，而将顾炎武、王夫之、陆世仪等人基本归属程朱理学系统，也是有其根据的。

实学反对空谈心性，主张经世致用，要求回归儒家原典，并将学问扩展到社会与自然，这与明中叶以来的"西学东渐"也分不开。例如，明代徐光启在自然科学方面颇多贡献，他曾谈到其一生为学"务求实用"，要"率天下之人而归于实用"。这为中国传统学术注入了新的内容，也拓展了自宋代以来的实学内涵。"西学"冲击着中国的学术传统与思维方式，其科学精神与知识体系对于大倡经世致用之实学的启蒙思潮也是重要促进。启蒙思想家批判君权独裁和专制体制，发展传统的"民本"思想，向着"民主"的时代潮流前进；他们大力发展民间教育、传播知识文化、注重日常行事以求学问，在中国学术史上写下新的一页。

尽管实学名目繁多，还有"事功之学""经世之学""经济之学"等，但其主旨是经世致用；实学的内容形形色色，但其核心是经济思想。笔者研究中国经济学术史，认识到明清时代系统编辑出版的"经世文编"是传统经济学术——经世之学的重要内容，而经世之学是清初实学的主要成分。明史专家吴晗在中华书局1962年版的《影印〈明经世文编〉序》中指出,此书"对稍后的黄宗羲、顾炎武等人讲求经世实用之学,也起了先行者的作用"。清初实学在经济方面将古人的"利用厚生"赋予新的时代内容,明确提出"有田者必自耕",主张发展经济惠商恤民,提倡"工商皆本",积极为富人辩护,反映了经济发展和社会变革的时代特征。

这一时期的社会转型是全方位的,社会结构与价值体系发生着深刻的变化,表现在经济方面最突出的就是商品经济的发展和商品经济思想的变迁,这与石田梅岩生活的时代很相似。当时集市、城镇勃兴,商贸流通拓展,商业组织与商人资本长足发展,并以农业的专业化和手工业的商品化作为基础,这些可以从前辈学者研究的"资本主义萌芽"中找到许多证据。近年来,经济史学大家吴承明专门提出,那时"新的、不可逆的变化堪作现代化因素者,约有六端"①,即大商人资本的兴起,包括徽商、晋商等后来称为十大商帮者的自由商人出现,他们主要从事长途贩运,类于16世纪西欧"特殊的商人阶级"或"专业商人",具有现代化因素中的先驱作用。他们的活动有相当的社会效应,并形成具有中国特色的商业文化。再就是工场手工业的出现、财政的货币化、租佃制的演变以及雇工制的演变和白银内流。经济变革必然引发社会变迁,社会就业结构变化使得商人地位提高,这与商业利润的获取优势分不开,在中国历史上早有太史公《史记·货殖列传》一语破的——"夫用贫求富,农不如工,工不如商"。这就是社会不同行业"致富"的差异规律。

简言之,商业利润获取的"机会成本"低于其他行业,促使社会上弃农经商、弃儒就贾、致仕从商甚至亦商亦儒之风盛行。在徽州、三晋等地,不仅商贾人数居多,而且聚集了大量商业资本。谢肇淛的《五杂俎》称,"富室之称雄者,江南则推新安,江北则推山右"。前人对这些商帮做了许多研究。笔者注意到,在这些地区以

---

① 吴承明:《16、17世纪中国的经济现代化因素与社会思想变迁》,《中国的现代化:市场与社会》,生活·读书·新知三联书店2001年版。

外的浙东地区，从宋代以来就有特殊的商品经济与经世致用传统，经明代王阳明、清初黄宗羲等人的发展，影响到后来"宁波商帮"的崛起以至今天当地市场经济的发展。"宁波商帮"与徽商、晋商等同官府有着千丝万缕的联系不同，也和徽商的"贾而好儒"、晋商的"学而优则贾"的精神文化气质不太一样，他们不仅经商，主要还注重手艺并兴办产业，并积极投资教育事业，这是很值得研究的。

总的说来，中国商品经济思想的重大变迁起自宋代，尤其是在浙东地区，这与当地商品经济的发达和思想文化的发展分不开。浙东地区有着商品流通的特殊地域环境，思想文化方面具有突出的经世致用特色，浙东学派的经济思想中商品经济思想尤为鲜明。南宋叶适是宋代浙东学派的代表人物，他在《习学记言·序目》中提出，"既无功利，则道义者乃无用之虚语尔"；主张顺应商品经济的发展，实现"商贾往来，道路无禁"。他在货币理论方面有很大贡献，从当时铜币为纸币所驱的事实中，早于西方人三百余年就阐述了"劣币驱逐良币法则"。

叶适肯定工商业的社会作用，其对工商业的重视，不仅表现在反对"重本抑末"和夺商专利等方面，而且提高到欲使工商业者参政议事、进入统治集团的程度。对于社会职业，叶适认为，"夫四民交致其用而后治化兴，抑末厚本，非正论也"，公然批评传统观念；他的学生陈耆卿在所修《嘉定赤城志》卷三十七中，采用北宋绍圣三年（1096年）当地地方官郑至道所作《谕俗七篇》内容，明确提出士农工商"此四者皆百姓之本业"，此为迄今所见中国历史上最早的"四业皆本"史料，比一般认为黄宗羲最早提出早了近六百年！因之，谈明清不可不上溯至唐宋。

浙东学派的经济思想是地域环境和经济发展的产物，也是有着悠久历史传承的学术思想之赓续。宋以后到明代哲学家王阳明，在社会职业伦理方面同样明确主张"士农工商"四业平等。1525年，他为弃儒就贾的商人方节庵作《节庵方公墓表》，其中说到"四民异业而道同，其尽心焉，一也"。石门心学与阳明心学的联系已有学者进行研究，应当注意这种"尽心"之说，在上述记载石田梅岩引述孟子"尽心知性"说时已见到。更重要的是，在学术传承脉系中，黄宗羲远宗王阳明。他师从刘宗周问学其门下，而刘宗周学出王阳明，故前人将黄宗羲归为心学流脉有其道理。另外，在浙江余姚有"四先贤"之称，指的是汉代高士严光、明代哲学家王守仁、明末清初中日交流先驱朱舜水和清初思想家黄宗羲。而且，不仅朱舜水在中日文化交流史上占有重要地位，黄宗羲也到过日本，这在下面还将论及。

清初实学在南方最具代表性的就是"三大启蒙思想家"——浙东黄宗羲、浙西顾炎武、湖湘王夫之并起，开一代学术新风。北方则以"颜李学派"为典型。以往的思想史研究多重南学，而对于颜李学派的研究主要是教育史研究较多，经济思想方面还有较大的发展空间。梁启超《中国近三百年学术史》评价有清一代学术，对于两千年来思想界是极猛烈、极诚挚的大革命运动。"其所树的旗号曰'复古'，而其精神纯为'现代的'。其人为谁？曰颜习斋及其门人李恕谷。"蒋方震为梁启超《清代学术概论》所作"序言"说，"致用之学自亭林以迄颜、李，当时几成学者风尚。夫致用云者，实际于民生有利之谓也"。颜李学派在当时影响很大，史称"四方响和"，陶窳《秦关稿序》说，"颜李之学数十年来，海内之士靡然从风"。

颜李学派主要是在今天的河北。颜元为直隶博野人，其徒李塨是蠡县人，王源则是顺天府大兴（今属北京）人。颜李学派以讲求实习、实行、实用的"习行经济"之学为特征，首倡于颜元，集大成于李塨、王源。章太炎曾说自荀子之后，颜氏可谓大儒矣；李塨、王源亦皆惩创空言，以有用为皋极。他们批判空疏尚虚的学术弊端，开创务实之实学，在当时的实学思想家中，他们的批判精神被认为比三大启蒙思想家更为彻底。

在明末清初的学术史上，有一个人物值得注意，即黄宗羲、顾炎武、傅山等均尊之为师的孙奇逢（1584—1675年）。他字启泰，一字钟元，直隶容城人，学者称之为夏峰先生。孙奇逢最突出的贡献是会通理、心之学启开北学之途，其所著《理学宗传》研究学术史，既讲"一衷于理"，也谈"禅学本心"；其《日谱》强调"凡言存心、养心、尽心、求心、正心，皆所谓学以复此本心之功夫也"。他作《夏峰歌》，倡言"躬行实践，舌上莫空谈"。这就为后辈同乡颜李学派的"躬行实践"之实学奠定了基础。颜元与孙奇逢年龄相差半个世纪，而且二人也未曾谋面，但颜元之学自陆王入手，引导者就是孙奇逢的高足王之徵、王余佑。颜元对王余佑的兵法及经世实学由衷感服，并一直执父子之礼。但颜元并不拘泥于此而重在创新，在《习斋记余》卷六中表述为"学习、躬行、经济，吾儒本业也"。

颜李学派以讲求实用、注重实践、崇尚艺能、习行经济、富国裕民为宗旨，在中国北方实学发展史上具有十分重要的地位。颜李学派之实学并非坐而论道，其创办的漳南书院就是实践"习行经济"讲求"六艺实学"的场所，将兵农钱谷、水火工虞、天文地理等列入习学科目，在中国传统教育向近代过渡的进程中具有重要意义，颜李学派的经济思想对于中国经济思想史的贡献，尤其值得认真研究。

四 "四民平等"观与"工商皆本"论

本文以上就中日商品经济思想比较研究进行了必要的理论阐述和学理分析，尤其对商品经济是经济形态演进和社会历史转型的关键进行了六个方面的阐述，以论证开展商品经济思想比较研究的意义；进而阐述了石门心学创始人石田梅岩的思想渊源与石门心学的经济思想，以及清初实学的时代特征与经济思想传承。下面就日本石门心学和清初实学商品经济思想的代表性论点作一具体的比较研究。

从石田梅岩的思想渊源及其经济伦理的传承发展中，不难看出作为"道德性实践之实学"的石门心学，的确是江户时代中期"町人之哲学"的典型代表，其经济思想反映了从武士社会的实物经济向商业社会的市场经济转型的时代特征。当时，社会的突出矛盾是武士的经济基础虽然动摇，但其社会地位尚未发生根本性改变，而担负商品货币经济重要角色的町人，却依旧处于社会下层；那时的经济思想和伦理观念中，"町人无用论"或"重本抑末说"都还有其位置。如何认识商品货币经济及其发展，怎样看待工商业在社会经济中的地位，尤其是对以工商业者为主要成分的"町人"的社会职能持何种态度，成为社会历史转型时期商品经济思想的重要内容。日本如此，中国也是如此，集中体现为"四民平等"与"工商皆本"等论点的提出。

我们知道，研究中国或日本经济思想史的学者，都很重视当时的思想家如何看待各行业的社会分工，特别是到了传统社会向近代转型的历史时期，对工商业及其从业者的认识，成为经济思想史研究的重点。以往的经济史学研究，强调商品经济的发展对于瓦解"封建经济"和步入近代社会的重要意义，但对于肯定"末业"、强调"四业皆本"、力倡"四民平等"等论点为什么会如此重要，似乎未能作出进一步的学理阐释，这也是笔者多年的困惑。本文或许可以提供一些解说。

如前所述，从江户时代代表町人利益与要求的思想文献中，可以看到较为突出的是肯定町人自身的社会价值、否定身份等级尊卑和要求各行业从业者人格及地位平等的内容。如伊藤仁斋、井原西鹤、西川如见等代表町人对身份等级尊卑发起挑战，这些正是在石田梅岩那里得到了充分的诠释。梅岩力主肯定町人的社会存在和强调士农工商四民"职分"平等，力求为町人争得应有的经济地位和社会地位。要肯定"四民平等"，首先要证明町人的职业价值、社会功能及其存在的合理性，予其赢利以"经济合理主义"的阐释。除了社会职业以外，还要从道德层面肯定町人并不低贱，也不是像主张"抑末"者所说的那样奢侈或败坏社会风气。肯定町人的社会职能，阐发"四民平等"观，在石门心学的经济思想中是很典型的，并上升到一定的哲理性、系统性层面，比较突出的论点集中于梅岩的《都鄙问答》和《齐家论》中，这也是心学经济思想的根基性文献，并为石门后学所遵循阐扬[①]。

在《都鄙问答》卷一中，石田梅岩首先肯定商业的社会功能，从而论证商人应有平等的社会地位。他提出"若云商人之其始，自古以其有余易彼不足，以互通有无为本也"。所谓"以其有余易彼不足"，正是肯定商业社会功能的简洁概述；但要注意的是，梅岩强调这种"互通有无"的职业在社会分工中是"本"，而不是"末"。这就既肯定了商业的作用，又强调了其重要地位。进而，在该书卷二中，作者论述了"若无买卖，则买方无着卖方难售。苟如此，则商人无以渡世则改业而为农或工；若商人皆为农、为工，天下无流通财宝者，则万民陷入难境"。亦即商业与农业、工业同样重要，都是社会经济生活中不可或缺的行业。论证了商品经济存在的合理性之后，从业之人的社会地位就应顺理成章地得到肯定。于是，梅岩继续阐述："士农工商者，助成天下之治也。四民有缺，则无以为助。治理四民，乃君之职也；佐助君主，则四民之职分。士者，乃原本有位之臣也；农人，乃草莽之臣也；商工，乃市井之臣也。为臣者侍佐君主，乃为臣之道；商人买卖者，乃佐助天下也。工匠得工钱，乃工之禄也；农人耕作收获，亦同士之俸禄。天下万民若无产业，以何而存立？"这有些孟子"恒产恒心论"的味道。

石田梅岩认为社会各行业都有自己的"职分"以及相应的"产业"，这只是社会分工的不同，没有高低贵贱的差别。士农工商都是"君"之"臣"，也都该得到其应得的收益，特别提出"商人之取卖货之利，与士之食禄相同。商无利得，如士之无禄"。这样一来，尊贵的武士与被视为低贱的商人就成为"相同"的了。梅岩进一步指

[①] 石田梅岩的《都鄙问答》和《齐家论》收入泷本诚一编《日本经济大典》第13卷，明治文献1967年版，本文引用以上文献均出于此。有关石门心学的文献，主要还有《日本思想大系》42《石门心学》，岩波书店1971年版；《石田梅岩全集》（上、下卷），清文堂1956年初版、1972年改订再版。《石田先生语录》《石田先生事迹》均收入全集，不另注。

出："商人卖货之取利，亦是世间公认之禄也。夫何独以买卖之利为欲心而云其无道，厌恶商人而拒绝与之交哉！何以专贱商人之生计而嫌之耶？"理直气壮地争取商人的生存地位，并搬出圣人之言作为其论点依据，说："孟子亦云：道，一也。士农工商共为天之一物。天，岂有二道哉！"梅岩为建构"商业有用论"和"四民平等"观，援用孟子的许民置产和"道，一也"之论，阐明商人谋利的正当性和四民业异而道同的平等观。

在《齐家论》下里，石田梅岩再次引经据典重申他的论点，说："《大学》所谓自天子以至于庶人，皆以修身为本。同为修身何有士农工商之别！"这就不仅仅是说四民"职分"平等，而且上升到道德修养层面，提出工商业者与其他人没有高低之别。"故士农工商虽职分各异，然会通于一理。故士之道通于农工商，农工商之道亦通于士，焉能按照四民之别各说其俭约之理？……天降生民，万民皆天之子也。"很清楚，既然万民都是"天之子"，都是平等的，各行各业虽然职分不同，但遵从的道理却不能因职业差异而有别。

那么，如何看待这些平等的不同职业呢？石田梅岩屡屡强调，"士农工商，各得尽心于己业"，职业的分工是"天命"，"不知己分"就有可能"难逃天罚"。《都鄙问答》卷一有"合天命乃得福"之说；《石田先生语录·补遗》记述其主张"安天命"，说"为商人者，乃天命之所为"。在他看来，世上有四民之分很自然，就像自然界的"生物多样性"一样。《石田先生语录》卷九记述他曾说："形色乃天性也，有形就有则。如同松绿、花红一样，侍者为侍者，农人则农人，商卖即买卖人，若不安职分则有违天命。"士农工商就是天命的职分，如狗看门、鸡打鸣一样，连禽兽都能知己职，何况人？"不知职分，禽兽不如"，这是梅岩的基本认识。

由此，很容易联想起马克斯·韦伯在论述"新教伦理与资本主义精神"时，反复强调的"天职观念"。他提出，欧洲建立在新教"天职观念"基础上的合理性经济行为，带来了物质财富的大量积累，为资本主义的产生创造了必要的物质基础，而且加尔文教徒的天职观念还造就了一种与众不同的劳动精神。新教伦理使物质（资本主义的制度性）与精神（资本主义的规范性）达到了高度的结合，故而促进了现代资本主义的产生[①]。梅岩的"天命职分"说蕴涵韦伯的合理性经济行为导致资本主义产生的意义。

笔者注意到当时町人肯定自身的社会价值，对于町人的正当生存与商品经济的发展明显有益；而否定身份等级尊卑要求平等的思想，推动了近代化的平等性"国民意识"的逐步形成。需要注意的是，石田梅岩倡导的"四民平等"观，是立足于"町人"的立场，对自身的存在价值与社会地位进行的阐释。其不仅希望社会对町人及其职分有正确的认识，更重要的是要求商人必须了解自己的"天职"，勤奋地履行自己的职分。这适应商品经济的发展，并确认町人自身的主体性，肯定商业利益的正当化，唤起商人意识的自觉性，阐释町人的职业伦理和道德意识——这样的"商人精神"对于步入近代化具有重要意义。

那么，中国清初实学的情形如何呢？

前述清初实学中最具代表性和影响力的，在南方是"三大启蒙思想家"，在北方则是"颜李学派"。中国经济思想史上黄宗羲的"工商皆本"论很受重视，也往往被视为当时商品经济思想最典型的论点，有必要重点研究。

黄宗羲是被阉党诬陷致死的东林党人黄尊素之子。其学承晚明大家刘宗周，远宗心学大师王阳明，成就清代浙东学派。其曾坚持抗清数载，败后遂专意讲学潜心著述。曾开讲"甬上证人书院"，讲究实学反对空谈，主张经世致用，很有影响。据全祖望所撰神道碑

[①] 有关马克斯·韦伯的理论，参见于晓、陈维纲等译《新教伦理与资本主义精神》，生活·读书·新知三联书店1987年版；王荣芬译《儒教与道教》（汉译世界学术名著丛书），商务印书馆2002年版，此据J. C. B. Mohr (Paul Siebeck) Tübingen 1920年版译；另外，中译本还有洪天富依据上述出版社1978年版所译、江苏人民出版社1995年版。此外，若要深入理解韦伯论点，可参考其著、约翰内斯·温克尔曼整理，林荣远译《经济与社会》（上、下），商务印书馆1997年版。笔者对韦伯进行过一些相关研究，并重点考察其社会经济学与中国问题。

文说:"东之鄞,西之海宁,皆请主讲。大江南北,从者骈集。"在其家乡余姚被称为"四先贤"之一①。他治学广博,著述弘富,达一百二十余种,涉及史学、文学、数学、天文学、地理学、文字学诸领域,主要著作有《明儒学案》《明文海》《南雷文案》《南雷文定》《留书》《明夷待访录》等。

《明夷待访录》总结明亡的经验教训,从政治、经济、军事各方面分析历史弊端,提出治国建议。此书有"经世大政"之称,顾炎武感叹此"三代之治可复也"!梁启超在《中国近三百年学术史》中说自己的政治活动"可以说是受这部书的影响最早而最深"。黄宗羲的经济思想也较多地集中于此。一般说来,人们已经注意到他的"工商皆本"论,甚至他在此书"田制三"中总结出的历代赋税征收不断增加的规律性概述即所谓"黄宗羲定律"②,还得到抓"三农问题"的温家宝总理的重视,决心减轻农民负担,走出此定律之"怪圈"。但是,黄宗羲与石田梅岩一样强调"职分",却不多为人所注意。

黄宗羲在《明夷待访录·原君》中说:"明乎为君之职分,则唐虞之世,人人能让……不明乎为君之职分,则市井之间,人人可欲。"他强调的不是百姓而是君主的"职分",这与石田梅岩不一样,也正是中国士大夫同日本町人思想家的差别所在。前者建议、指陈、劝诫的对象或目标往往是执政者,而后者重在町人自身的自觉自律。黄宗羲把君主的职分看得很重,认为君主失职天下就会争乱,"古者以天下为主,君为客,凡君之所毕世而经营者,为天下也。今也以君为主,天下为客,凡天下之无地而得安宁者,为君也。"颠倒了"为君之职分"天下就会不得安宁。在他看来,君之"职分"应是兴天下之利除天下之害,是"为天下",反之则"为天

---

① 即汉代高士严光、明代思想家王阳明、中日文化交流先驱朱舜水和黄宗羲。
② 黄宗羲总结出历代赋税征收有三害:"积累莫返之害""所税非所出之害""田土无等第之害",而且税制改革,改一次加重一次,积重难返。对此,先后有王家范、谢天佑、秦晖等学者进行过研究论述,并列出该定律的公式 bn = a + nx,其中 bn 指新税额,a 指原始税额,n 指改制次数,x 指杂派。

下之大害者，君而已矣"。能够为害天下，这是由君的职分决定的。指出"君为害天下"历来被认为是启蒙思想家杰出的思想。此外，他还主张臣的职分也不应该只"为君"，而应"为万民"，这就是他在《明夷待访录·原臣》中所说的"故我之出而仕也，为天下，非为君也；为万民，非为一姓也"。君与臣虽各有其职分，但两者集中到"为天下""为万民"的基点上则又是一样的。君臣尚且如此，社会各行业就更应平等。

在《明夷待访录·财计三》中，黄宗羲提出了他的"工商皆本"论。他说："故治之以本，使小民吉凶一循于礼；投巫驱佛，吾所谓学校之教明而后可也。治之以末，倡优有禁，酒食有禁，除布帛外皆有禁。今夫通都之市肆，十室而九，有为佛而货者，有为巫而货者，有为倡优而货者，有为奇技淫巧而货者，皆不切于民用，一概痛绝之，亦庶乎救弊之一端也。此古圣王崇本抑末之道。世儒不察，以工商为末，妄议抑之；夫工固圣王之所欲来，商又使其愿出于途者，盖皆本也。"这历来受到重视，甚至被认为是中国历史上最先提出的"工商皆本"论。实际上，黄宗羲依据日用品与奢侈品的生产消费划分本末的思想也非独创，东汉的王符在《潜夫论·务本》中就提出"致用"之工和"通货"之商都是工商业中的"本业"，即各行业各有本末之说，但这还没有根本否定"重本抑末"的传统观念。赵靖认为黄宗羲与王符的"各行业各有本末之说"有不同，王符只是说"工商有本"，而黄宗羲却说"工商皆本"，"前者只是个偏称，后者却基本是个全称或一般性命题。"[1]

据笔者研究，根本性转变发生在宋代，明清时代的许多思想观点都是自宋代肇端的[2]。前述宋代浙东学派的叶适及其弟子陈耆卿不仅从概念上批判"重本抑末"，而且明确提出"四业皆本"，早于黄宗羲近六百年。另外，宋人思想到明代也有继承发展，如明代姚舜牧在《药言》中说："人须各务一职业，第一品格是读书，第一本

---

[1] 赵靖：《中国经济思想通史》第4卷，北京大学出版社1998年版，第209页。
[2] 叶坦：《富国富民论》，北京出版社1991年版。

等是务农，为此，为工为商，皆可以治生，可以定志，终身可免于祸患。"东林名士赵南星则旗帜鲜明地把工商业视为本业，他在《寿仰西雷翁七十序》中说："士农工商，生人之本业……岂必仕进而后称贤乎？"他在《贺李汝立应科举序》中指出，"农之服田，工之饬材，商贾之牵车牛而四方，其本业然也"。赵南星的上述文献收入《赵忠毅公文集》。更重要的是，王阳明撰《节庵方公墓表》（《阳明全书》卷二十五）提出，"古者，四民异业而同道，其尽心焉，一也。士以修治，农以具养，工以利器，商以通货，各就其资之所近，国之所及者而业焉。……故曰四民异业而同道。"与此似曾相识的是石田梅岩援用孟子"道，一也"之论阐明的"四民业异而道同"。

再来看另一位启蒙思想家顾炎武。顾炎武在清初学术发展过程中是开一代风气者，在中国思想史上具有重要地位。其一生着意探讨国家治乱兴衰之道，认为民众也应关注天下兴亡，倡言"匹夫有责"。他不仅致力经世致用之实学，而且非常重视实践经验，其名著《天下郡国利病书》《肇域志》就是"有得即录"抄撮而成的，其《日知录》也是重要典籍。另据章太炎《文录外编·顾亭林轶事》以及徐珂的《清稗类钞》等，都说顾炎武曾参与制定山西票号的制度规定。

然而，顾炎武的商品经济思想谈不上有太多新见，如在其《日知录》卷七中提出，"士农工商谓之四民，其说始于管子。……春秋以后，游士日多，《齐语》言桓公为游士八十人，奉以车马衣裘，多其资币，使周游四方，以号召天下之贤士。而战国之君，遂以士为轻重，文者为儒，武者为侠。呜呼！游士兴而先王之法坏矣！"他虽然没有对工商业有特殊的肯定，却对"游士"很不以为然。在《天下郡国利病书》卷二十八中，顾炎武就官府施行的课盐政策发表意见指出，"两淮岁课百余万，安所取之？取之商也。商安所出，出于灶也。……商收其余盐，得银易粟以糊其口，若商不得利，则徙业海上……且商人皇皇求利，今令破家析产，备受窘困，富者以贫，贫者以死。"这是对商人社会作用的客观认识，同时反对商业干涉政策，认为商人受损失会使社会贫困化。

对于士农工商如何看的问题，北方的颜李学派虽然不同于身处商品经济发达地区的南方思想家，却也有一些独特的思想观点。该学派以讲求"习行经济"之学为特征，首倡于颜元，大成于李塨，王源也很有贡献。颜元绝意仕进，以教学终老乡里，一意讲求经世致用之学，力倡实学、实习、实用，以学习、躬行、经济，为"吾儒本业也"，强调"习行经济"之学，为颜李学派的创始人。主要著述有《存治》《存性》《存学》《存人》，史称《四存编》；另有《四书正误》《朱子语类评》及与门人所辑《习斋记余》等。颜元去世后，其弟子李塨光大其事业。李塨自二十一岁起以父命从学于颜元，认为"不传其学，是自弃天矣"，以昌明此学为己任。他曾中举并游学江南，又任知府幕僚和通州学政，旋即辞官归乡。主要著作有《大学辨业》《圣经学规纂》《瘳忘编》等。有关社会行业问题，颜元《存人编》卷一有"上自天子，下至庶人，皆有所事，早夜勤劳"的论述；《存学编》卷四谈到"士农工商罔敢怠于职中、逸于职外者，惟吾上是神是严也"。这是主张应当严格履行四业之职分，但他这方面的意见并不很多，而最值得重视的是王源。

王源少年时"喜任侠谈兵"，曾从学于魏禧受到实学影响，曾中举，后为徐乾学幕僚，与名士万斯同、阎若璩、刘献廷等游，结识李塨之后，服膺颜元之学，五十六岁拜师颜元门下。他晚年受聘淮安知府幕，卒于此。其著作《兵法要略》《平书》等均佚，传世有《居业堂文集》。王源在五十岁前后写出《平书》十篇，即分民、分土、建官、取士、制田、武备、财用、河淮、刑罚、礼乐。后送李塨商订，李塨将意见附于各篇之后，此即《平书订》。王源在《居业堂文集》卷十二《平书序》中阐明："平书者，平天下之书也。"其著书目的是"要使民生遂……国日富。"在卷八《与毛河右先生书》中，他自称"源以燕市狂徒……程朱陆王门户之学不讲，独从事于经济文章，期有用于世"。

《平书》卷首为"分民"，即划分社会行业。王源将传统的士农工商"四民"新分为"士、农、军、商、工"五种,"士食于官,农、军授之田,商、工食其力,工半食于官"。当时兵农分离,"军"为独立职业;"商"的作用较"工"更重要,从而排在其之前,这都是商品经济时代发展的结果,流通开始比生产更受重视。但李塨与之有不同,他在《平书订》卷一中说:"古称四民,《公羊传》曰'德能居位曰士,辟土植谷曰农,巧心劳手成器物曰工,通财货曰商。'军即在农内,无所谓五民也。……古四民,工居三,商末之。盖士赞相天地之全者也;农助天地以生衣食者也;工虽不及农所生之大,而天下货物非工无以发之、成之,是亦助天地也;若商,则无能为天地生财,但转移耳,其功固不上于工矣。况工为人役,易流卑贱;商牟厚利,易长骄亢,先王抑之处末,甚有见也。今分民而列商于工上,不可。"可见两人看法不同,李塨尽管也认识到各业的社会价值,但不同意提高"商"的地位,也还坚持兵农合一,他还说:"《平书》大端皆与谬见合,独此一端少参差。"

王源还主张设立管理商业的"大司均",居六卿之位。在《平书订》卷十一中他提出,"置大司均以备六卿。货财者,与食并重者也,乌可置之六卿之外乎?"作为商品经济发展的时代要求,为此后清廷设立商部作准备。管理并非干预,王源在提出加强商业管理的同时,积极反对官府干预,他说:"今之所恃征商者,榷关耳,官吏如虎狼,搜及丝忽之物而无所遗,商旅之困惫已极。"榷关相当于杀人越货,极大地影响了商业的正常经营,王源要求"宜尽撤之,以苏天下而通其往来"。王源还设计一套新税制保护商人利益,按照商人资本额估算的盈利额征收商税,"仅足本者则免其税",通过合理的税收制度促进商业发展。具体做法是:"分商为九等,本不足百贯者为散商,弛其税;行商不足五十贯者,亦弛其税。"以所得税制代替榷关制是近代所得税制的思想先河,在中国经济思想史上占有重要地位。

王源著名的"本宜重,末亦不可轻"之说,也在《平书订》卷十一中,他指出:"重本抑末之说固然,然本宜重,末亦不可轻。假令天下有农而无商，尚可以为国乎？"这种"本末并重"之说与其"货财与食并重"是一致的。王源并不是像浙东学派那样在"重本抑末"概念上下功夫，而是在不触动本末论的前提下，增添其发展商品经济、提高商业与商人地位的实质内容，这与他所处的区域经济状况和地域文化特征分不开。王源还坚持商人与士大夫没有身份之高低，并发展了允许商人入仕途的思想。他说："夫商贾之不齿于士大夫，所从来远矣。使其可附于缙绅也。入资为郎且求之不得，又肯故漏其税而不得出身以为荣哉！"他主张提高商人地位，按照资产分为九等，建议将纳税二千四百贯以上者分别给予九品至五品冠带，以此鼓励纳税。李塨对此并不赞成，认为这是"为财货起见"，他提出"商贾实不可重"，认为历朝历代"贵布帛，贱淫技，重农民，抑商贾，以隆教养，先王之良法远虑，不可不考行也"。这反映了颜李学派内部的思想分歧。胡寄窗指出："仅就王源的这些经济思想来说，明末清初的诸启蒙思想家没有人可以与他相比拟。"[①] 的确，与大体同时代的日本相比，王源的思想也是先进的。

五 "正直""俭约"的"商人之道"与许民"自利"和"安富"之说

石门心学的商品经济思想中一个最突出的概念就是"商人之道"。《都鄙问答》卷一《问商人之道之段》，较为集中地阐述了梅岩关于"商人之道"的基本论点。他首先肯定了商人的社会功能，但"商人以精于计算渡世，不可轻一钱。以此为重而致富，乃商人之道也。财富之主乃天下之众人也。主之心亦与吾心同，故以吾犹惜一钱之心推之，若专念卖物，毫不疏忽而买卖，则买主之心亦由初惜金钱，转而代之以物品之能，其惜金之心应自行止息。惜金之

[①] 胡寄窗：《中国经济思想史》（下册），上海人民出版社1981年版，第551页。

心止，则化作为善而已。且流通天下之财宝，若万民之心得安，则与天地四时流行、万物长育相合。如此而虽至积富如山，不可谓之为欲心也。……虽为商人，倘不知圣人之道，虽同为赚钱，却赚得不义之财，当至断子绝孙也。如诚爱子孙，当学道而致荣。"

梅岩所述"商人之道"的关键就是一个"道"字，即以遵循"圣人之道"来赚钱，说白了就是"以义取利"，要赢利也要守道，这就将商人获取商业利润的合理性与遵循"圣人之道"有机地结合起来。"道"的要求是儒学中很重要、屡屡被强调的，如《论语·卫灵公》："君子谋道不谋食"；《里仁》："富与贵，是人之所欲也，不以其道而行之，不处也。"《孟子·滕文公下》："非其道，则一箪食不可受于人；如其道，则舜受尧之天下不以为泰。""道"的理念贯穿整个古代中国，清初也不例外。那么，"道"与"利"到底又是怎样的关系呢？来看石田梅岩一段问答：

曰："商人多贪欲，每每为贪欲之事。夫对之施以无欲之教，犹如令猫守鱼。劝彼进学，亦属无用。欲施之以无用之教，汝非持歪理而可疑者乎？"

答："不知商人之道者，专意于贪欲而至业败家亡；若知商人之道，则离欲心怀仁心合道为荣，以之成学问之德也。"

曰："若如此，教其卖物不取利，仅以本钱出售乎？习者外则以不取利为学，内则实教其取利，此乃反教其为诈者也。……商人无利欲，终所未闻也。"

答："非诈也。请详听非诈之由。有仕君者，不受俸禄而为仕者乎？"

曰："断无此事！孔孟尚言不受禄为非礼，是乃因受道而受，此者，不可谓之欲心。"

答："卖货得利，商人之道也。未闻以本金出售而称之为道者。……商人之取卖货之利，与士之食禄相同。商无利得，如士之无禄，……商人当思正直，与人为善，和睦相处，此味无学问之力而不可知也。然商人却常嫌学问无用，当如之何？……凡鬻货曰商，如此则当知卖货之中有禄。故而，商人将左之物过手于右，亦为直取其利，非曲取也。……商人由直取利而立，直取利者，商人之正直也。不取利，非商人之道也。"（《都鄙问答》卷二）

梅岩肯定"不取利非商人之道"，又要求按照"正直"的伦理标准取利，即"以义取利"。只要是这样获取的商业利润，在梅岩看来就是合理合法的，这种商利与武士获得的俸禄没有什么两样。实际上，类似的论点也有人提出，例如中井竹山在《蒙养篇》中就说："商人之利即武士俸禄与农人耕种所得，均为义而非利。贪图非分高利方为利欲，此便陷于奸曲背义。"然而，欲心往往支配商人，中国有"无商不奸"之说，日本也一样，有人质疑"商人每每做欺诈得利之事，从而绝难成就学问"。梅岩对此强调通过教育引导商人学习，使之以正直取利，不取不义之财，也不采用"曲取"的方式，此即"道"。正如孔子所言："不义而富且贵，于我如浮云。"（《论语·述而》）梅岩要求通过教化和学习来改变不正当的商人，强调町人社会中学问之必要性。他在肯定商人合理取利的同时，又将此同武士获得俸禄置于同样天经地义的地位，还列举孔门弟子子贡经商并非无道之例证实自己的观点。

梅岩并非仅仅说教，而是提出具体的做法和要求。要实现取利的"正直"，不仅在取利方式上而且在利润率上都要"合理"。这个"理"不仅具有伦理性质，还包括了市场规律的内涵。以下是梅岩的相关问答——

曰："本金若干其利几多，当天下定一，为何伪称亏本而以高价出售？"

答："卖货必依时价行情，以百钱所进之货物，若只得九十钱必不出卖，是乃亏本也。因之百钱之货物，有时亦以百二三十之价出售。行情上涨生意兴隆，行情下跌则买卖萧条，此乃天之所为，非商人之私也。天下定物之外时有失常，失常，常也。……本金如是取利多少乃难知之事，此非伪也。……商人卖货得利，亦是世间公认之禄也。……买卖得利是为定规，若得定利而尽其职分，则自成天下之用。商人不受利，则其家业难以精勉。吾之禄乃买卖之利，故有买者入乃得受之。……吾所教，乃教商人有商人之道，非全教士农工之事也。"

曰："如是，则商人如何得心致善？"

答："……为武士者，侍其君而不肯用命，难称其为士；商人若亦知此，吾道明矣。若对养吾身之买主以诚相待不怠慢，十之八九得合买主之心。合买主之心，再精勤于其业，何必担心渡世艰难？……想得不义之钱，不知子孙将绝。当今之世何事亦当照光洁之镜，以士为法。……为世人之镜者，士也。……商人取二重之利与暗钱，知对先祖不孝不忠，心想士亦为劣，言商人之道何如？有以士农工之道为替。"（《都鄙问答》卷二）

商利不是"规定"的，而要依时价行情而定，此"乃天之所为，非商人之私"，即市场规律。《孟子·滕文公上》说："夫物之不齐，物之情也"，与彼"失常，常也"，有异曲同工之妙，都对市场调节物价的功能有所认识。梅岩强调不应"取二重之利"，他列举卖织物、售粮食等的人，违背商人之道而取二重之利的行为，认为这是"非"，是"不义"，必须杜绝，否则要断子绝孙。他认为"不义之禄"和"非道之欲"都是应当"去"的，分析"商人多不闻道，故有此类事"，是"不知天罚者"，要教之以"五常五伦之道"，可见其经济思想的伦理倾向根源在于儒学。

梅岩阐释了市场的功用和"商人之道"，但"士"在他看来依然是尊贵的，是"世人之镜"，应为其他行业者所效法。各业均应"精勉其业"，恪守其"道"，抑制"欲心"。梅岩肯定工商业的社会作用，要求提升从业者的社会地位，在经济思想史上具有重要意义。

他改变了"贵谷贱金""尊士抑商"等传统观念，与中国宋代以来尤其是清初实学诸思想家主张"四业皆本"、反对"抑末"的思想变迁颇为相似。经济思想发生着与商品经济兴盛相应的变化，成为中日两国近世社会变迁的共有现象，值得深入研究和比较研究。

"俭约"同样是梅岩"商人之道"的重要内容。《齐家论》就是其阐述"俭约"的核心文献，他论"俭约"源自儒学，"子曰：礼，与其奢，宁俭。……首先不忘俭约，则颇为可嘉。""俭约，乃学者之常事。……若知身份之相应，俭约为常也。"也就是说，"俭约"也是与身份相应的。农人当依农人之"等"，町人须循町人之"等"，要求"不逾等"，否则"过分，皆奢也"。上述均出自《齐家论》上篇，与儒家学说可谓一脉相承。孔子讲："奢则不逊，俭则固。与其不逊也，宁固。"（《论语·述而》）梅岩强调俭约时注重与职业身份相应，要求人们知足安分"不逾等"，商人更是如此。《齐家论》下篇记载："若谓商人之俭约乃琐碎小事，不足以为大道之用，吾以为不然。自上至下，职分虽异，其理则一。得心而行节俭之事时，则家齐、国治、天下平。此焉非大道乎？所谓俭约者，究其实为修身齐家耳。""俭约"也是士农工商的"共通之理"。他专作《俭约序》，说："治世之道，俭约为本。盖云节俭事，世人多误为吝啬，非如此也。俭约乃节用财宝，应我之分，无过与不及，舍物费之谓也。因时合法，用之事成，天下治理，安稳太平。……士农工商，各应尽心于己业，行无不自由之仁政，为君谨敬，各循司位，勤于职守，日夜不怠，是为治世也。"《齐家论》下篇中还说："私欲虽害世，不知此之味而成俭约，皆至吝，为害甚也。吾所言由正直至俭约，则至助人。"这就将"俭约"与"正直"联系起来，"正直乃俭约之本"，又通过"俭约"的修行到达"正直"。他还区分了俭约与吝啬。俭约的基础是仁心，吝啬的基础是欲心，当除私心而怀仁心。他在《语录》卷十中说，"一切忘怀而能守法则为俭约"。通过简单易行的伦理道德修炼，将"正直""俭约"作为商人的生存规范和行为准则，即"商人之道"，并推广到社会各行业中要求士农工商遵循与各自的身份相适应的道德伦理。

就当时的社会实际来看，幕府曾再三发布俭约令，因此提倡"俭约"特别是要求商人以"正直""俭约"自律的主张，也是完全符合统治阶级的需要的。但一般提倡俭约都是经济的需求，而石门心学将其提高到道德原理的高度。对此，永田广志已经看到，他说："心学在伦理学上的特点是把俭约提高到道德原理的高度。当然，俭约这个观念是儒教所固有的，而且作为武士和农民的贫困化的对策，也经常强调俭约，所以俭约的说教丝毫也不新奇。然而其他儒者提倡俭约，毋宁说是出于经济上的需要，或者出于受到经济制约的政治上的需要。从这一点来说，当然也是一种道德，但在心学则如同中江藤树的'孝'一样，被提高到根本道德的高度，它的特点就在于此。"① 提倡节俭的确是儒学固有的，但众所周知，日本的近代化进程中储蓄积累起到了重要作用，这在经济观念上恐怕也是有其历史根源的，石门心学直至今天都对日本的商业社会有影响，以下还要论述。

再来看中国的情形。毋庸讳言，中国很难说有商人思想家，基于商人本身提倡主体性意识和自觉自律的"商人之道"者，也基本谈不上，但中国近世尤其是清初的学说思想中促进商品经济发展的论点并不少，只是这些主张多不是商人对自身的要求，而是思想家在肯定工商业的社会职能、要求各行业社会地位平等的基础上，以更广泛的视野提出满足包括工商业者在内的人们求利致富的需求，体现为许民"自利"和使之"安富"等论点。

与石门心学的"正直""俭约"相比，中国的儒学传承反映在经济思想上，形成"以义取利"和"黜奢从俭"等传统，相关文献比比皆是，无须赘述，倒是如明代陆楫那样持"禁奢辨"之议者，确是凤毛麟角。清初思想家在商品经济方面较为普遍的一个共性倾向，是主张"废银用钱"和实物征纳，因为用银可能利于富豪聚财、

---

① 永田广志：《日本哲学思想史》，商务印书馆1978年版，第168页。

官吏贪墨和盗贼窃取,同时加剧百姓的贫困化。唐甄《潜书·更币》说:"当今之世,无人不穷,非穷于财,穷于银也。"黄宗羲《明夷待访录·财计一》更是激烈,说用银"为天下之大害",要求"欲天下安富,其必废金银乎"!"安富"是当时的一个重要思想论点。顾炎武在《钱粮论》(上)中,反对田赋征银,因为农民为此卖妻鬻子换银交纳苦不堪言。对于这些论点,以往多认为不利于商品经济的发展,但不容忽视其基本上都是从保护百姓利益出发的。石田梅岩关于商利、物价、货币等的论述,主要是针对商人自身的,要求行"商人之道"以自利利人;中国思想家在货币等方面的意见,主要针对政府的货币政策,反对官府通过货币手段与民争利。

反对"与民争利"的立足点是肯定"民利",《明夷待访录·原君》提出,"有生之初,人各自私也,人各自利也。"这不是新论点,但在如何对待"民利"上黄宗羲却有见地,他主张君主不该专利,而应使"人各得自私也,人各得自利也"。尽管他并非第一个提出类似观点,但其清晰度与坚定性则是鲜明的。"许民自利"的认识,与梅岩主张商人赢利的"商人之道"有相似点,黄宗羲还将其提高到"天下安富"与否的高度来看问题。因为当时"银力已竭,而赋税如故也,市易如故也",搞得民不聊生,遭到激烈反对。上述论点与汉代和南北朝的"废钱"之议以及唐宋时反对赋税征钱等论点相类,差别仅在于前人在说钱,而这时说的是银,原因就是白银发展成为主要货币。

顾炎武在《郡县论》中也肯定"天下之人,各怀其家,各私其子,是常情也"。主张政府若要干预"必不如其自为","圣人者,因而用之,用天下之私,以成一人之公,而天下治"。这种"用私成公"的"自为论"越出了传统思想的樊篱,在对抗专制的同时肯定私利、承认私产,顺应人们求利致富的常情而达到天下治。这类似于伯纳德·曼德维尔(B. Mandeville)《蜜蜂的寓言》之"私利而达公益",此为亚当·斯密的分工理论的重要来源,并在伦理学与经济学上对剑桥传统起到推动作用。中国的"自私自为"论,成为近代启蒙学者的一个重要思想特征。顾炎武同样肯定求富重要,他在《亭林文集》卷一中指出:"今天下之患,莫大乎贫。"《日知录》卷六提到富人不愿周济穷人"多为吝啬之计","民之所以不安,以其有贫有富。贫者至于不能自存,而富者常恐人之有求,而多为吝啬之计,于是乎有争心矣。"石田梅岩明确地区分了"俭约"与"吝啬",并反对后者;顾炎武也一样,认为富者不应吝啬而当周济贫者。前面提到顾炎武也持废银用钱之论,其《钱法论》论述了他对如何"行钱"的详细看法,有兴趣的是"市价有恒,钱文不乱"的记载。这个市价之"恒",当是指市价规律,与梅岩谈商利不是规定的、而要依时价行情而定的论点,都是对市场规律的认识。

在三大启蒙思想家中,王夫之对相关问题的认识有其独到之处。

王夫之二十四岁中举,后投身抗清,失败后投奔南明永历政权,但受到排挤下狱濒死。此后,他隐居湘地,在边远地区发愤著述。其治经、史、文诸学,学术体系缜密博大,为湘湖之学的代表性人物。其著述宏富,主要有《读通鉴论》《宋论》《永历实录》《周易外传》《尚书引义》《四书训义》《楚辞通释》等,后人编为《船山遗书》。

王夫之的商品经济思想具有突出的二重性。他一方面在《黄书·大正第六》中肯定商业活动,"以流金粟,通贫弱之有无"。而穷人"怀百钱,挟空券,要豪右之门,则晨户叩而夕炊举矣。故大贾富民者,国之司命也。今吏极亡赖,然朘刻单贫,卒无厚实,抑弃而不屑,乃借锄豪右,又致贪婪,则显名厚实之都矣"。将"大贾富民"视为"国之司命",当是对商品经济发展状况的客观领会。他主张"止暴而安商",让一般商贾"任其所往";《四书训义》卷三十八记载他反对钞关,说:"商旅行焉,以通天下之货贿,可无用关也。"他也赞成农工商贾各安其业,《四书训义》卷三有"来百工则通功易事,农末相资,故财用足"。《读通鉴论》卷二十二说:"要使耕者耕、工者工、贾者贾,何损于大同之世?"在《噩梦》中,他主张取消盐的地域限制，使"盐价恒平，商之利亦有恒"。在《宋论》中，他也谈到"商贾贸贩之不可缺也"。但是，王夫之的"抑商"倾向还是比较明显的，例如，他建议对"富民大贾操利柄"者多征税；他甚至在《读通鉴论》卷二中提出，"贾人富于国，而国愈贫。"他还从人性角度鄙视商人盈利，说："商贾者，于小人之类为巧，而蔑人之性、贼人之生为已亟者也。……夷狄资商贾而利，商贾恃夷狄而骄，而人道几于永灭。"在《读通鉴论》卷十四中，他还要求："商贾者，王者之所必抑。"在货币思想方面，王夫之同样主张废银用钱，《读通鉴论》卷二十说："白银之用流行于天下，役粟帛而操钱之重轻也，天下之害不可讫矣。"他甚至连开银矿也反对。在价格方面他也主张遵行市场规律反对强行定价，《读通鉴论》卷十六提出，"当其贵，不能使贱，上禁之弗贵，而积粟者闭籴，则愈腾其贵；当其贱，不能使贵，上禁之勿贱，而怀金者不雠，则愈益其贱；故上之禁之，不如其勿禁也。"

　　那么，王夫之的思想为什么会这样不一致？这一方面是社会转型时期思想主张的反映，另一方面则是他主张各行业而不只是富商可求富。他肯定"人欲之各得，即天理之大同"（《读四书大全》卷四），这是对传统的"天理人欲"之说重大的改写，因而他同样倡言"许民自利"，《四书训义》卷二十四有"天有时勿夺之，地有产勿旷之，人有力勿困之，民自利也"。他与顾炎武一样反对专制，主张百姓"自为"，不过他用的是"自谋"一词。《读通鉴论》卷十九记载："上为谋之，不如其自谋；上为谋之，且弛其自谋之心，而后生计愈蹙。故勿忧人之无以自给也，藉其终不可给，抑必将改图而求所以生，其依恋先畴而不舍，则固无自毙之理矣。上唯无以夺其治生之力，宽之于公，而天地之大，山泽之富，有余力以营之，而无不可以养人。"他很看重富人，认为："国无富人，民不足以殖"（《读通鉴论》卷二），"大贾富民者，国之司命也"，是"富人为国养小民"之说的发展，富人有救济穷人的义务；而为了使他们能够"安富"，王夫之要求"惩墨吏，纾富民"。民间经济实力的发展，是步入近代化的经济基础之一,"为富人辩护"的经济思想恰是其反映,笔者曾做过些研究①。

前述颜李学派的商品经济思想中王源是很突出的,不过,颜元也有精到之处,他在《四书正误》卷一中,批评董仲舒的名言"正其谊不谋其利"是"过矣"。他提出:"宋人喜道之以文其空疏无用之学,予尝矫其偏,改云'正其义以谋其利,明其道以计其功。'"他将义利统一起来,并公开径改大儒的话,肯定"谋利"与遵守"义"的道德规范不矛盾,这在经济思想史上是有价值的。颜元同样赞同百姓求富,据其《年谱》②记载,他十六岁就有"士农工贾,国之民也"之论,并主张以"垦荒、均田、兴水利"七字富天下;《四书正误》卷三说:"上自天子下至庶人,大而谋王定国,小而庄农商贾,都缺他不得。……农成佳禾,商聚财货,都须一段识见、一段包涵、一段勇气,方做得去。"有些哲理味道。在《存治编》卷一中,他还提出"天地间田,宜天地间人共享之"。可以视为"耕者有其田"之先驱。颜李学派的货币思想没有明显的新东西,李塨在《平书订》卷十中说:"所有者尽可以粟布货物相贸易,至于钱与银,特储之以备流通之具耳,不专恃以为用。"在他看来,在货币流通中得利的是商贾,可以"坐谋厚利"(《瘳忘编》)。

颜李学派"习行经济"的主要实践,是在河北广平办起漳南书院,使之成为讲求"六艺实学"的场所,培养经世致用的人才。强调"博学之则兵、农、钱谷、水火、工虞、天文、地理,无不学也。"(《四书正误》卷二)漳南书院这种教育方法和办学思想,为晚清的教育革新和创建新式学堂所汲取。

六　余论

1744年9月24日,石田梅岩逝世。其高足手岛堵庵继承发展了

---

① 叶坦:《叶坦文集——儒学与经济》,广西人民出版社2005年版,第277—284页。
② 李塨等:《颜元年谱》,中华书局1992年版。

梅岩的学说并有新贡献，他将梅岩之学从"性学"正式改为"心学"，将哲理性较强的心性之说，衍化成一般庶民易于体会的本心修炼，是心学得以普及的重要环节。心学最初以关西为中心传播，后经中泽道二扩大到江户，传播对象也从町人发展到武士和农民，一些藩的统治者也受其影响。据统计，18世纪末期心学讲舍在各地逐年增加，到19世纪30年代全国达近两百所①。心学不仅通过公开讲释，也通过大量印制流传的小册子扩展影响。许多商家店铺的"家训"、"店则"等内容与心学有关，可证实心学的普及及其对商品经济与商业伦理的影响。

限于篇幅本文无法展开对石门后学手岛、镰田、中泽等人的研究，不过在竹中靖一的书中有相关内容可资参考②。然而，有一个问题需要注意，那就是普及性教育对于日本步入近代化的重要作用。如手岛堵庵在京都开设的明伦舍主要培养工商业者，吉田松阴在长州开设的松下村塾多出维新志士，私塾在日本教育史上占有重要的地位，明治维新后成立的高等学校许多是在私塾基础上发展起来的。日本重视教育形成传统，笔者曾在长野等地的乡村看到，村中最好的建筑往往是江户时代留下的学校。中国的书院肇始于唐末，到宋以后有较大发展，上述清初思想家的"证人书院"、"漳南书院"等在当时也有不小的声名，也注重培育经世致用的人才，但传统的"学而优则仕"观念，对国人具有根深蒂固的影响，中国的变法维新士人走的还是自上而下的道路。

总的来说，心学基本上属于都市运动，而都市容易受到西欧化和产业革命的影响。竹中认为，近代市民社会的思想性契机在心学思想的底流中可以见到；贝拉则提出，心学"对明治维新而言，在民众的心理准备这一点上是重要的"③。在日本历史上，石门心学的经济伦理、怀德堂的道德论以及涩泽荣一的"论语加算盘"，成为

---

① 石川谦：《石門心学史研究》，岩波書店1935年版。
② 竹中靖一：《石門心学の經濟思想》，ミネルヴァ書房1962年版，第453—589页。
③ R. N. Bellah：《日本近代化と宗教倫理》，未来社1962年版。

促进日本经济成长和近代化发展的思想动力。一般认为明治维新以后作为运动的心学逐渐衰弱，但据明伦舍编辑的《石田先生门人谱》，迄明治十三年（1880年）心学门人有三万六千余人，心学的商品经济思想直至今天对日本的商业理念和市场经营都还有影响。

前述山本七平的《日本资本主义精神》曾以大量篇幅讲述石门心学及其影响，并且联系昭和时代的现实提出"昭和享保与江户享保"之论；稻盛和夫和梅原猛著《回归哲学——探求资本主义的新精神》，充分肯定梅岩的"商人之道"，并呼唤回归这样的资本主义精神[①]。梅原是名教授，而稻盛是著名企业家，他领导的京瓷集团在经营哲学和企业文化中，都非常重视传承这种精神，他还荣获"中日友好使者"称号。日本中小企业对石门心学更为尊崇，从江户商家到今天京都的零售商，都把"商人之道"视为律己的准则。2000年10月15日，在国立京都国际会馆举办了"石田梅岩心学开讲二百七十年纪念研讨会"，由京都府龟冈市、京都新闻社以及心学关系团体明伦舍、修正舍、时中舍、恭俭舍、心学参前舍等主办，有一千三百多人参加，规模惊人。R. N. 贝拉教授作了题为《心学与21世纪的日本》的讲演，可见心学影响之深远。由于"平成不况"或"泡沫经济"，日本社会中以不正当方式牟利的企业行为时有发生，一些有识之士呼吁企业经营者重新学习"商人之道"。

我们知道，日本思想史上从"朱子学"向"阳明学"的转化，恰与近世社会的发展相伴随，这和中国从宋到明清的思想史发展相似。石门心学深受儒学影响，尽管从石田梅岩著作的引用文献中，看不出其与陆王心学有直接的联系，还是有学者试图探索两者的联系，如进行石田梅岩与陆象山的思想比较[②]。前面谈到黄宗羲与王阳明有学术渊源，而他曾有赴日本的经历值得注意。尽管梨洲东渡的

[①] 稻盛和夫、梅原猛：《回归哲学——探求资本主义的新精神》，学林出版社1996年版。

[②] 韩立红：《石田梅岩与陆象山思想比较研究》，天津人民出版社1999年版。

时间、目的等仍为学术界的悬案①，本文也无法展现深入的考证，但黄宗羲到过日本是能够肯定的。他本人的见闻记录在《行朝录》卷八《日本乞师记》和《南雷文定》卷十一《避地赋》等中。《日本乞师记》记叙了其所见日人反西教的情形，"日本勒兵尽诛教人，焚其船于岛口，绝西洋人往来。于中衢置铜板，刻天主教像于其上以践踏之。囊橐有西洋一物，搜得必杀无赦。"他还看到"长崎岛多官妓，皆居大宅，无壁落，以绫缦分为私室。当月夜，每室悬各色琉璃灯，诸妓各赛琵琶，中国之所未有"。《避地赋》记述航程中"群鱼飞雾、海市当空，帆俄顷而千里兮，浪百仞而万重。纵一苇之所如兮，何天地之不通？越长崎与萨斯玛兮……"

梁启超提到的朱舜水，在日本影响很大，且与黄宗羲都是浙人。朱舜水也提倡"学贵有用"，认为"为学者有实功有实用"（《舜水遗书》卷十五）。浙学具有经世传统，而且从宋代叶适，经明代王阳明直到清初黄宗羲，对商品经济都有独特的见解；浙人无安土重迁观念，有出外经商打工或漂洋出海谋生的传统，至今与日本的往来也不少，笔者认为研究浙学与日本思想文化很有意义。

浙东的经世致用学说与商品经济思想，对此后产生积极影响。如 19 世纪的"宁波商帮"被认为是继徽、晋两大商帮之后势力最强的地缘性商人群体。但他们不同于徽商、晋商等与官府有着紧密联系，而是重在拼经济实力和经营智慧。他们不仅经商，主要还兴办产业，而且积极投资于教育或公益事业，同时也注重自身的文化修养。直至今天这样的传统对于促进当地市场经济的发展还起着作用，前些年声名很大的"温州模式"就是体现；近年温州的打火机在世界上占有可观的份额，并敢于利用法律武器在国际贸易中捍卫自己的权益。

---

① 全祖望的《梨洲先生神道碑文》最早提出梨洲东渡目的是"乞师"，南明政权曾数次遣使东渡乞师求援，此次时为清顺治六年（1649 年），结果"抵长崎，不得请"（《鲒埼亭集》卷十一）。梁启超撰《黄梨洲朱舜水乞师日本辨》则持"避仇说"，且认为事在清顺治元年（1644 年）（《饮冰室合集》文集之四十）。今人陈祖武认为，"梁氏所辨多误，实不可信"（《从〈避地赋〉看黄宗羲东渡日本》，《中国史研究》1987 年第 1 期）。

然而，能够促进地方经济发展不等于能够完成社会形态的演进。清初实学的商品经济思想，无论是主张"工商皆本"还是要求"许民自利"，以及对安富、理欲、货币等思想的再诠释，都是对宋代以来相关思想的继承、拓展，却谈不上有实质性突破，原因就是社会经济形态尚未发生根本性变迁。笔者反复重申，中国反映商品经济发展要求的主要是官员或学者，多是建议朝廷或教化百姓局限较大，无法成为商人主体意识的自觉，不同于石门心学那样的町人自律的内在需求。其差别源于两国社会结构、制度基础与思想文化差异，中日商品经济思想尽管有许多类似论点，但其内涵实质是有差别的，对两国近代化转型的影响也就不同。

从历史条件来看，专制政体的力量依然强大，商人没有发展成为类似西方市民阶级那样的独立阶级，不足以同封建政权抗衡，这是中国的政治体制和经济结构决定的。仅以著名的徽商所在地歙县为例，清代就有进士二百九十六人，状元五人，榜眼两人，探花八人，一些商人在致富之后弃贾业儒仕进，买官置地或奢侈消费而不是扩大再生产，这些往往成为商业资本的主要投向，地主、官员、商贾角色互换，三位一体，与日本强调俭约、积蓄、原始积累不同。而且中国的大商帮多是官商，并不是像石田梅岩那样把经商视为一种天职，而主要是作为赚钱的手段。出现商书如《商贾便览》《士商类要》等也多是技术性而非思想理论性读物，很难产生商人的独立精神。经济思想中强调"工商皆本"或"许民求富"等论点，主要是为统治者进言献策，以缓解贫富矛盾和社会危机，难以像心学的"商人之道"那样成为步入近代社会的思想基础。因此，有学者认为，中国古代没有代表"市民阶级"的启蒙思想，"中国具有资本主义性质的启蒙思想只能产生于鸦片战争以后"[①]。

在中国，商品经济再发达，也有与自然经济相适应、相互补的一面；工商业受到政府的严格控制，民营经济发展有限，加上帝国

---

① 叶世昌：《中国古代没有代表"市民阶级"的启蒙思想》，《上海财经大学学报》2005年第2期。

主义列强的入侵掠夺，经济危机，民不聊生，近代化步履维艰。另外，清廷实行思想文化专制政策，经世实学让位于乾嘉朴学，使得自宋以来的经世致用之学渐趋变质，考据训诂之学与今古文之争占据学术文化的很大板块；而日本则不同，商品经济和文化主导权逐步掌握在町人手中，心学普及为走向近代化的社会思潮，通过下级武士的倒幕运动，日本走上了近代强国之路；中国的儒生至多如康有为、梁启超、谭嗣同等，在抵御外侮和拯救民族危亡中依靠光绪皇帝变法维新，终于失败。日本经明治维新进入了近代社会，而明末清初以后的中国却陷于落后境地，原因无疑是多方面的，但从经济思想尤其是商品经济思想的视野进行考察则是一种新的尝试[①]。

（原载《河北学刊》2005 年第 2、5 期）

---

① 叶坦：《石門心学と浙東学派の經濟思想の比較研究》，川口浩：《日本の經濟思想世界》，日本經濟評論社 2005 年版。

经济史学研究特色述要

耳畔，新年钟声已经敲响，2005年也成为历史。

辞旧迎新之际，对过去一年的研究情况进行梳理概述也是学术界的惯例。作为甄选、转刊经济史学研究全文的专业杂志，人大复印报刊资料《经济史》（以下简称本刊）严格遵循既定的选刊规定和工作流程，经过较为全面的筛辑，全年6期共选登论文113篇。其所占发表论文的比重并不很大，而且不收著作和海外论文，据此似乎不足以全面而精确地反映整体的研究状况与水准；加之收文涵括中外经济史、经济思想史以及诸多经济类专史研究，从而其综述不同于学科专史，无法对一年来的各种研究面面俱到。然而，以全国相关刊物为基础，经过层层选文、比较、刊用的过程，决定了本刊独有的观察面和着眼点，所选论文本身就蕴涵着它在同类研究中具有的特色。本文即是立足本刊、观照全局、着力于一年来经济史学研究特色的要点论述，可与学科专史综述相互印证、补充。可以说，研究特色往往不是一年形成的，有些科研新动向或许尚未得到公认，却也是不容忽视的。

应当看到，尽管近年来学风浮躁甚至"学术腐败"冲击着基础研究工作，而且经济史学领域的人才流失、青黄不接等现象也较严重，但"甘坐冷板凳"、"十年磨一剑"的优良学风依然得到从业者的赓续、拓扬，甚至一些非经济史学研究者也投入到科研中来，可谓"有喜有忧"。总的来看，一年来科研工作的主要趋势是理论探索的深化和学科领域、研究视野的扩展，溯源性考察与创新性研究各具特色，以下就分别择要概述。

一　理论探索的深化与研究者构成的发展

我国经济史学研究在理论方面的探索与创新，面临的重要问题就是如何将马克思主义基本原理同中国经济发展的悠久史实相结合，如何将西方经济学的分析方法，尤其是西方经济史学的理论方法有选择地运用于中国经济发展的实际；进而通过对具体对象进行较为深入的实证考察，不断总结、提炼和丰富经济史学理论，这需要经过一个不断积累和发展的过程。

许多学者在理论探索方面做出了努力，其中最具典型性的是著名经济史学家吴承明先生的《谈谈经济史研究方法问题》（3）①，文中提出"经济史是研究一定历史时期的经济是怎样运行的，以及它运行的机制和效果"。这是对经济史研究宗旨与众不同的精辟阐释。"社会经济史"在一般人看来是近年来兴起的，吴老指出，其实不然，"经济史本来是社会经济史，老一代经济史学家都研究社会"。这就提示了经济与其植根的社会具有密不可分性，为经济史学研究提供了经验。在研究方法方面，他重申"实证主义，我以为是研究经济史的基本方法，不可须臾或离"。认为计量分析有局限性，因为"把历史现象都作为函数关系，与实际不符"，一针见血地指出经济史学研究中并非都可以用"模型"，正如 R. 索洛所说，不能"用时间变量代替历史思考"。吴老还认为"经济学理论也有很大局限性"，例如新古典主义，勉强可以用于民国经济，而不能用于明清；合理预期论，民国也用不上；后来流行的博弈论，研究经济史学更难派上用场。他强调"经济理论没有普遍性、永久性。""在经济史研究中，一切经济学理论都应视为方法；根据需要可以选用这种方法，也可选用那种方法，史无定法。"应当说，"史无定法"正是"吴氏理论"的基点，对学界很有影响。不仅研究方法如此，学术观

---

① 标注数字为本刊 2005 年所刊之期，以下均同。

点也不求一致——这正是经济学出身、年届九旬的吴老给予我们的"经验的"和"理论的"方法论启示。

特别是，吴老引用J. 熊彼特在《经济分析史》开篇所说，经济分析有三项基本功：历史、统计、理论。其中最重要的是历史。"如果一个人不掌握历史事实，不具备适当的历史感或历史经验，他就不可能理解任何时代（包括当前）的经济现象。"这对于纠正经济学界的"贫史症"倾向非常重要，也对经济史学研究者提出了理论素养的更高要求。吴老关于经济史与经济学两者中前者是"源"而后者是"流"的论述，近年来深得同行的重视与肯定。

学习、借鉴西方经济史学理论方法是理论探索的一个重要方面，不仅熊彼特及其经济分析史理论受到关注，而且希克斯及其《经济史理论》至今为学者们常读常新。罗卫东等《市场经济体制的兴起与演进：一个经济史的理想类型》（1）、宋士云的《浅谈希克斯的经济史观与研究方法》（5）等，都是通过解读《经济史理论》来认识研究经济史学的理论方法，精读原著是一种很必要的方法。葛金芳《宋代经济：从传统向现代转变的首次启动》（3），则以希克斯的经济史理论为分析工具，认为从手工劳动到机器生产，从习俗经济、指令经济到市场经济是人类经济发展的共同方向。他以此为尺度，考察宋代商品经济急速发展基础之上的原始工业化进程已经启动，进而分析这一进程赖以启动的经济基础、科技动力和社会条件以及制度性缺陷。此研究为中国传统经济的再评价提供了新思路。

新制度经济学依然是许多学者较为普遍地借用的分析工具，相关研究很多，如谢元鲁《对唐宋社会经济制度变迁的再思考》（5），考证唐宋时期产权结构明晰化、社会商业信用完善化、市场交易方式变迁等因素，逐步降低了社会交易成本。国家权力对新兴经济部门控制薄弱，使之得以发展。市场扩大、技术提高以及投资收益在金融业、商业等部门相对增加，吸引了社会资本向这些部门流动，有利于其发展；而国家财政对传统产业收入的依赖，制约着其发展。此外，中国地质大学环境学院的宁立波等撰写的《我国古代水权制度变迁分析》（1），不仅考察了历代水权制度的变迁，而且运用新制度学派的分析方法，认为古代水权制度以国家正式制度为主，以乡规民约等非正式制度为补充，而意识形态成为推进或阻碍变迁的主要力量，技术进步导致要素价格变化，诱致水权制度变迁。此研究凸显了近年来环境、制度以及经济史学研究者构成发展等特色。

经济史学研究方法趋向多元化，社会学、人口学、地理学、生态学等学科的分析方法逐步被采用；在坚持实证研究的基础上，运用经济学方法研究经济史学特别是近现代中国经济史，成为理论方法探索的热点，体现在中国近代物价总水平变动趋势、苏南农业劳动力供需状况以及进出口商品结构的变化等研究中。这种态势2005年继续发展，如刘巍《对近代中国宏观经济运行的实证分析（1927—1936）——兼论中国经济史研究中的分析方法》（1），对此间宏观经济运行中的主要变量进行数理的和数量的考察，提出经济史研究应符合经济学的逻辑和使用经济学的分析方法。再如赵国杰等《中国1959—1961年农业危机的主因：对林毅夫假说的定量检验》（1），对林教授提出应当以博弈论的观点解释这次危机，并归因于"一次性博弈"的论点进行定量检验。结果证明，特定的农作政策是危机的主因，同时自然灾害也是重要因素。此研究表明一些研究现实经济问题的学者致力于经济史学，并运用"博弈论"以及经济计量等方法，"总要素生产率""柯布—道格拉斯生产函数"等成为其关键词。

非经济史学专业者尤其是一些著名学者开展经济史研究，促进了经济史学研究者构成的发展，这是值得注意的一个倾向。2003年商务印书馆曾出版经济史学出自的厉以宁教授的著作《资本主义的起源——比较经济史研究》，其总览世界资本主义发展史，以实证研究为基础，应用比较研究的方法，构筑出宏大的资本主义起源的理论体系，受到经济史学研究者的重视。本刊2005年收文中，最典型的如著名工业经济专家汪海波先生《中国国有资产监管的实践进程（1979—2003）》（2）和《中国国有企业改革的实践进程（1979—

2003）》（6），全面考察"改革开放"后经营性国有资产监管的实践进程，总结国企改革发展的三个阶段，分析其中的现象与问题，并提出了很有价值的观点和结论。这同时也证明中国经济改革与发展的实践，提出了从"史"的角度进行总结、分析的时代要求。另外，较有影响的如剑桥大学经济学教授张夏准的《踢掉梯子：新自由主义怎样改写了经济史》（4），可说是作者专著《踢掉梯子：发展战略的历史透视》的摘要，此书获得"缪尔达尔奖"并被译成多种文版。文章从经济发展和政策制度变迁的历史考察出发，提出发达国家发展的早期阶段，"曾花了相当长的时间来发展制度"，"今天的发达国家在早期的制度发展水平远低于今天发展中国家的水平"，从而富国试图"踢掉梯子"，使穷国的发展更加困难。作者提出从四个方面来改变这种状况：更广泛地公布有关发达国家历史经验的史实、从根本上改变财政援助发展中国家时的附加条件、重写WTO规则使之有利于发展中国家发展工业、允许发展中国家选择更适合自己的政策制度。

此外，颇值重视的是考古学、民族学等一些似乎离经济"较远"的专业学者，也从经济史学视野进行诠释或直接投身研究。如张爱冰《文化与文明：夏鼐农史三题》（4），论述了著名考古学家夏鼐在人类食物的起源、人类的衣着实物和出行工具等方面所做的深入研究，这在以往较少被谈及。夏先生对稻、粟、桑、丝、马、车马坑等的研究，论证了古代农业的发展与实践，阐述了人类文明的起源与演进。考古发现对于经济史学而言颇具权威，可以证实、修正甚至推翻、改写文献研究。

我国著名西夏学家史金波教授的《西夏农业租税考——西夏文农业租税文书译释》（3）是一篇分量很重的论文，他从新发现的部分草书西夏文租税文书中，发现黑水城地区有以耕地数额缴纳农业税的固定税制。提出西夏的"佣"和有地区特点的"草"，也是根据耕地的多寡来负担的；农户的租、佣、草账逐户登记，并以"迁溜"（类似"里"）为单位统计造册，农户还要负担较重的人头税。西夏实行以耕地为标准的实物地租，并于秋后统一征收入库。以往的西夏经济史研究，或因资料较少难于深入，或因不识西夏文字无法运用史料，而此文的基本史料是难以识别的草书，据此进行的研究颇具学术价值，不仅丰富了中国经济史的研究领域，而且对国际西夏学的发展是很大贡献。

二　经济思想的科研拓新与比较研究的全球视野

上述趋势在经济思想史研究中同样有所体现。一方面是专业学者改行转向，另一方面则是其他专业的学者努力开展研究，并取得了可观的成就。本刊全年共收经济思想史研究论文19篇，其中严格意义的非专业学者居其半，主要包括历史各科以及政法等领域的学者。这固然同经济思想史的跨学科性质不无关系，却也反映出研究者构成发展的一些特点，与笔者历时八载收集整理的相关著述类目所呈现出的学科发展趋势大抵吻合。

先看石文亚《中国古代经济思想与管理理念的演进》（2），作者供职于会计学院，针对视中国财务会计落后于西方的偏见，认真考察西周至清中叶的相关史料，论证用于经济管理的会计在中国产生很早，并为适应经济发展而不断变革，使中国在世界会计史上处于领先地位。与之相随的理财理念也不断演进和完善，中国对世界会计史的辉煌贡献应当铭记。再如，北京工商大学传播与艺术学院的林刚，发表《中国古代两种经济思想比较论》（5），对管仲和司马迁为代表的主张国家干预和主张自由发展的两种经济思想进行比较研究，认为应当注意将宏观调控与适度的自由发展结合起来，注重借鉴两种思想的有益成分。

对以往成论的新认识，是经济思想研究发展与深入的重要方面。较具代表性的是中国经济思想史专家叶世昌先生《中国古代没有代表"市民阶级"的启蒙思想》（4），认为明清之际产生启蒙思想的成论难以成立，狭义的启蒙思想即代表"市民阶级"的启蒙思想，而古代中国的社会经济状况不能产生"市民阶级"，故不可能有启蒙思想和启蒙思想家。指出证明中国存在启蒙思想的主要史料，如王夫之的"大贾富民，国之司命也"和黄宗羲的"工商皆本论"等都和启蒙思想无关，他们仍然是地主阶级的思想家。

予老课题以新视野，也是创新探索的一个方面。近年来，徽商、晋商等研究一直是经济史学的热点之一，叶坦《徽州经济文化的世界走向——〈资本论〉中的王茂荫》（1），提供了相关研究的独特视野。文章立足经济文化的全球化与民族性思考，以马克思经典著作《资本论》中唯一提到的中国人王茂荫为例，系统考察中华文化中颇具地域特色的徽州经济文化的世界走向。重点突出中国传统货币理论的发展优势，特别提示西方经济理论中的中国因素及其价值，强调中华民族传统经济理论对世界经济学的贡献。力图通过民族性、区域性的个案研究，揭示其对于全球化、普适性理论的意义，希图将研究推进到一个新的层面。此文发表后引起较大反响。

研究领域的拓展，是经济思想史研究深进的重头戏。例如，严清华等《民国经济思想史研究的意义与构想》（3），强调新世纪的中国经济思想史研究不仅在研究方法与视角等方面应有拓新，研究领域也应平衡发展，应当大力加强较为薄弱的民国经济思想史研究，这不仅具有填补空白的理论意义，而且对市场经济体制的建构和发展有中国特色的中国经济学理论具有借鉴意义，指出开展研究先要处理好这一时期经济思想史的分期、主线、内容及史料等问题。这一学术倡导引起研究者的重视，诸如李先伦《中国20世纪40年代"中间路线"经济民主思想评析》（2）马佩英《民国时期中国工业界的强农思想》（6）等，都可以视作相关研究。

再就是，近年来叶坦力倡开展中国经济学术史研究，其主持的国家社科基金课题取得初步成果并获好评，这也是中国经济思想史的新拓展。中国的"经济学"有所谓"舶来"之说，传统的"经世济民"之学如何完成其近代转型，只有坚实的证据才具有说服力。夏国祥《清末民初西方财政学在中国的传播》（2）和杨祖义《中国经济史学萌芽的分析与探讨》（2）以及邹进文《清末财政思想的近代转型：以预算和财政分权思想为中心》（6）等均可以视为对中国经济学术史上重要问题的探索。考察西方学术的传入和中国传统学术的近代转型，探讨中国经济史学的萌芽等都是学术创新的尝试。

另一个可喜现象，是突破国别等界限，开展民族或宗教经济思想研究。前些年经济思想史大家赵靖先生开始研究佛教经济思想，受到同行重视；郭永胜等《早期伊斯兰经济思想析论》（6）则依据《古兰经》和《圣经》的记述，研究早期伊斯兰经济思想，包括财产观、商业观、生产观、消费观等等，指出其扎根于7世纪阿拉伯半岛的历史文化土壤之中，具有不同于东方或西方的特色，经过千百年的积淀和嬗变，逐渐渗透到穆斯林社会生活之中，成为一种经济制度、生活方式、文化形态，深深影响着广大穆斯林民众。

开展比较研究，尤其是中日经济思想的比较，不仅是中国经济思想史学科的深入，而且是开拓东亚经济思想史研究的重要环节。中国学者首倡此研究，迄今在国际上依然居于领先地位。叶坦的长文《中日商品经济思想比较研究——以石门心学和清初实学为中心》（上、下），获 The Sumitomo Foundation "亚洲各国日本关联研究助成"，也是作者系列研究的一个部分。文章考察日本江户时代商人思想家石田梅岩创立的作为"町人之哲学"的"石门心学"，阐述其"商人之道"和提倡"正直"、"俭约"的经济伦理，对日本商品经济和社会职业伦理的发展具有独特的理论贡献，被视为类似马克斯·韦伯提出的促发资本主义产生的"新教伦理"。与此大抵同时，中国清初南方的"三大启蒙思想家"和北方的"颜李学派"都提倡"实学"，前者提出"工商皆本"之说，后者讲求"习行经济"之学。然而，基于社会结构、制度基础与思想文化差异，中日经济思想对两国近代化的历史转型与社会发展产生不同的影响。开展两者的比较研究，有利于弥补迄今世界经济思想史大抵无东亚的缺憾。

中外比较研究无疑是经济史学发展的一个特色。目前单纯外国经济史的研究有些亮点但还比较有限，需要重点关注的是中外比较研究。本刊第4期集中刊发了4篇论文，即韩琦《美洲白银与早期中国经济的发展》、金志霖《试比较中英行会的本质特征》、张维缜等《中美合作开发三峡的构想与实践——以资源委员会与美国垦务局的合作为背景》和周建明《20世纪上半叶中德贸易商品结构分析》，分别从不同视角，研究考察中国与美、英、德等国的经济关联与异同比较。此外，较重要的如张东刚等《近代日本农村收入水平和消费水平的总体考察》（1），从宏观角度运用实证分析和动态分析方法，考察近代日本农村劳动家庭收入水平和消费水平的变动和特征。指出近代日本经济增长和国家工业化提升，农村家庭收入水平和消费水平呈现不断上升趋势，但各阶层的差异是显著的。此文还比较研究了中国农民的一些情况，认为中国农民的生活水平较同期美、日、丹麦诸国农民均为低劣。

再有，立足比较研究，对经济史学重要论题进行重新诠释，如杨师群《明清城镇不存在资本主义萌芽——与西欧中世纪城市的比较研究》（3）。作者从厘清谈论了数十年的"资本主义萌芽"基本概念出发，提出所谓资本主义萌芽主要是以西欧中世纪城市为载体，包括政治、经济、文化各式完整基因在内的有机胚胎。并从自由城市与雇佣劳动者、城市政治制度与市民斗争、商品经济与市场开拓各方面，论证明清社会不可能产生资本主义萌芽，所谓"萌芽"是一个不存在的伪问题。这也发展了仅仅研究本国便下结论的研究方法。

将中国的研究尤其是区域经济置于世界格局之中，也是研究视野拓展的体现。叶显恩《世界商业扩张时代的广州贸易（1750—1840年）》（3），重点论述18世纪全球商业扩张时代南海贸易格局发生的变化，考察广州"独口通商"的由来及其贸易特点。着重探讨广州华商资本的发展及其卷入世界市场的情况，认为以"十三行"为代表的豪商已成为国际性商人；广州华南的商业网络延伸到欧美各地，与国际贸易网络交织。戴一峰《南中国海与近代东南地区社会经济变迁——以闽南地区为中心》（4）同样既是区域经济研究又涉及海洋商贸，颇具典型性。闽南地区不仅是我国东南地区的组成部分，而且是环南中国海地区的重要构成。这里的社会经济变迁牵动了环南中国海华人跨国网络的一系列变化，并从一张华人跨国贸易网络，演化成由贸易、移民、金融、社会等多种网络交叉的复合网络，而华人跨国网络的变化，又影响和制约了闽南地区社会经济变迁的趋势和力度。这些研究也是对日本和我国台湾学者相关研究的发展。

　　商品博览会也逐渐成为近年一个新视点，而将此与中国早期现代化相联系进行研究具有新意。乔兆红《论晚清商品博览会与中国早期现代化》（6）提出商品博览会是资本主义文明的一部分，伴随西方列强的入侵而移植中国。晚清商品博览会（也称"商品赛会"）以官商合办方式在湖北首创，此后沿江沿海的都市巨镇也纷纷开设，其中最有声色的是1909年的武汉劝业奖进会，而1910年的南洋劝业会是清末规模最大的全国性商品赛会。商品博览会对晚清中国的政治经济乃至文化思想观念的现代化产生重要影响。

　　中国经济史学研究还应包括海外学者的相关研究，否则是不全面的——这已受到较为广泛的注重，最典型的如"加州学派"的相关讨论至今依然很"热"。美国威斯康星大学赵冈教授《生产函数与农史研究——评彭、黄大辩论》（4）认为彭慕兰、黄宗智有关《大分流》的论争，对生产函数等概念没有正确理解。于是从生产函数中边际产量下降的经济含义、劳动生产力增加的源泉以及边际产量之分析对中国小农的适用性等三个方面进行阐述，这是运用经济学分析经济史学问题的重要案例，也是对有关"加州学派"的讨论给出的一个新方法。较有影响的还有李宪堂的《白银在明清社会经济中生发的双重效应——兼评弗兰克与彭慕兰的"全球经济观"编造出的新神话》（3），此文对弗兰克、彭慕兰等人认为中国直到18世纪中期一直居于世界经济的支配地位的观点进行辨析，肯定其打破"欧洲中心论"的积极意义，认为西方白银的流入尽管促进了中国生产的扩张与贸易的发展，但这是以对自然资源和人力资源的超限榨取为代价的。白银加快了中国经济发展的速度，却未能开拓经济发展的新天地，反而使得整个社会因资源过度耗费而陷入"高度平衡的陷阱"。因此，弗兰克与彭慕兰在抛弃旧神话的同时，不过是编织了一个新神话，即以"一体化全球经济"为前提的"大分流"。另一较尖锐的论点出自王毅《展现经济史真实脉络》（5），写在梁方仲、王毓铨文集出版之际，阐述他们与"加州学派"的区别。指出国人因"加州学派"的论点满足自尊而喝彩，本土经济史研究的经典性成果却长期没有引起足够的关注，甚至被有意无意地淡漠和遗忘。作者列举1939年梁方仲先生就发表长文缜密地研究白银输入诸问题；王毓铨先生据斯密定义阐释近现代赋税的性质，指出其与传统中国赋税制度完全不同，根本的法权体系不动，货币形态的转变不能启动和标志新的经济时代。指出两位先生始终把握"制度"核心，而国人借鉴新制度学派却是晚近之事；"加州学派"从白银输入等方面入手"悬丝诊脉"，恐怕要贻笑大方。尽管作者的观点尚有讨论的空间，但其提示经济史学研究不可"近来时世轻先辈"等，则是中肯的。这也是对当前经济史学领域一些偏向的警示。

三 溯源性多种考察与实证性创新探索

"创新"是近年来十分火爆的"关键词"，"源头创新"之说时常为人称道，经济史学的溯源性考察无疑是创新性研究的重要内容。诚如上述夏鼐先生创新性溯源研究引起重视一样，一年来，经济史学研究中溯源性考察呈现鲜明特色，这与古代研究依然是科研重头分不开。

"三农问题"的研究方兴未艾，而农业的溯源研究引人注目。2004年12月17日《科技日报》报道，湖南道县玉蟾岩出土了一万两千年前的5粒炭化稻谷，被认为是世界最古老的稻谷，将人类的稻作文明推前了三千年，这也鼓舞人们的农业溯源热望。陈淳等《稻作起源的考古学探索》（6），根据农业起源理论与考古学实例分析，提出稻作农业在良渚阶段成为主要经济形态，到马桥文化又退回到狩猎采集经济；而农业经济成为不可逆转的发展趋势，是由于野生资源持续减少、人口增长和社会复杂化等因素共同作用的结果。作者特别提示，研究农业起源要摆脱一味寻找最早栽培谷粒来确定起源时间和地点的模式，应当从人地关系及其互动等来了解农业起源的潜在因素和具体过程。

从事会计学长期科研与教学的李孝林教授，在其《会计产生于原始社会后期说》（2）一文中，针对会计产生时间的两种论点即旧石器中晚期说和奴隶社会初期说，依据较充分的史料考证，论证原始账簿是会计产生的主要标志，提出会计产生于原始社会后期。溯源性考察中出土资料的准确释读与合理运用十分重要，叶玉英《论张家山汉简〈算数书〉的经济史料价值》（4），考察这本与《九章算术》性质相同却早约三个世纪的数学书，对其中涉及的经济史料包括物价、关税、合资、贷息、利润率、亩产、地租等内容深入研究。此书所反映的时代为战国至汉初，而此间相关资料十分罕见，其经济史料对研究相关问题尤其是考证渊源是弥足珍贵的。

运用出土资料进行经济法规等方面的溯源考察，如李天石《从睡虎地秦简看秦朝奴隶与唐代奴婢的异同》（6），比较秦简与唐律，看出后者中若干良贱身份制度的律文源自前者有关奴隶的规定，证明史书记载的唐律源自魏晋，而魏晋之律则源自秦汉的记载与出土实物吻合；但唐与秦社会变化很大，身份等级系统也有很大差异。另一个案例，是李翠丽《云梦秦简市场贸易和货币管理法规试析》（2），其同样以云梦睡虎地秦简为对象，着重于其中"类似于单行的经济法规"，包括市场贸易和货币管理的内容，提出当时秦统治者运用法律手段管理经济活动，特别是对市场贸易和货币管理进行强制性管理干预。此文出自硕士生之手，确有不成熟之处，但据出土资料分析中国经济法规的早期实践当予鼓励，这也是本刊收文以励后学的典型之例。

溯源性考察并非局限于古代研究，因其也当包括源流的爬梳与规律性考辨。例如高俊《近代中国历史上的"商"》（3），在对传统的"商"进行考察的基础上,重点分析近代商品经济大潮冲击下,"商"的经济和社会内涵得以渐次更新,使之从"四民之末"变为"四民之纲",从社会的"边缘"走向"中心",并具有政治群体的性质。近代"商"观念的历史嬗变,则体现了近代历史发展的深层结构性的变动。另如张宁《论我国现代货币单位"元、角、分"体系的确立》(3),对我国货币单位"元、角、分"体系的形成、多元化发展、"两""元"之争直到"元、角、分"体系的确立与沿用,进行了源流的爬梳考辨。认为18世纪中叶以降,中国货币制度的近代化渐次展开,新的货币单位"元、角、分"体系随之出现,并在与传统货币单位的竞争中不断发展,1910年成为法定货币单位。后经北洋政府和国民党政府的努力该体系得以确立,且为新中国沿用至今。再如曲彦斌《中国拍卖业的源流轨迹探析》(4),则以社会经济史和文化史的视点,探析中国拍卖业的源流轨迹,即发端于古代寺院,辗转于唱卖、估衣,创始于穗、沪外商,式微于计划经济,复出于经济改革,发展于商品经济时代。

近年企业史研究成为重点,而进行规律性的考察总结也是颇具特色的。魏明孔《中国前近代手工业经济的特点》(1)基于作者常年的相关研究,系统追溯我国前近代手工业发展的特点,比较国外相关情况以及同近代企业的差别,提出中国前近代手工业经济的主要特点:家庭副业手工业一直活跃、官府手工业始终发达、前店后坊式产销一体化经营模式较为普遍、合伙制具有近代企业的萌芽特征、民间手工业者有土地投资偏好、工匠身份变化较大、工匠技术传授主要通过父子相承或兄弟相继。

实证性创新探索方面的一个亮点,是以往较为薄弱的少数民族及其统治时代的经济研究。在上述史金波有关西夏农业租税的研究以外,较多地集中于元代,并呈现出区域经济研究与出土资料运用等特色。李倩《元代汉水流域农业和工商业发展初探》(1)指出元代汉水流域经济得到持续发展的重要原因,是农业为手工业和商业的发展提供了坚实基础,庞大的水陆交通网促进了全国性的商品流转和经济全面发展。这些与统治者的经济政策分不开，元世祖用汉人、行汉法，诏谕士农工商"各安己业"，成为汉水流域社会稳定、民众安居的保障。中国计量学院何兆泉的《论元代浙江的商品经济》(2)，立足区域社会经济考察，认为浙江的商品经济在元代仍有较好发展，居于全国领先地位。主要表现在商品化程度的提高，城市以及众多市镇商贸活动的频繁和海外贸易的发达等方面。这就为长期以来学界评价元代经济发展状况的论争，提供了一个区域研究的案例。再一个值得注意的是，北京大学光华管理学院的党宝海《一组珍贵的元代社会经济史资料——读河北隆化鸽子洞出土文书》(5)，依据2004年第5期《文物》所刊河北隆化鸽子洞出土的窖藏文书的考古报告，研究其中三件有关社会经济的文书，认为其广泛涉及元代的炭户制度、土地典卖、实物交易和货币、通货膨胀以及官员俸禄等，具有珍贵的史料价值，为澄清相关的历史问题提供了重要证据。上述学者研究颇具难度的元代经济问题值得注意。

随着国家"西部大开发"战略的实施，各种研究如雨后春笋，但深入考证史实并取得有说服力的成果，尤其是区域个案的实证研究还不太多。周伟洲《两汉时期新疆的经济开发》(3)依据历史文献和考古资料，对两汉时期西域诸城郭国人口、城镇和经济状况的发展变化，以及汉政权开发西域的一系列具体措施进行了深入的实证考察，揭示这一时期新疆经济开发的概貌与成就，指出这是新疆历史上第一次开发高潮，成为较具系统性的区域个案研究。另外，也有从经济思想角度进行的相关分析。杨才林《20世纪中国西北开发思想比较论纲》(4)，经过较充分的论证，作者得出三点结论，即20世纪中国西北开发思想的核心是推进该地区的经济现代化，从西北开发到西部大开发是20世纪中国发展的必然，西部大开发战略是20世纪西北开发思想的总结和升华。

一般认为改革开放前我国的经济发展较为闭塞，但陈东林《20世纪50—70年代中国的对外经济引进》(1)通过实证考察提出改革开放前我国对外经济引进有过三次高潮——50年代第一个五年计划时期引入苏联援助的"156项"重点工程，70年代初引进西方国家成套技术设备的"43方案"，1978年签订对外引进22项重点工程的"78计划"。作者认为国际国内背景的巨大变化，是三次引进的指导思想、对象规模等显著不同的主要原因。提示开放方式应根据国际环境与国内需求的不同而与时俱进，中国的富强离不开与国际接轨，但引进需要学习和消化，培养自身的创新能力。此研究填补了一些文献空白，厘清了一些旧说。

社会经济史研究方面呈现诸多实证性新探索，如定光平等《清以降乡村绅商的形成及其社会经济功能——以湖北羊楼洞雷氏等家族为例》（3），以中国青砖茶的故乡羊楼洞为例，动态考察清代以来当地茶叶商品经济的发展，刺激了传统士人弃儒经商，在羊楼洞形成了一个以业茶为主的绅商群体，对当地的社会经济发展起到重要作用。类似研究还有易惠莉《从沙船业主到官绅和文化人——近代上海本邑绅商家族史衍变的个案研究》（4），作者以家谱和方志等资料为主，研究上海沙船业主王氏家族在19世纪经历五代变迁，从沙船业主变为官绅和文化人的过程，展现出一个商人家族终至消亡的家族变迁史。研究证明传统政治经济条件下，牟利成为商业经营者的唯一追求，获利之后则投资于捐官或子弟的科举教育等，传统商业经营家族难以长久延续。

江南市镇、城市经济等研究中的理论性探索与实证性新见亦当注意。包伟民等《"专业市镇"与江南市镇研究范式的再认识——以浙江乌青镇个案研究为基础》（1），作者基于翔实的史料，以浙江乌青镇为个案，从理论上检讨以往的江南市镇研究范式，认为蚕桑业固然是这里农业经济中除粮食作物外最重要的部分，但并未占据绝对的主导地位，以之规定市镇经济的"专业性"有夸大之嫌。这一研究有利于矫正以往相关研究中一些范式先行的倾向。王毅《16世纪前后中国的"权力经济"形态及其主要路径——中国皇权制度下城市经济形态的典型例证》（2），该文质疑半个多世纪以来讨论"明清资本主义萌芽"的主要依据，对于以明代嘉靖朝前后太湖流域城市经济的一度发展，来判定传统制度框架中能够自发孕育近现代社会形态的论点进行重新阐释。认为在权力结构及其法权形态没有发生变革的前提下，中国城市经济的某些"繁荣"非但不能预示新的制度前景，相反却体现着专制威权对国民经济的操控，并由此而使社会的发展悖逆近现代制度的方向。国际上对相关研究也较重视，2005年6月韩国中国史学会召开"通过城市看中国历史"国际学术讨论会，探讨城市研究诸问题。

经济史学的研究领域和重点随着社会经济和学术发展而演进拓展，呈现出丰富多彩的研究特色。与此同时，必须力倡坚持根基性的史料整理和学科教育等，这是经济史学自身特性决定的，也是创新与发展的基础前提。2005年10月北京大学召开"《清实录》经济史资料整理出版学术研讨会"，充分肯定著名经济史学家陈振汉先生从新中国建立之初就主持此项整理工作，课题组成员均是高龄学者。历经沧桑到2002年课题重新启动，预计2008年全部完成，这是振兴北大经济学院重视史学良好学风的重要举措。同时，南开大学经济史研究中心与中国经济史学会于2005年10月举办"理论经济学科经济史教学研讨会"，研讨经济史学在理论经济学中的应有地位，经济史学科的教育教学改革实践与对策，以及经济史教材编写等问题。相信这些根基性的举措，是促进经济史学研究更大发展的基础动力。

（原载人大复印报刊资料《经济史》2006年第1期）

中日近世商品经济观及其现代价值[*]

——以石门心学和浙东学派为中心

一

本文以"历史发展阶段的相似性"而非"实存时间"作为比较研究的基准,选择中日近世商品经济观中最具代表性的两个学派——江户时代石门心学与宋代浙东学派进行分析考察。主要基于两者都处于商品经济迅速发展的"近世"(pre-modern)阶段,均蕴积着社会经济形态转化的重要因素,突出地表现为商品经济观的变迁。传统社会以产品经济为主,而近代社会商品经济成为主导形态,市场逐步成为资源有效配置的主要方式。因此,从"近世"向"近代"的转化过程中,商品经济是一个关键性因素;而如何认识与对待商品经济及其发展,成为商品经济观的核心。中日两国近世的商品经济观,对后世直至今天都有着很大影响。

江户时代(1603—1867年)是日本社会重要的转型时期,商人思想家石田梅岩(1685—1744年)创立的"石门心学"即是商品经济发达的产物,在日本思想史和经济思想史上有着重要地位。其阐释商人的职业伦理与赢利的合理性等,并赋予经济伦理以宗教意义,类似于马克斯·韦伯(Max Weber)提出的"新教伦理",对日本步

---

[*] 本文系叶坦提交中华炎黄文化研究会及中国台湾辅仁、南华、东吴等大学共同举办的"21世纪中华文化世界论坛"第4次会议"中华文化与当代价值"学术研讨会(台北·2006.11)会议论文,仅作部分文字修改后,由《文史哲》2007年第4期刊登。

入近代化历程及其发展产生了重要的影响①。由于石门心学与中国儒学尤其是与"朱子学"有关,因此比较研究宋人的学说很有意义。

在中国历史重要的转折时期——宋代的思想流派中,以叶适(1150—1223 年)等为代表的浙东学派作为儒学在宋代的新发展,与朱熹、陆九渊之学三足鼎立,而其商品经济观颇具新的时代特色,并对后世影响较大。从宋人陈亮、叶适直到清初黄宗羲等人,勾勒出了浙东学派的演进轨迹。比较中日商品经济观,宋代无疑相当重要,这不仅有利于开拓东亚经济思想史这一新领域的研究,还可以提供观察传统经济观之现代价值的一个新视角。

为何可以将中日两个间隔数百年的学派进行比较研究?这首先必须考察两者所处的时代背景和学理关联,我曾在《中日近世商品经济观略论——东亚现代化基础研究之一》《中日近世经济思想比较研究与现代》等论文中作过阐述。② 参考了日本东洋史学大家内藤湖南、宫崎市定等提出的"宋代近世说",并结合我对宋代社会经济的研究,③ 提出江户时代与宋代在两国历史发展进程中具有若干历史发展阶段的相似性。众所周知,中国传统时代经历了数千年的漫长岁月,这与日本不同,划分历史阶段无疑不能只依据具体的"时间"。宋代被国际学界公认是中国的"商业革命"和"文化高峰"时期,当时政治经济和思想文化发生了许多前所未有的时代变迁,如贵族的衰微、庶民的抬头、新文化的产生、商品经济的发展等,内藤先生甚至将这些与江户末期进行比较,明确指出两者"有类似的情形"④。江户时代同样是日本社会重要的转型时期,同样发生着许多前所未有的时代变迁,关于江户时代是日本的"近世"应属学者的

---

① "近代化"与"现代化"在英文中都是"modernization",本文依据所研究的时代与内容并参考中文和日文的表述特征,主要采用前者,但谈到诸如"现代化理论"等专用概念时不另改动,特此说明。

② 参见《中国社会科学季刊》(香港)第 1 卷,1993 年 2 月;高崎經濟大學學會:NOVITAS 第 3 号《特集:東洋思想と現代》,1994 年。

③ 参见叶坦《宋代社会经济结构的变迁》,《江海学刊》1990 年第 5 期;《宋代工商业发展的历史特征》,《上海社会科学院学术季刊》1991 年第 2 期等。

④ 内藤湖南:《中国论》,文會堂書店 1914 年版,第 52 页。

共识，包括经济思想史学者大抵无歧义。

中日这两个学派所处的具体历史环境具有"近世"特征，主要是：两者均系结束中世分裂战乱后武人建立的集权政体；两者的统一都是相对的，实际上各类危机四伏，迫使政府多次变法改革；两者都在政治集权的同时采取经济、文化较为宽松的政策，制度方面也进行了一些变革。两者的社会结构都呈现出若干转型时期的相似性，主要是商品经济高度发展，社会职业的等级身份制也逐渐变化；两者都是思想文化的高潮时期，宋君主张"重文兴运"与幕府提倡"文治主义"很相近，文化的世俗化、庶民化时代特征都较明显；两国的经济思想均呈现出一定的学理谱系，并对后世产生很大影响。同时，必须看到两国也存在若干差别，如皇帝的易姓改朝与万世一系不同，身份制变化与等级制稳固相左，中央集权制的统一性与幕藩体制的独立性有别，士大夫与武士在"四民"中名同实异，等等。另外，日本近世接受宋学的过程本身就是扬弃汲取多种学术思想交融整合的过程。石田梅岩虽受宋学影响，却又有许多不同，石门心学是日本学术思想和社会经济发展的集中体现。[①]

为什么说商品经济是近代化转型的关键？其实，以"传统时代"同"现代社会"的空间对峙为基点的现代化理论与研究很值得推敲。诺贝尔经济学奖得主约翰·希克斯（J. Hicks）的《经济史理论》，揭示了市场经济起源及其发展的本质成为经典。本人视经济形态的演进即向市场经济的转型为社会转型关键，除受前人启迪之外，也基于个人长期的学术研究与思考——商品经济观不仅按到了经济形态演进的主脉，而且抓住了历史更迭进程的枢机。

主要依据如下：

第一，商品货币经济的发展促进了交流、联系与交换，打破了分散、隔绝的传统经济形态，奠定了市场经济的结构基础。

第二，商业利润的获取，有利于资本的原始积累和商人或市民

[①] 限于篇幅无法展开两者异同的深入阐述，参见叶坦合作研究、川口浩主编《日本の經濟思想世界》，日本経済評論社 2005 年版，第 450—454 页。

阶级经济实力的增强，商业的专门化和商业组织以及专业商人的出现，动摇了传统体制的社会基础。

第三，随着产品经济向商品经济的过渡，指令或习俗经济让位于市场经济，商品货币关系的发展和统一市场的形成，瓦解了传统社会的经济基础。

第四，随着商品货币关系的深入，促进了财产权利、法制观念的变迁，最终导致政治制度的创新。

第五，市场促进分工，而分工拓展市场，商业活动的频繁，促进了人身依附或固着地域关系的松解；从业者身份地位的改变，不仅有利于自由劳动力的产生，而且改变着人们的职业伦理观念。行业规范与职业伦理以及从业者的自律，成为市场经济发展的重要保障。

第六，市场经济作为法治经济类型，其"看不见的手"需要健全的法制制约和普适的伦理约束，经济利益与道德伦理相辅相成，突出地反映在商品经济观中。

或许还可以列举出一些内容，但关键在于如何认识商品经济及其发展，以及与之相应的社会行业及其从业者，这些在传统时代与步入近代是有很大差异的，成为经济思想尤其是社会历史转型时期经济观念变迁的重要标志。

宋代浙东学派如何能够成为比较研究的基点？宋学是伴随宋代经济发展、社会变迁和思想文化整合而形成的儒学新发展，中国商品经济观的重大变化就发生在宋代，开启了此后经济思想发展的新趋向。本人长年致力于宋代经济思想的研究，认为传统的"重本抑末"观念至宋受到深入批判，如欧阳修力主"使商贾有利而通行"，李觏要求"一切通商，官勿买卖，听其自为"，吕陶建议"许令通商"，苏轼反对"与商贾争利"，主张"农末皆利"。如此等等都是商品经济观发展的标志，许多观点是前所未有的，在经济思想发展史上颇具价值。这些思想对南宋浙东学派很有影响，而浙东特殊的区域文化催生着这一学派鲜明的地域特色。

浙东是南宋经济文化的高峰区域，奠定了中国此后发展的基本格局。这里商贸繁荣、经济发达、人文荟萃，"东南财赋地，江浙人文薮"，"两浙之富，国之所恃"。叶适的老家温州不仅是造船基地，还是商贸口岸，绍兴二年（1132年）开始置市舶司；浙东也是纺织业发达区，有"千室夜鸣机"的记载，还出现了"机户"、富工、富贾等，促进了商品经济观念的变化。这样的变化是以文化昌盛为基础的，如洪迈《容斋随笔·四笔》卷5载："七闽、二浙与江之西、东，冠带诗书，翕然大肆，人才之盛，遂甲于天下"。晁说之《景迂生集》卷13《南北之学》提出"主新说者，南方之学也。"《宋史·地理志》说这里的人"善进取，急图利，而奇技之巧出焉"。总之，这里与中原内陆农耕区域人们的安土重迁、贵本贱末、黜奢崇俭、重义轻利等传统不同，人多兼营副业或外出经商打工，直到今天，浙人善做生意还是很有名的。这样的区域经济文化特征体现为浙东学派"经世致用"的实学特色。

二

再来看石门心学产生的时代背景与心学创立者石田梅岩的思想渊源。石田梅岩1685年9月15日生于日本丹波国桑田郡东悬村（今龟冈市东别院町东挂），名兴长，通称勘平，号梅岩。1692年他到京都商家当"奉公"（伙计），1699年辞归乡里。1707年再度上京，在吴服商黑柳家当学徒，后升小掌柜。1727年辞去，1729年在京都初开讲席，这就是心学发端之时。1739年他刊行《都鄙问答》，1742年在大阪开讲席，1744年《齐家论》（亦称《俭约齐家论》）刊行，是年9月24日去世。主要著作即《都鄙问答》和《齐家论》，及其后学所编《石田先生语录》（以下简称《语录》）、《石田先生事迹》（以下简称《事迹》）等。

一般认为江户时代是日本町人（即商人）勃兴的时代，石田梅岩创立的石门心学，是关西地区商品经济发展的产物，为倡言"町人之道"而创立。时值德川幕府第八代将军德川吉宗统治时期,许多著作如奈良本辰也《町人的实力》等专有研究。梅岩初开讲席时,恰是"商业社会"逐渐建立并确立了全国性规模的商品供需原则的时期。① 但当时的商品货币经济植根于武家为中心的社会,呈现出一定的畸形性,这同宋代的政治集权与商品经济发展并存相似,承先启后、新旧交汇是社会转型期的重要标志。生活在实物经济中的武士与工商业者建立的商品货币经济之间产生矛盾,同时出现了幕府和诸藩的财政危机。德川吉宗推行"享保改革",以奖励武艺、禁止奢侈、提倡俭约为宗旨,振兴产业以增加收入。然而,紧缩政策造成了商业不振和经济不景气,与町人利益及商品经济的发展相抵触。经济思想领域也存在明显的分歧,关键就是如何看待新兴的商品经济。

总的说来,当时的思想家传统意识还较浓厚,一些人依旧从武士本位的立场出发,秉持农本主义经济观,强调"町人无用论",主张抑制其利润追求,"农本商末"观念还根深蒂固。如熊泽蕃山说:"农者,本也;工商,助农者也。"② 贝原益轩《君子训》提出:"古之明王重农抑工商,贵五谷而贱金玉,行俭约而禁华美,此重本抑末之道,成治国安民之政也。"③ 荻生徂徕的《政谈》强调"重本抑末者,古圣人之法也。本,农也;末,工商也。"④ "贵谷贱金""尊士抑商"等传统思想还有市场,如高野昌硕《富强六略》也倡言"商业无用论"。与此相对,随着商品经济的发展和町人势力的加强,基于町人立场的主张也多了起来,集中出现了代表町人利益的前所未有的许多文献,如西川如见《町人囊》、三井高房《町人考见录》等,而在深刻性、系统性等方面最具代表性的就是石田梅岩的论著。精神自觉与町人发展相伴随,大阪批发商以"本商人"自勉,逐步

---

① 参见古田绍钦等编《石田梅岩の思想——"心"と"俭约"の哲学》,ぺりかん社1979年版,第12页。
② 《集义和书》卷8。
③ 《益轩全集》卷3。
④ 《政谈》卷1。

确立起"町人之道"。井原西鹤描绘了强调重信用的"正直之道"的町人风姿。从"本商人"意识产生出强劲的道德性能量,通过梅岩而得到反省、自觉和体系化。寻求在封建秩序中町人的生存正道,并对之进行教化是梅岩的强烈意愿,"这可以说是由新兴町人的转变所产生的精神的自觉,因此是石门心学创立的意义之所在。"①

梅岩的学问的形成与经历分不开。他在黑柳家时最初热衷神道,但接触儒学典籍后逐渐转化,其学问是从自身的内在要求出发的,重视"知心""知性",对佛教尤其是禅宗的关心也逐渐形成。《事迹》记载他三十五六岁时已知"性",其《都鄙问答》卷一中多处论及孟子的"尽心知性","知性乃学问之纲领"等。他谈"见性"的体验,并论及朱子《大学补传》中的"豁然贯通焉,则众物之表里精粗无不到"。日本思想史家源了圆《石田梅岩论》提出,梅岩的体验与那些"仅以文字之迹理解朱子学的半吊子朱子学者是不同的"②。梅岩主张排除利己心和求利欲望并与日常生活中奉行俭约相合,进而达成献身自己的义务与职业,具有"世俗内"禁欲主义意味,成为町人及大众伦理的特征。

研究者一般都注意梅岩的学术师承,心学经济思想研究者竹中靖一指出:"石门心学的思想核心无疑出自儒教",说他接受朱子学"性""理"之说,但并非把朱子学当金科玉律,竹中认为石田梅岩的思想特征是"三教止扬",③ 即对儒、佛、神道三教的扬弃,神道的"正直"、儒教的"诚"和佛教的"慈悲心"在梅岩看来是相通的。心学研究专家柴田实的《〈都鄙问答〉的成立》,深入考证梅岩的思想源流,指出其主要思想倾向是儒学。柴田提出梅岩的代表作《都鄙问答》引用汉籍共 38 种 389 次,其中《论语》引用 133 次、《孟子》引用达 116 次,其余为《大学》《中庸》等,儒经共引 18

---

① 参见古田绍钦等编《石田梅岩の思想——"心"と"俭约"の哲学》,ぺりかん社 1979 年版,第 39 页。
② 参见古田绍钦等编《石田梅岩の思想——"心"と"俭约"の哲学》,ぺりかん社 1979 年版,第 82 页。
③ 竹中靖一:《石門心学の經濟思想》,ミネルヴァ書房 1962 年版,第 95、109 页。

种 362 次，含程朱理学之书。再就是引用诸子之书 9 种 11 次，史书 4 种 8 次，其他为佛典及日本书籍，陆王心学的著作完全没有引用。① 因此，不能仅凭"心学"之概念就将陆王心学与石门心学相联系。

美国学者贝拉（R. N. Bellah）提出梅岩是"最具独创性的思想家"，其师小栗了云"具有宋代的自然哲学（性理）的学识，还精通佛教和道教"。至于梅岩的学术渊源，"儒教给他的思想最大的影响。心与自然（性）的概念是其体系的基础。这是从孟子那里直接取来的，而有关这些的说明，则大部分得之于宋代朱子学"②。从梅岩言论中可见其与儒学的直接关联。《孟子·滕文公下》有"入则孝，出则悌，守先王之道，以待后学者"。他的《都鄙问答》卷一则强调："尧舜之道，孝悌而已。鱼跃水里，鸟翔空中。《诗》云：'鸢飞戾天，鱼跃于渊。'道者，察上下也，何疑哉!"又说："学问之道，首要谨敬自身，以义尊崇君主，以仁爱事父母，以信义交朋友，广爱人而悯恤贫穷之人。有功不自夸，衣类诸物，守俭约而戒华丽。不荒疏家业，财宝知量入为出，守法治家，学问之道大抵如此。"《事迹》记述"先生曰：'吾天生好究道理，自幼时为友所嫌，亦调皮作恶。十四五岁时顿悟，以是为悲；及三十岁时，大抵明理，犹显于言端；四十岁时，觉如梅之烤焦仍少有酸；至五十岁时，大抵不为恶事。"到六十岁，则曰"我今为乐矣"。这样的表述乃至表述的方式，使我们立即想起《论语·为政》的名句："子曰：吾十有五而志于学，三十而立，四十而不惑，五十而知天命，六十而耳顺，七十而从心所欲，不逾矩。"通过文献考究，可以毫不夸张地说石田梅岩的言论著述，确可称为"言必称孔孟"，必以"圣人之道"为教，却也包含其特有的思想内容。

---

① 参见柴田実《梅岩とその門流——石門心学史研究》，ミネルヴァ書房 1977 年版，第 3—23 页。

② R. N. Bellah：《日本近代化と宗教倫理》，堀一郎等译，未来社 1962 年版，第 199、202、211 页。

浙东学派同样言孔孟而解之以己意，这也是儒学至宋的新发展特征。宋代浙东学派主要是以吕祖谦为代表的金华学派、以陈亮为代表的永康学派和以叶适为代表的永嘉学派，共同特点是倡言事功，主张经世致用，谙悉掌故和经济。有关浙东学派的研究取得了可观的成果，[①] 但对于其经济思想尤其自宋至清及与后世近代化的联系的研究还少见。朱熹曾指出此学派的特点"专是功利"[②]，所谓功利，经济活动是主要内容。金华、永康两派在经济思想方面或有独到之处，但不突出，也不很系统，不足以代表浙东学派经济思想的最高成就。其中较有价值的如陈亮反对传统的"重本抑末"思想主张农商并重，"农商一事也，上下相恤，有无相通……商藉农而立，农赖商而行，求以相补，而非求以相病"[③]。他与朱熹进行著名的"王霸义利之辩"长达数年，一般被认为是事功之学与理学的"义利观"争辩。不过理学家并非如一般人认为的那样全然否定人欲功利，如程颐讲"人无利，直是成不得，安得无利？"[④] 朱熹说："义利之说，乃儒者第一义。"[⑤] 但朱熹又说过"圣人岂不言利？"只是不大为人注意而已。他并不否定从"义"出发的"利"，而反对从"欲"出发的"利"，认为"万物各得其分便是利"[⑥]。以往的一些成论需要重新考察。[⑦] 理学与浙学有别但也并非完全不相通，在学术渊源方面也有关系，名家何柄松曾指出："所谓浙东的学派实在就是程氏学说的主流，在南宋时代和朱、陆两家成一个鼎足三分的局面。"[⑧] 叶适本人则与二程、朱熹都有一些直接关联。

叶适，字正则，温州永嘉（今温州）人。晚年在永嘉城外水心村

[①] 参见陈国灿《80年代以来南宋事功学派研究概述》，《中国史研究动态》1996年第3期。
[②] 《朱子语类》卷123。
[③] 《陈亮集》卷11。
[④] 《河南程氏遗书》卷18。
[⑤] 《朱文公文集》卷24。
[⑥] 《朱子语类》卷68。
[⑦] 参见叶坦《论"利"》，《中国经济史研究》1998年第4期。
[⑧] 何柄松：《浙东学派溯源》，商务印书馆1933年版，第204页。

著书讲学，世称水心先生。淳熙五年（1178年）进士，史称其"志意慷慨，雅以经济自负"。他有实践经验，倡导"务实而不务虚"①，曾治边郡、措屯田、安流民、建堡坞、守江北、修实政、行实德。② 主要著作有《水心文集》《水心别集》《习学记言序目》等。一般认为永嘉学宗二程，有先辈周行己、许景衡等，经薛季宣、陈傅良发展"实事实理"学风，到叶适而蔚为大观。黄百家说："永嘉之学，薛、郑俱出自程子。"③ 但全祖望提出："世知永嘉诸子之传洛学，不知其兼传关学。"④ 他认为："浙学于南宋为极盛……，叶、蔡宗止斋以绍薛、郑之学为一家，遂与同甫之学鼎立，皆左袒非朱、右袒非陆，而自为门庭者。"⑤ 为叶适立学案，论"水心较止斋又稍晚出，其学始同而终异，永嘉功利之说，至水心始一洗之。……乾淳诸老既殁，学术之会，总为朱、陆二派，而水心断断其间，遂称鼎足"⑥。叶适的思想同样经历了一个发展过程。他早年在朝中为朱熹理学说话，《进卷·管子》指陈管仲"以利为实，以义为名"⑦。还主张"谈谊而不谈利，计德而不计功"⑧。晚年的代表作《习学记言序目》则明显不同，反对空谈，倡言功利。总之，叶适远承伊、洛，近师周、郑，光大薛、陈而集永嘉学术之大成；是有宋以来反传统思想与务实精神的集中体现，也是儒学发展流变与东南地域社会经济结合的产物。

三

永嘉学派的经济思想在宋代浙东学派中最具系统性，叶适的商品经济观最为典型。

---

① 《水心文集·补遗》。
② 参见张义德《叶适评传》，南京大学出版社1994年版。
③ 《宋元学案》卷56。
④ 《宋元学案》卷32。
⑤ 《宋元学案》卷53。
⑥ 《宋元学案》卷54。
⑦ 《水心别集》卷6。
⑧ 《水心别集》卷9。

如何看待获利？这是道德伦理与经济利益关系的"永恒话题"。叶适说："'仁人正谊不谋利，明道不计功'，此语初看极好，细看全疏阔。古人以利与人而不自居其功，故道义光明。后世儒者行仲舒之论，既无功利，则道义者乃无用之虚语尔。"① 批大儒董仲舒名言"全疏阔"，无功利的道义被认为是无用的"虚语"，这是对传统义利观的深刻修正。叶适说："古人以利和义，不以义抑利。"② "昔之圣人，未尝吝天下之利。"③ 他主张"成其利，致其义"④，即"利"与"义"不仅不矛盾，而且是"义"的基础，有别于将"义"置于首位或要求以符合"义"的规范取"利"。他并非不言"义"，而是主张利义统一，强调致富获利的合理性；认为功利是义理的外化，"崇义以养利"⑤，"义"成为养"利"的手段。

获利的合理性或正当性问题，不仅在中国而且在日本都是商品经济观的主题之一，而"重本抑末"则同样是传统经济思想的主要倾向。叶适却提出"以国家之力扶持商贾，流通货币"，反对抑商政策，认为"夫四民交致其用而后治化兴，抑末厚本，非正论也"⑥。在他之先反对"重本抑末"者并不少见，但对论点本身进行公然否定、从学理上指为"非正论"的则自叶适始。工商业与农业在叶适看来都是社会经济中必要的行业，商品经济应得到扶持而不是抑制。尽管他还未能从根本上改变"农本工商末"的基本理念，但其"非正论"说，标志着宋人的商品经济观进入一个新时期。叶适还主张"商贾往来，道路无禁"⑦，严批政府专利，"坐盐茶、榷酤及它比、巧法、田役、税赋之不齐以陷于罪者，十分之居其六七矣。故曰比三代之刑为重。"⑧ 要求改变政策。

---

① 《习学记言序目》卷23。
② 《习学记言序目》卷27。
③ 《水心别集》卷3。
④ 《习学记言序目》卷22。
⑤ 《水心别集》卷3。
⑥ 《习学记言序目》卷19。
⑦ 《水心别集》卷1。
⑧ 《水心别集》卷2。

叶适对工商业的重视，不仅表现在反对重本抑末和夺商专利方面，而且提高到欲使工商业者参政议事、进入统治集团的程度。"其要欲使四民世为之，其理固当然，而四民古今未有不以事。至于烝进髦士，则古人盖曰无类，虽工商不敢绝也。"① 否定不许工商子弟为官的旧规，主张入仕无身份限制。当时已初步出现"乃至工商之子亦登仕进之途"，"如工商杂类人内有奇才异行卓然不群者，亦许解送。"② 苏辙说："凡今农工商贾之家，未有不舍其旧而为士者也。"③ 这与唐代"工商之家不得预于士"④ 不同了。叶适的观点很有价值，随着商品经济的发展和商人经济地位的提高，其政治要求也提上日程；但古代中国谈不上有商人思想家，因此士大夫中代表商人利益、为他们讲话的意见就很难得。从北宋范仲淹以"吾商"自喻，到叶适要求许可工商业者入仕途，证实社会经济发展促进思想观念变迁。但这还有较大局限性，是建议朝廷或教化百姓的主张，并非工商业者自觉自律的论点，不同于石门心学的町人主体性认知，也不同于西方市民阶级的自治权益要求。

值得注意的是，永嘉学派对"农本工商末"基本概念的否定和突破。叶适的学生陈耆卿在叶适死后光大其学，所修《嘉定赤城志》卷37《风俗门·重本业》，即采用绍圣三年（1096年）当地地方官郑至道《谕俗七篇》的内容，明确提出士农工商"此四者皆百姓之本业，自生民以来，未有能易之者也"。肯定工商业均是"本"，而且是生民以来天经地义的。此为迄今所见最早的"四业皆本"史料，较认为此论最早由黄宗羲（1610—1695年）提出早五百余年，⑤ 这是经济思想史上的重要贡献。

经济思想的主旨是强化国家的经济实力，还是考虑百姓的生存

---

① 《习学记言序目》卷12。
② 《宋会要辑稿·选举》卷14。
③ 《栾城集》卷21。
④ 《唐六典》卷3。
⑤ 参见叶坦《富国富民论——立足于宋代的考察》，北京出版社1991年版，第183—185页。

疾苦，历来也是争议的论题。商品经济的发展很大程度上有赖于民间经济实力的强盛，"藏富于民"尽管是儒家传统主张，却是从富民是富国的基础出发的。叶适发展了这样的主张，强调许民求富、保民之富，反对政府抑制，还公然为富人辩护，反对政府"抑兼并"。他说："今俗吏欲抑兼并，破富人以扶贫弱者，意则善矣"，但不能实行，因为"小民之无田者，假田于富人；得田而无以为耕，借资于富人；岁时有急，求于富人；其甚者，庸作奴婢，归于富人；游手末作，俳优伎艺，传食于富人；而又上当官输，杂出无数，吏常有非时之责无以应上命，常取具于富人。然则富人者，州县之本，上下之所赖也。富人为天子养小民，又供上用，虽厚取赢以自封殖，计其勤劳亦略相当矣"。在叶适看来，富人的社会功能几乎达到无所不包的程度，作为国家的根基，富人理当受到保护，这也包括工商业者，他反对政府"山泽之所产，无不尽取"，要求："因时施智，观世立法。诚使制度定于上，十年之后，无甚富甚贫之民，兼并不抑而自已，使天下速得生养之利。"① 他还多次要求废除苛捐杂税，使"小民蒙自活之利，疲俗有宽息之实"②。这种保护求富的主张与儒家"不富不贫"的传统已大相径庭。

余英时的《中国近世宗教伦理与商人精神》很有影响，主要讲明清时代，后也谈到"富民论"，提出苏辙《诗病五事》中的"使富民安其富"，指出"这在儒家经济思想史上是一个比较新颖的观点。当时除了其（指苏辙）兄苏轼以外，司马光也持论相近，南宋叶适则发挥得更多。但这一新观点的广泛流行却在明代中叶以下"③。实际上，宋代为富人辩护思想已不少，这与商品经济发展和经济对政治的反抗过程相一致，成为前近代经济观的重要特征。明代丘浚

---

① 《水心别集》卷2。
② 《水心文集》卷1。
③ 余英时：《现代儒学的回顾与展望》，中文版载《中国文化》1995年第11期。他注释说明"关于这一问题，可看叶坦《富国富民论》，北京出版社1991年版，第二章第四节《为富人辩护的新观点》第85—92页。"还说1994年4月他在东京大学讲演，笔者送他拙著"有助于此文的修订，特此致谢"。

说："富家巨室，小民所赖，国家所以藏富于民者也。"① 反对抑制富人，"乃欲夺富以与贫以为天下，焉有是理哉！"② 并发展了"安富"的思想；王夫之则说："故大贾富民者，国之司命也"③，"国无富人，民不足以殖"④，类似论点更普遍，是社会经济形态演进的必然反映。

与商品经济密不可分的是货币问题。宋代的货币思想不仅在中国而且在世界经济思想史上都应有其独特地位。由于商品流通扩大形成货币供应不足被称为"钱荒"，是宋代货币问题的焦点。南宋时纸币已较为广泛地流通，"钱荒"不单纯指流通中必要货币量不足，还涉及几种货币并行的关系，南宋人的货币思想在商品经济观中有特殊价值。叶适的货币思想主要集中在《财计中》《淮西论铁钱五事状》以及《文献通考·钱币二》等中，其反传统倾向在货币思想中也有突出表现，他说："今之所谓钱乏者，岂诚乏耶？上无以为用耶？下无以为市耶？是不然也。"⑤ 对几乎众口一词的"钱荒"提出质疑。他认为并非真的"钱荒"，从物价变化考察铜币购买力来看，不是"钱重物轻"，反倒是"钱轻物重"，他说"今日之患钱多而物少，钱贱而物贵也明矣"。他考察历代米价变化来证明"天下百物皆贵而钱贱"，认为这是"方今之事，比于前世，则钱既已多矣，而犹患其少者"的原因，即物价上涨的普遍要求，使不断扩大的铸币量依然不能满足需求，铜币购买力下降、钱多物少，必然形成钱贱物贵，钱多反而物贵，这完全不同于传统认识，转而辩证地观察货币量与物价变动的关系，比单纯从货币绝对量看问题要深刻得多。他进一步提出，尽管钱的绝对数量并不少，而实际流通量却不足，主要原因是纸币的发行排斥了铜币，使之退出流通所致。他指出由于钱币不足"造楮以权之"，形成"凡今之所谓钱者反听命于楮，楮

---

① 《大学衍义补》卷13。
② 《大学衍义补》卷25。
③ 《黄书·大正》。
④ 《读通鉴论》卷2。
⑤ 《水心别集》卷2。

行而钱益少",所以"大都市肆,四方所集,不复有金钱之用,尽以楮相贸易";结果是"皆轻出他货以售楮,天下阴相折阅,不可胜计。故今日之弊,岂惟使钱益少,而他货亦并乏矣。"他认为纸币的流通,加速了本来就不能满足流通需要的铜币退出流通领域;他不仅认识到铜币为纸币所驱,而且指出这是一种必然规律,"虽然,壅天下之钱,非上下之所欲也,用楮之势至于此也。赍行者有千倍之轻,兑鬻者有什一之获,则楮在而钱亡,楮尊而钱贱者,固其势也。"——这就是"劣币驱逐良币"规律!货币理论史上的"格雷欣法则",被认为是16世纪英国人格雷欣(Thomas Gresham,1519—1579年)首先发现的,实际上叶适早于西方人三百余年就阐述了这一规律!这是中国人相当重要的贡献。比他稍晚的袁燮(1144—1224年)也认识到此规律,他说:"臣窃观当今州郡,大抵兼行楮币,所在填委,而钱常不足。间有纯用铜钱不杂他币者,而钱每有余。以是知楮惟能害铜,非能济铜之所不及也。"① 并行几种不同货币,就会呈现上述规律。中国历史上很早就有人接近对上述规律的认识,如汉代贾谊《新书》卷4:"奸钱日繁,正钱日亡。"② 南北朝时颜竣也指出:"若细物必行,而不从公铸……五钱半两之属,不盈一年,必至于尽。"③ 但都不及叶适"不知夫造楮之弊,驱天下之钱"、"楮在而钱亡,楮尊而钱贱"、"楮行而钱益少"等更明确。

总的来说,以叶适为首的浙东学派的商品经济观具有顺应历史发展和顺乎经济自身发展规律演进的趋向,开启了经济思想发展的新时期。浙东学派的"经世致用"之学为后世继承发展,明代泰州学派创始人王艮的学问被称为"百姓日用之学",其主张"百姓日用即道";明末清初南方的黄宗羲、顾炎武、王夫之即所谓"三大启蒙思想家",在商品经济观方面也都提出了各自的主张或见解;清初北方的颜李学派也力倡实学,讲求"习行经济"之学,

---

① 《历代名臣奏议》卷273。
② 《新书》卷4。
③ 《宋书·颜竣传》。

传统中被轻视的"工艺之术"得到重视，并作为漳南书院研习的"四科"内容之一。明末清初的实学思想家的商品经济观明显有承继宋代浙东学派的倾向，姑且不论黄宗羲"工商皆本"说与宋人学说的关系，像叶适要求容许工商业者入仕途一样，颜李学派的王源也主张改变"商贾之不齿于士大夫"状况，"使其可附于缙绅也"。他还提出："本宜重，末亦不可轻。假令天下有农而无商，尚可以为国乎？"要求"使商无所亏其本者，便商也。"① 可以认为这些对于中国社会步入近代奠定了一定的思想基础，但却难于彻底冲出传统网罗。②

四

石田梅岩的经济观具有明显的伦理倾向，他提倡勤勉敬业、恪尽职守，主张节欲与赢利统一，将商人的思想学术化、伦理化，并上升到宗教观念的高度，以阐释士农工商各行业平等与商人获取利润的正当性、合理性，与市民社会的要求相适应。日本经济思想研究者指出其"倡导正直、俭约为中心的经济合理主义"③。"商人之道""正直""俭约""职分""义利"等都是石田梅岩商品经济观的基本概念，要弄清其具体含义，不能仅分析这些"抽"出来的概念本身，而必须重点考察其《都鄙问答》《齐家论》等原典，结合文献与其他材料来理解和研究，才能较为准确地把握其实质内涵和思想特征。

"商人之道"是梅岩商品经济观的核心，《都鄙问答》卷一《问商人之道之段》，集中阐述其"商人之道"的基本论点。他说："若言商人其始，自古以其有余易彼不足，以互通有无为本也。商人精

---

① 《平书订》卷11。
② 参见叶坦《中日商品经济思想比较研究——以石门心学和清初实学为中心》上、下，《河北学刊》2005年第2、5期。
③ 岛崎隆夫编：《近世日本經濟思想文选》，敬文堂1971年版，第90页。

于计算，若致今日之渡世者，一钱不可谓之轻。以此为重而致富，乃商人之道也。"商人不可太贪心，这样就可化作"为善"，因为"通用天下之财宝，若万民之心得安，则与天地四时流行、万物长育相合。如此而虽至积富如山，不可谓之为欲心也。"无"欲心""则达天下至公之俭约，合乎天命而得福。……且当守御法敬谨自身，虽为商人，倘不知圣人之道，虽同是赚钱，却赚得不义之财，当至断子绝孙也。如诚爱子孙，当学道而致荣。"所谓"商人之道"的关键是一个"道"字，即"圣人之道"，要赢利也要守道，这就将商人获商利的合理性与遵循"圣人之道"有机结合起来。"道"的要求，在儒家学说中是被屡屡强调的，如《论语·卫灵公》："君子谋道不谋食。"《论语·里仁》："富与贵，是人之所欲也，不以其道而行之，不处也。"《孟子·滕文公下》："非其道，则一箪食不可受于人。"那么，"道"与"利"又是怎样的关系呢？来看石田梅岩一段问答：

曰："商人多贪欲，每每为贪欲之事。夫对之施以无欲之教，犹如令猫守鱼。劝彼进学，亦属无用。欲施之以无用之教，汝非持歪理而可疑者乎？"

答："不知商人之道者，专意于贪欲而至业败家亡；若知商人之道，则离欲心勉以仁心合道为荣，以之成学问之德也。"

曰："若如此，教其卖物不取利，仅以本钱出售乎？习者外则以不取利为学，内则实教其取利，此乃反教其为诈者也。……商人无利欲，终所未闻也。"

答："非诈也。请详听非诈之由。有仕君者，不受俸禄而为仕者乎？"

曰："断无此事！孔孟尚言不受禄为非礼，是乃因受道而受，此者，不可谓之欲心。"

答："卖货得利，商人之道也。未闻以本金出售而称之为道者。……商人之取卖货之利，与士之食禄相同。商无利得，如士之无禄。……商人当思正直，与人为善，和睦相处，此味无学问之力而不可知也。然商人却常嫌学问无用，当如之何？……凡鬻货曰商，如此则当知卖货之中有禄。故而，商人将左之物过手于右，亦为直取其利，非曲取也。……商人由直取利而立，直取利者，商人之正直也。不取利，非商人之道也。"

以上出自《都鄙问答》卷二。梅岩肯定"不取利非商人之道"，又要求按照"正直"的伦理标准取利，即儒家主张的"以义取利"，这与中国许多思想家的主张是一致的。针对商人有欲心而且做欺诈得利之事的质疑，梅岩提出应当教导商人求学以达正直取利，这就是"商人之道"。正如孔子《论语·述而》所说的"不义而富且贵，于我如浮云"。梅岩强调町人社会中学问之必要性。在肯定商人合理取利的同时，他还将此同武士获得俸禄置于同样天经地义的地位，并列举孔门弟子子贡经商并非无道之例，佐证自己的观点合于圣人之道。

"正直"是梅岩经济伦理的基点，也是商人获利的准则，"以义取利"就是他的"商人之正直"。要实现"正直"，不仅在取利方式上而且在利润率上都要"合理"。这个"理"不仅具有伦理性质，而且还有认识市场规律的内涵。来看以下问答——

曰："本金若干其利几何，当天下定一，为何伪称亏本以高价出售？"

答："卖货必依时价行情，以百钱所进之货物，若只得九十钱必不出卖，是乃亏本也。因之百钱之货物，有时亦以百二三十之价出售。行情上涨生意兴隆，行情下跌则买卖萧条，此乃天之所为，非商人之私也。天下定物之外时有失常，失常，常也。……本金如是取利多少乃难知之事，此非伪也。……士农工商者，助成天下之治也。四民有缺，则无以为助。治理四民，乃君之职也；佐助君主，则四民之职分。士者，乃原本有位之臣也；农人，乃草莽之臣也；工商，乃市井之臣也。为臣者侍佐君主，乃为臣之道；商人买卖者，乃佐助天下也。工匠得工钱，乃工之禄也；农人耕作收获，亦同士之俸禄。天下万民若无产业，以何而立？商人卖货之取利，亦是世间公认之禄也。夫何独以买卖之利为欲心而云无道，厌恶商人而与之断绝哉！何以贱商人之生计而嫌之耶？……买卖得利是为定规，若得定利而尽其职分，则自成天下之用。商人不受利，则其家业难以精勉。吾之禄乃买卖之利，故有买者入乃得受之。……吾所教，乃教商人有商人之道，非全教士农工之事也。……"

曰："如是，则商人如何得心致善？"

答："为武士者，侍其君而不肯用命，难称其为士；商人若亦知此，吾道明矣。若对养吾身之买主以诚相待不怠慢，十之八九得合买主之心。合买主之心，再精勤于其业，何必担心度世艰难？且首要恪守俭约……想得不义之钱，不知子孙将绝。当今之世何事亦当照光洁之镜，以士为法。……为世人之镜者，士也。……商人取二重之利与暗钱，知对先祖不孝不忠，心想士亦为劣，言商人之道何如？有以士农工之道为替。孟子亦云：道，一也。士农工商共为天之一物。天，岂有二道哉！"

此亦出自《都鄙问答》卷二。商利不是"规定"的，而要依时价行情即市场规律而定，此"乃天之所为，非商人之私"。《孟子·滕文公上》说："夫物之不齐，物之情也；……巨屦小屦同贾，人岂为之哉？"此"物之不齐，物之情也"，与彼"失常，常也"，有异曲同工之妙，都是对市场调节物价的功能的认识。梅岩强调不应"取二重之利"，认为这就是"非"，就是"不义"，违背"商人之道"必须杜绝，否则要断子绝孙。他认为"不义之禄"和"非道之欲"都是应当"去"的，分析"商人多不闻道，故有此类事"，是"不知天罚者"，要教之以"五常五伦之道"，可见其经济伦理明显脱胎于儒学。

梅岩对市场功能和商业价值都予以了阐释，并从社会结构功能角度来阐释"四民"存在的理由，肯定工商业的社会作用。此前也有人从"通有无"角度肯定商业作用，但对商人的鄙视并未改变；而梅岩认为士农工商的"职分"均受于天，都是社会中不可或缺的，商人获利如武士得俸禄一样都是天经地义的，"这在近世经济思想史上，确实是很伟大的业绩"①。不过，"士"在梅岩看来依然是尊贵的，是"世人之镜"，其他行业应效法。各种职业的人都要"精勉其业"，恪守其"道"，抑制"欲心"。梅岩改变了"尊士抑商""贵谷贱金"等传统观念，这与中国唐宋以来主张"四民"并存、反对"抑末"的思想变迁颇为相似。"重本抑末"是中国经济思想史的重要范畴，从商鞅"能事本而禁末者，富。"② 韩非"使其商工游食之民少而名卑，以趋本务而外末作。"③ 发展到唐代崔融"不欲扰其末"④、白居易"别四人之业，使各利其利焉"⑤。直到前述宋人提出"与商贾共利""一切通商""农末皆利"，浙东学派"抑末厚本非正论""四业皆本"等论点，商品经济观的确发生着与商品经济兴盛相应的变化。这一变化，在宋代与江户时代凸现出鲜明的时代特征，成为两国近世社会的共有现象。

在"正直"之外，"俭约"同样是梅岩经济观的重要概念。《齐家论》（即《俭约齐家论》）是其阐述"俭约"的核心文献，名称即透出浓厚的儒学特色，也是将修、齐、治、平之说与其经济合理主义有机结合的产物。《齐家论》有云："吾之所愿者，一人亦能知五伦之教。若为事君者，当以克己奉公不辞劳苦勤勉其职为先，所得之事为后，以尽其志。"他论"俭约"，源自儒学"子曰：礼，与其奢，宁俭"。"俭约"在他看来是与身份相应的："若知身份之相应，俭约为常也。"即各行业均当依其"等"而"不逾等"，否则"过

---

① 竹中靖一：《石門心学の經濟思想》，第308页。
② 《商君书·壹言》。
③ 《韩非子·五蠹》。
④ 《全唐文》卷219。
⑤ 《白香山集》卷47。

分，皆奢也"。上述均出自《齐家论》上篇，与孔孟学说可谓一脉相承。《论语·述而》有："奢则不逊，俭则固。与其不逊也，宁固。"《孟子·尽心下》记："养心莫善于寡欲。"梅岩强调俭约时注重与职业身份相应，要求人们知足安分。《语录》卷10记载其："不越贵贱尊卑之品，有财宝而守法，实则俭约也。"他的经济观中等级性特征鲜明，与"君子喻于义，小人喻于利"的等级制要求很近似，而等级制的分配与消费是封建制度的重要特征。

《齐家论》下篇论述"齐家治国，俭约为本"，梅岩专作《俭约序》："俭约乃节用财宝，应我之分，无过与不及，舍物费之谓也。因时合法，用之事成，天下治理，安稳太平。……士农工商，各应尽心于己业，……勤于职守，日夜不息，是为治世也。"梅岩在论俭约的同时，仍然屡屡强调"士农工商，各得尽心于己业"，职业的分工是"天命"，"不知己分"就有可能"难逃天罚"。《都鄙问答》卷一有"合天命乃得福"之说，《语录·补遗》记述其说"为商人者，乃天命之所为"。他将职业与"天命"相联系，赋予勤勉和俭约以宗教意义，有类似于"新教伦理"的含义，蕴含韦伯提出的建立在"天职"观念上的合理性经济行为导致资本主义产生的价值。R. N. Bellah 在《日本现代化与宗教伦理》的"结论"中指出，梅岩有很强的宗教性动机，与西欧新教伦理相似，"日本的宗教，强调勤勉与节约，要求对神圣者履行义务，对邪恶的冲动或欲望秉持自我净化，由此赋予勤勉和节约以宗教性意义。这样的伦理，对经济的合理化极有利，它是韦伯有关新教伦理研究的主要点，我们应当说在日本也同样有利"。

"俭约"作为梅岩"商人之道"的重要内涵，与"正直"密不可分，都是士农工商的"共通之理"，并具有宗教伦理色彩。《齐家论》下篇说："或言，町家之事琐细，难用大道言之。吾以为不然。自上至下，职分虽异，其理则一。得心而行节俭时，则家齐、国治、天下平。此焉非大道乎？……《大学》所谓自天子以至于庶人，一以修身为本。修身何有士农工商之别！""故士农工商虽职分各异，会得一理，则言士之道与农工商通，言农工商之道与士通，何必四民之俭约要分论耶？言俭约无它，乃天生之正直也。天降生民，万民皆天之子也。故人乃一小天地，本无私欲，故我物即我物，人之物乃人之物，贷物收领，借物返还，丝毫不为我私，此乃正直也。若行此正直，世间一同和睦，四海之中皆兄弟也。""私欲虽害世，不知此之味而成俭约，皆至吝，为害甚也。吾所言由正直至俭约，则至助人。"这些话的关键在于阐明"俭约"与"正直"的关系，并说明"由正直至俭约"，区分了俭约与吝啬，要求去除私心私欲。他不止一次讲"随法"就是俭约，这个"法"既是"物"之所具有的，也含幕府"实定法"之意，反映了梅岩思想的多重性与过渡性质。

五

中日近世的商品经济观不仅影响两国步入近代化，而且作为深层的民族文化积淀，对今天都有影响。如果说，"儒家文化与现代化"或"传统文化的现代价值"成为研究热点，那么直接支配人们经济行为的经济思想尤其是与市场经济机制的建立和发展相伴随的商品经济观，无疑值得下大气力进行研究。

我们知道，石门心学同浙东学派一样都是伴随商品经济发展和社会变革而产生的，而且同样具有区域经济文化的鲜明特色。心学兴起于关西并非偶然，江户商人与幕府及奢侈商业联系紧密；京都、大阪则不然，京都是手工业大都市，大阪是商业贸易中心，商业发展的自由度与商人精神的活跃性与江户都有差别，比较适应心学的产生。石田梅岩个人的素质、经历、学识、热情等，为心学的创始提供了条件；新兴町人阶级在理论与学问上的渴望，构成心学问世的特有需要。贝拉认为心学"对明治维新而言，在民众的心理准备这一点上是重要的。但是，通过商人阶级的运动，心学并未为商人求得直接的政治权利，而接受武士为政治的指导者，使商人在经济领域中与武士的角色同化。"不过他也指出，中日两国存在许多不同,心学的宗教伦理适应商人需要而广为传布,中国则不然;两国的一些用语或概念可能相同,但强调点甚至基本价值有重大差异,而且认为梅岩"决非典型的町人",不应将其视为封建主义之敌和对市民阶级政治自由的拥护者。① 梅岩确实很少批评幕府,也明显尊崇武士,其经济观中保有维护等级制的特色,其对获取商业利润合理性的论证,并不妨碍其忠君尽孝,其思想特色是修、齐、治、平理念与经济合理主义合一。其实,诸学并存而又返本开新的思想倾向反映了社会转型时期的特征,从上述叶适的思想轨迹中也可略见一斑。

　　浙东学派和石门心学在两个方面的贡献颇值得重视,即类似马克斯·韦伯阐述资本主义兴起的要因——新教的"天职观念"和"世俗内禁欲主义"。韦伯认为正因为儒教缺乏这些,故而不能促进资本主义的产生,而中日近世的商品经济观足以提供反证。关于"世俗内禁欲主义",中国历朝历代几乎无不强调节俭制欲,"黜奢崇俭"是几千年的主流观念,叶适则不仅仅反对奢侈,而且重在反对政府聚敛,指责"盖财以多而遂至于乏"。② 但赋予"俭约"从经济伦理到治国方略的内涵,并促进后世社会形态演化和经济高速增长的则是石田梅岩。他表述为"天下至公之俭约",在《语录》卷一说:"俭约者,为天下之利也。"这样的"利",大概就体现为近代以来日本经济的高速发展得益于高储蓄。而中国要求有利于民间财富增加和积聚的主张,表现为浙东学派以来的"求富""保富""安富"等论点和发展商品经济的思想。不过,中国历史上没有严格意义上的"商人思想家",也很少有工商业者记载的思想文献,即使到明清时代有了一些,也多以商路里程等技术层面的内容为多;中国的商品经济再发达,也有与自然经济相适应、相补充的一面;中国的工商业受到政府的严格控制,民营经济发展有限;中国的经济伦理更多的是具有社会性而非宗教

---

① 参见《日本近代化与宗教伦理》,第250、225、210页等。
② 《水心别集》卷15。

性，如此等等，都是与日本不同的。

对于"天职观念"，梅岩强调"职分"是"天之所命"，天经地义，人必知己之职分，并要谨敬地"守"、勤勉地"行"，以求尽职。①《都鄙问答》卷二："不知职分劣于禽兽。犬守门、鸡报时。"《语录》卷九："侍则侍、农人则农人、商卖则商卖人。职分之外若另有所望，则是违天，若违则背天命。"恪谨天命知足安分的职分观，既是发展家业、维系社会的条件，又是尽忠国家的基础，即《都鄙问答》卷一所述的："使知天所命之职分而力行时，身修、家齐、国治而天下平也。"柴田实认为梅岩"总是举出世袭职业阶级（士农工商）的原理是无疑的，他极力倡导的是正直之德，否定不正当的利益，强调正直与俭约是紧密相连的。"② 心学的商品经济观是对町人自觉自律的要求；而"天职"在浙东学派那里则是以"本业"来表述的，要求朝廷将士农工商都视为"本"，即天经地义的正当职业，尤其主张工商业者不应再受歧视和抑制，对于商品经济的发展和社会形态的演进无疑是进步，但并非工商业者主体性认知的结果。

赢利是商人的天职，梅岩也指出商人会从欲心出发赢利，这就需要"道"来约束，即"商人之道"。反对从利欲出发谋利，而要求"以义取利"，这也正是儒学尤其是宋人较为普遍的意识，叶适则表述为"成其利，致其义"③。梅岩的"取之有道"，还与他对社会结构和"天下人心"的整体认识分不开，石门心学作为"町人的哲学"，具有"道德性实践之实学"的普遍意义，梅岩多次讲："士农工商，其道一也。"因此，商业利润的获取，需要兼顾各方利益，商人得利万民心安。"顾客与商人共立的经济伦理，或共心一同的商人伦理，能够表现为今天'共生'的经济伦理。"④

---

① 《都鄙问答》卷二。
② 柴田実：《梅岩とその門流——石門心学史研究》，第53页。
③ 《习学记言序目》卷22。
④ 芹川博通：《經濟の倫理——宗教にみる比較文化論》，大修館書店1994年版，第323—324页。

Tessa Morris Suzuki 著《日本的经济思想》认为梅岩的理论"显示出与欧洲的古典派经济学者的著作中所见的启蒙性的私益概念,有着某种意味深长的相似性。"还说:"'商人之道'也包含着培育对于人类本性的深刻洞察力。得以洞察时,商人能够理解何为真正的利益。所谓真正的利益,不是贪欲得以一时性满足,而是勤勉、俭约或所有经商赢利中提供和需求最大限度的价值之存在。"[①] 要求取利非一时性、非一行业的观念,可称为"普遍性经济合理主义"。

在日本历史上,石门心学的经济观、怀德堂的道德论以及涩泽荣一的"论语加算盘",成为促进经济成长和近代化发展的思想动力。石田梅岩逝世后其高足手岛堵庵(1718—1786年)继承并发展了梅岩的学说,中泽道二则将心学传播到江户,传播对象也从町人发展到武士和农民,一些藩的统治者也受其影响。心学基本属于都市运动,而都市容易受到西欧化和产业革命的影响,传播也很快,18世纪末各地的心学讲舍逐年增加,到19世纪30年代近两百所。心学不仅通过公开讲释,也通过大量印制小册子扩展影响。许多商家店铺的"家训""店则"都与心学思想有关,可证心学的普及及其对商品经济与商业伦理的作用。一般认为明治维新以后作为运动的心学逐渐衰弱,但据明伦舍编辑的《石田先生门人谱》,迄1880年心学门人有三万六千余人,心学商品经济观至今对日本的商业理念和市场经营都还有影响。

山本七平的《日本资本主义精神》以很大篇幅讲述石门心学及其影响,并联系昭和时代的现实提出"昭和享保与江户享保"之论;稻盛和夫与梅原猛也著书充分肯定梅岩的"商人之道",并呼唤回归这样的资本主义精神。[②] 梅原是名教授,而稻盛是著名企业家,其京瓷集团的经营哲学和企业文化都非常重视传承这种精神。日本中小企

---

① Tessa Morris Suzuki:《日本の經濟思想》,藤井隆至译,岩波书店1991年版,第47、48页。

② 稻盛和夫、梅原猛:《回归哲学——探求资本主义的新精神》,学林出版社1996年版。

业对石门心学更是尊崇,从江户商家到今天京都的零售商,多把"商人之道"视为律己的准则。2000年10月15日,国立京都国际会馆举办了有一千三百多人参加的"石田梅岩心学开讲270年纪念研讨会",R. N. 贝拉教授作了题为"心学与21世纪的日本"的讲演,可见心学影响之深远。由于"平成不况"和"泡沫经济",日本社会中以不正当方式牟利的企业行为时有发生,一些有识之士呼吁企业经营者重新学习"商人之道",这能够从一个方面证实心学的现代价值。

六

浙东学派的商品经济观,同样对后世产生积极影响。我在以往论文中考察清代浙东学派代表人物黄宗羲,指出其不仅与宋学有学术渊源,而且有赴日经历;浙学从宋代叶适、经明代王阳明直到清初黄宗羲,对商品经济都有独到的见解。浙人无安土重迁观念,却有出外经商打工或漂洋出海谋生的传统,如19世纪的"宁波商帮"被认为是继徽、晋两大商帮之后势力最强的地缘性商人群体。他们不同于徽商、晋商等与官府有着紧密联系,而是重在拼经济实力和经营智慧。他们不仅经商,还兴办产业,而且积极投资于教育或公益事业,同时也注重自身的文化修养。直至今天这样的传统对于促进当地市场经济的发展还起着作用,前些年声名很大的"温州模式"就是其体现;温州人还敢于利用法律武器在国际贸易中捍卫自己的权益,都是其商品经济观与国际"接轨"的体现。

然而,不应回避日本经"明治维新"而成功步入近代化历程,中国历"戊戌变法"却未能跻身近代世界强国的史实。自甲午海战"学生打败先生"震惊大清朝野,一代代国人就不断深思、探求、寻觅两者的同异缘由。毋庸讳言,影响两国近代化历程的因素是多方面的,但经济无疑是基础性要因;而经济思想既基于现实经济状况,又直接引导和制约经济政策的制定和经济活动的开展，其作用远非其他文化、宗教因素可比，可惜的是从经济思想史的学科界域进行的系统性比较研究还十分薄弱。由于两国社会制度、文化心理、民族特性诸方面的差异，经济思想对两国近代化的历史转型与社会发展产生的实际作用是不同的，这不仅影响了两国后来的发展道路，而且积淀为两国国民不同的思维习惯与经济观念。因此，比较研究两国的经济思想具有特别意义。

例如，浙东学派能够促进地方经济发展不等于能够完成社会形态的演进。自宋至清，浙东学派的商品经济观，无论是主张"四业皆本"还是要求"许民自利"，以及对安富、理欲、货币等的思想诠释，确有发展却谈不上实质性突破，原因就是社会经济形态未发生根本性变迁。我反复重申，中国反映商品经济发展要求的主要是官员或学者，多是建议朝廷或教化百姓，从而局限性较大，无法成为商人主体意识的自觉，因此不同于石门心学那种町人自律的内在需求。差异源于两国基本的社会结构、制度基础与思想文化差异，中日商品经济观尽管有许多类似论点，但针对性与内涵实质却是有差别的，对两国近代化转型的影响也不同。

从历史条件来看，中国直至推翻帝制为止专制政体的力量依然强大，商人没有发展成为类似西方市民阶级那样的独立阶级，不足以同封建政权抗衡，这是由中国的政治体制和经济结构决定的。仅以人们津津乐道的徽商所在地歙县为例，清代就有进士296人，状元5人，榜眼2人，探花8人，一些商人在致富之后弃贾业儒仕进，买官置地或奢侈消费而不是扩大再生产，这些往往成为商业资本的主要投向；地主、官员、商贾角色互换三位一体，与日本强调俭约、积蓄的原始积累不同。中国的大商帮多与官府有关系，并不是像石田梅岩所言把经商视为一种"天职"，而主要是作为赚钱手段。出现的商书如《商贾便览》《士商类要》等，也多是技术性而非思想理论性读物，很难产生商人的独立精神。经济思想中强调发展工商业或主张百姓求富等论点，主要是为统治者进言献策，以缓解贫富矛盾和社会危机，难以像心学的"商人之道"那样成为步入近代社会的思想基础。有学者认为中国古代没有代表"市民阶级"的启蒙思想，"中国具有资本主义性质的启蒙思想只能产生于鸦片战争以后。"①

在中国，商品经济与自然经济的兼容互补，政府严格控制工商业，使之成为国家财政的重要来源的政策，必然限制民营经济的规模与发展，加上帝国主义列强的入侵掠夺，经济困顿民不聊生，近代化步履维艰。另外，与宋代较为宽松的文化氛围不同，清廷实行思想文化专制政策，经世实学让位于乾嘉朴学，使得自宋以来的经世致用之学渐趋变质，考据训诂之学与今古文之争占据学术文化的很大板块。日本则不同，商品经济和文化主导权逐步掌握在町人手中，心学普及成为走向近代化的社会思潮，通过下级武士的倒幕运动，日本走上了近代强国之路，尽管埋下了诸如军国主义等隐患。中国的儒生至多如康有为、梁启超、谭嗣同等，在抵御外侮和拯救民族危亡中依靠光绪皇帝变法维新，终归于失败。

限于篇幅应当终结了。需要补充的是有关石门心学经济思想的研究，最全面系统的还是竹中靖一的《石门心学的经济思想》，可惜书中没有研究中日经济思想的联系，我曾撰文进行专门考察。② 竹中是田岛锦治的高足本庄荣治郎的学生，而田岛先生在京都大学首开中国经济思想讲席，其著作《东洋经济学史——中国上古的经济思想》（1935）就是本庄根据他的讲义等编辑而成的。本庄在日本经济史、经济思想史研究上很有成就，可惜也没有研究中国，只有竹中的学兄出口勇藏1946年出版《孙文的经济思想》。简言之，无论是石门心学本身还是其研究者，其实都与中国不无关系，可惜有关中日经济思想渊源流脉及其演进，以及东亚经济学术史等重要课题，

---

① 叶世昌：《中国古代没有代表"市民阶级"的启蒙思想》，《上海财经大学学报》2005年第2期。
② 参见叶坦《"石门心学"的经济思想与儒学》，收入《叶坦文集——儒学与经济》，广西人民出版社2005年版。

迄今尚未得到足够的重视，而世界经济学说史至今基本都还只是西方的内容！本人近期在东京大学、一桥大学等校的讲演中提出上述问题，并引起震动，企盼更多学者的共同努力。

（原载《文史哲》2007年第4期）

《孔门理财学》

——中国经济学走向世界的百年始步

如果说，研讨重农学派学说的中国渊源或是探索"看不见的手"与司马迁"善因论"的关联，都是提示中国古代思想对西方经济学术的影响；那么近现代国人陆续远渡重洋步入西方经济学坛，留下一代代人的深深足迹，则印证了世界文明包括经济学都是全人类共同创造的史实。然而，现今即便人们热衷于称颂张培刚等先生对于发展经济学的贡献，却很少注意距今百年前就有中国人在西方经济学坛崭露头角，而且对西方学界产生影响最大的竟然是"冷门的"中国经济思想史！

在距今整整一百个年头的1911年，先后获得中西双重"最高学位"——从清代进士到美国博士的陈焕章，在哥伦比亚大学出版了博士论文 The Economic Principles of Confucius and His School（自译《孔门理财学》），这是迄今所知国人在美国正式刊行的首部经济学系统研究专著，在经济学术史上具有重要意义。现在学经济的可能很少知道陈焕章，但研究儒家文化的对他却是无人不晓。

陈焕章（1880—1933年），字重远，广东高要人。八岁始"谒圣"习国学，后入康有为的"万木草堂"，与梁启超同学。他曾任澳门《知新报》主笔，撰文倡明孔学，支持变法维新，还在广州时敏学堂任教并任学堂监督。光绪二十九年（1903年）中举人，翌年联捷进士（中举后随即考中进士，故为"联捷"），朝考点内阁中书，入进士馆。他1905年奉派为留美学员，1907年考入哥伦比亚大学学习政治经济学，1911年获哥大博士学位，其博士论文就是英文版《孔门理财学》,当年即作为该校"历史、经济和公法研究"丛书的第45、46卷112、113号同时在纽约和伦敦出版,精装两册共756页。次年,陈焕章归国,在上海创"孔教会"任总干事,与严复、梁启超等联名致书国会请定孔教为国教,并创孔教会。还在北京办《经世报》任总编,并撰《孔教经世法》,译成外文广为流传。他还在京发起建"孔教总会"会堂,后创立"孔教大学"自任校长;1930年在香港设"孔教学院"任院长,1933年在香港病逝。

作为康有为门生的陈焕章,其人以倡孔教、兴儒学为己任,其学新旧交汇中西贯通,其著《孔教论》影响很大;《孔门理财学》则是"儒学与经济"有机结合的典案,旨在"昌明孔教,以发挥中国文明之意思"。全书分为五个部分共九篇三十六章——"通论"部分:第一篇 孔子及其门派、第二篇 经济学与各科学之关系、第三篇 一般经济原理;"消费"部分、第四篇 消费;"生产"部分:第五篇 生产要素、第六篇 生产部门、第七篇 分配、第八篇 社会性政策;"公共财政"部分:第九篇 公共财政;最后是"结论"部分。作者是按照西方经济学原理,分别讨论孔子及其学派的一般经济学说和其在消费、生产、分配、公共财政等方面的思想,并结合社会经济发展史实与其他学派的经济思想进行研究,梳理出中国古代经济学说的大致脉络和研究中国经济思想史的基本方法。

书前有中文教授夏德(Friedrich Hirth)和政治经济学教授施格(Henry R. Seager)的序言,高度评价作者采用西方经济学框架对孔子及其学派的经济思想所作的研究,施格指出作者熟知英文经济学文献,故能比较东西方文明;认为读过此书的人将确信,儒学既是伟大的经济学体系,也是伟大的道德和宗教体系,其中包括即使不是全部也是大部分解决今日中国严重问题的必要因素。作者自序阐明其"首次尝试系统地介绍孔子及其学派的经济原理",说明在孔门之外还比较研究了管子、老子、墨子、商鞅等的相关思想,提出经济理论研究最好结合经济史,注重理论产生的背景和条件。强调其研究是对"独立于西方而发展的中国思想和制度的考察",说他尽量

"避免以现代西方经济学家的视点解读中国古代文献",其论断建立在原典及其精神之上。在他看来,儒家文献是宝藏,作为"采矿者"的他要向世界"献宝",即以英文系统介绍孔子的经济理论。他的结论——"中国的未来是光明的","中国将无疑地成为一个强国",那时"孔子的大同世界将会到来"。1912 年 5 月 13 日,陈焕章在讲演《〈孔门理财学〉之旨趣》中再度详论此书宗旨,称理财学即"以义理财之科学",其书实可名为《中国理财学史》,又可名为《中国生计史》。

著名物理学家海森堡(Wemer Karl Heisenberg)有段名言:"在人类思想发展史中,最富成果的发展几乎总是发生在两种不同思维方法的交汇点上。它们可能起源于人类文化中十分不同的部分、不同的时间、不同的文化环境或不同的宗教传统。因此,如果它们真正地汇合,也就是说,如果它们之间至少关联到这样的程度,以至于发生真正的相互作用,那么我们就可以预期将继之以新颖有趣的发展。"《孔门理财学》正是如此,这部蕴涵中西文明的著作有其特殊的文献价值和学术意义,引起学界的高度注意。中国经济思想史学会首任会长胡寄窗先生指出,这是"中国学者在西方刊行的第一部中国经济思想名著,也是国人在西方刊行的各种经济学科论著中的最早一部名著。"《美国历史评论》称作者"做出了破天荒的成绩",据说哥大后来的博士论文答辩也有以此书观点提问的。1912 年威斯康星大学著名社会学家、政治经济学博士罗斯(Edward Alsworth Ross)在《美国经济评论》发表书评,认为陈焕章打通了中西经济传统,为西方的政治经济学接上了孔子以来的中国伦理学和社会学资源而得以相互补充,使得《孔门理财学》在浩如烟海的西方政治经济学文献中占据一个独特的位置。更值得注意的是,时任名刊《经济学杂志》主编的凯恩斯(John Maynard Keynes),同年在该刊撰发评论,提出"在陈焕章博士这本博学而令人愉悦的书中,有大量的内容人们将会引述",同时也指出了不足。熊彼特(Joseph Alois Schumpeter)在《经济分析史》中提出中国"没有留传下来对严格的经济课题进行推理的著作,没有可以称得上我们所谓'科学'著作的。"但在注释中以转折口吻请读者参考包括陈著在内的三部书。马克斯·韦伯(Max Weber)的《儒教与道教》开篇所列文献中也有《孔门理财学》,说这是"站在康有为的现代改革派的立场上描述儒家学说",韦伯对王安石的评论与此书也有关。此书出版后许多刊物如《中国维新报》《独立报》《美人历史评论报》《东方评论报》《字林西报》等都有评介,可见影响之大。一些西方人正是通过此书了解中国及中国经济思想,并影响西方经济与政策制定。如罗斯福政府的农业部长华莱士(Henry Agard Wallace,后任美国副总统)力主参考陈焕章论述的中国常平仓制思想制定美国1938年《农业调整法》,奠定了美国当代农业立法的基本框架。

此书能够产生这样大的影响,与作者的研究方法和叙述方法都是分不开的。《大学》中的"生财有大道"启迪了陈焕章中西学术贯通之道,他探本溯源援古证今,力图汇通中西学理,赋予儒学以新义,并从中探寻拯救时弊和解决问题的智慧。其以西方经济学的框架来阐释儒家经济思想,但他是以深厚的国学积淀和英语世界能够接受和理解的方式,沿着思想发展与制度演化的历史脉络,来诠释一种不同于西方的、以儒家学说为中心的中国经济思想发展轨迹,这也标定了中国经济学走向世界的百年始步。

哥大破格资助中国留学生的著作出版,这是很特别的。此书出版百年来在西方连续再版,直到1973年、1974年、2002年、2003年等都有出版。2002年英国托马斯出版社(Thoemmes Press)出版了著名学者摩根·威策尔(Morgen Witzel)的导读,其回顾并分析了中国经济自19世纪以来由盛至衰的历史过程,再次肯定陈焕章的特殊贡献,说是从此书"我们不仅能获得以中国为基础的经济理论的强有力的陈述,而且指出中国经济在未来可能如何进步的富有吸引力的暗示"。这是意味深长的。但我国直到2005年才有岳麓书社影印英文版问世,2009年10月分别出版两种中译本,即《孔门理财学——孔子及其学派的经济思想》,翟玉忠译,中央编译出版社出版；《孔门理财学》，宋明礼译，中国发展出版社出版。

但应看到，作者并非可以"避免以现代西方经济学家的视点解读中国古代文献"，如说其老师克拉克（John Bates Clark，陈译"葛勒克"）的学说与《大学》暗合，再如"井田制类似于现代的社会主义"，甚至说中国人的整个经济生活都更具社会主义性质等等，连凯恩斯也有"牵强"之叹！像鲁迅就笑话陈焕章和他的《孔门理财学》能获博士学位，连作者的尊孔同路人如辜鸿铭也不买账，一些学者也对陈论不以为然。

另外，早于陈焕章就有国人在西方学习和研究经济学并获博士学位。如师从名家费雪（Irving Fisher）的留美学生陈锦涛（Chen Chin-tao），1906 年在耶鲁大学获得博士学位，博士论文《社会流通的测算》（*Societary Circulation*）；留德学生周毅卿（Tsur Nyok-ching），1909 年以博士论文《宁波工商业经营方式研究》获得莱比锡大学博士学位。韦伯《儒教与道教》所列文献中也有此作，可惜商务印书馆著名译本将周毅卿译成"牛庆祖"，直至 2008 年 12 月广西师范大学出版社的"最新修订版"也依旧，即便在经济学领域也很少有人注意这些。

无论前人（包括不止一位诺贝尔经济学奖得主）怎样重视和肯定经济史学，现今中国的经济学诸学科中它仍属"冷门"。在诸多原因中，不能充分了解经济史学的学术价值与学理优势是重要原因之一。实际上"只有民族的才是世界的"，中国经济史学不仅颇具本国经济学术特色和科研历史传承，而且最早在西方经济学坛崭露头角，并涵蕴未来发展的强劲生命力。

（原载《中国社会科学报》2010 年 8 月 26 日）

学术创新与中国经济史学的发展

——以中国经济思想史为中心

一般说来,"经济史学"主要包括经济史(含部门经济史、比较经济史、国别、民族或区域经济史、经济管理史以及专门史、断代史、通史等)与经济思想史(含通史、专史、理论史、观念史、断代史、国别、民族或区域史、经济哲学、经济伦理以及比较、管理思想史等)。[①] 也有学者将经济史学与经济史等同或再细分,[②] 而将经济思想史作为经济史的一个分支。构成经济史学的两部分的确有着若干不同于其他学科的特殊关联,但也有重要的区别。

"经济思想史"是理论经济学的独立学科,具备特有的学科性质与研究对象。从学科设置看:经济思想史在我国是"经济学"的二级学科,主要由三部分构成:中国经济思想史、西方经济学说史(或称"西方经济思想史")和马克思主义经济思想史,均设在经济系;而"经济史"除了经济系开设外,在历史系的专门史中也可能设置。就两者的研究对象看,或可概述为:经济史主要研究经济现象与人类的经济活动、经济关系以及社会经济制度、资源配置和经济形态的发生、发展、演变的过程及其规律;经济思想史则主要研究人类进行经济活动(包括制定经济政策、解决经济问题等)的思想、主张、学说、观念和理论。经济思想史是以经济思想或学说本

[①] 需要说明的是,十几年来叶坦倡导并开展的《中国经济学术史》(国家社科基金00BJL033)研究,以经济学术的发展为主要研究对象,包括经济文献学、学术研究史以及经济学教育、经济学术团体的发展史等,可视为经济思想史学科的拓展,不同于一般意义的经济思想史或经济学说史。

[②] 例如赵德馨的《经济史学概论文稿》,经济科学出版社2009年版,开宗明义指出:"经济史学科有两个分支:经济史学和经济史学概论。"

身为研究对象的,研究它们的产生、发展及其规律性以及对现实的作用和对后世的影响等。先师巫宝三先生提出:"经济思想史的研究对象,总的说来,是研究经济观念和学说的产生、发展及其相互关系的历史。"进而指出:"经济思想大致可分为三类,一为经济哲学思想,二为见解、意见、主张等政策性思想,三为对经济现象和问题的分析和说明的理论。"① 于此不难看出经济思想史与经济史的区别。

本文基于较为广博的宏观视野,结合个人的科研与教学实际,重点阐释经济史学理论与方法的学术创新及其主要标识;进而具体深入论析中国经济思想史学科的独有特质与学理优势,以及中国经济思想学说对世界的早期贡献;然后反观考察中国经济史学发展的主要趋势特征,以期为中国经济史学研究和经济学术发展提供参考。

一 学术创新及其主要标志

"创新"是近年使用较多的"关键词"之一,源于拉丁语,本意有三层含义:第一,更新;第二,创造新的东西;第三,改变。与其复杂诠释不如将"创新"视作"进步""提升""发展"的同义语。学术"创新"的主要标志有以下几个方面,并相互渗透交融、互感递进。

(一)新材料的发现与旧资料的新诠释

新材料的发现之所以被放在如此重要的位置,是因为新材料常常会推翻已有的研究定论,带来学术的重大发展。传统研究主要靠文献,但纸张不易保存,加上印刷术普及前文献传播很有限,而出土文物尤其是简牍等,则能够补充或检验文献之不足、促进科研方法的变革。宋代活字印刷术的应用,带来文献保有与传播的历史性进步。然而,印刷物成为商品后也出现了鱼龙混杂的状况,于是文

---

① 巫宝三:《论经济思想史的研究对象、方法和意义》,《经济问题与经济思想史论文集》,山西经济出版社1995年版,第309、848页。

献资料与出土文物相互印证成为治学的重要方法，即从单纯依靠文献的研究到"二重证据法""三重（或多重）证据法"（即在"以地下材料和书面材料互相比较、印证"的基础上再增添无文字考古资料或文化人类学资料等），这些方法主要用于古史研究，对于经济史学而言实物证据无疑也相当关键，所以我们必须运用多重证据。当然，在汗牛充栋的文献中发掘、整理经济史学材料更是当务之急！

材料使用的创新还包括对现存资料的新应用或对旧资料的新诠释，前人如陈寅恪将诗、文引入史学研究，以诗证史、以文佐史；近年，如卢华语主编出版《〈全唐诗〉经济资料辑释与研究》，① 被称为"中国经济史跨领域研究的新尝试"。对旧资料的新诠释也具有方法论意义，如文献同样记载"封建"、"经济"等词语，而这些词在不同的时代、不同的背景下其意义迥然有别，上升到学科高度就是"语义阐释学"或"历史语言学"等方法。例如，跟踪考察同一个具有典型意义的词语在不同历史背景下的发展脉络，就会发现反映相关事物及其变迁的轨迹和规律。

（二）新技术手段的科研革命与工具创新

计算机和网络等技术手段为科研带来福音，大量文献尤其是大型古籍的电子化带来了科研的"革命"；高效而便利的搜索引擎，省去了我们多少时光！而数据库、资料库的建立，成为科研手段革新的直接成果和深化研究的新基础。金观涛、刘青峰近期出版的《观念史研究：中国现代重要政治术语的形成》一书，② 就是使用"以包括关键词例句为中心的数据库方法"（序）③，建立并利用"中国近现代思想史专业数据库"（1830—1930）为基础进行的研究。书中汇集了"权利""民主""社会""富强""经济"等近百个关键词的统计分析，以此为基本素材，辅以相关的统计图表，探讨与它们相对应的西方现

---

① 卢华语：《〈全唐诗〉经济资料辑释与研究》，重庆出版社2006年版。
② 此书由香港中文大学出版社2008年6月出版，简体字本于2010年1月由法律出版社出版。
③ 金观涛、刘青峰：《观念史研究：中国现代重要政治术语的形成》，法律出版社2010年版。

代政治观念在中国的引进、演变以及定型过程,并通过一组组相近术语的比较分析,勾勒出近代中国政治观念的时代变迁。

在人类的进化过程中,工具的使用起到了重要作用。随着科研手段的时代变革,不仅要求我们学习新技术,更要摸索适合需要的特有方法和工具。古人治学在意版本目录,今人研究注重文献计量,我曾用时八年对中国经济思想史1890年以来的中外研究成果目录进行发掘、搜集和整理并成书《中国经济思想史论著目录索引1890—2003》。① 工具创新和"建立自己的资料库"很重要,有三点颇值得注意:(1)了解图书馆藏、网络资源及其分类与查找方法,正确而高效地利用搜索引擎和检索工具等;(2)熟悉所学专业的基本文献、数据材料和前人成果,特别是相关索引、目录;(3)个人资料库的建立与逐步完善。此外,外语工具也值得一提!因为世界日新月异,国际联系不断加强,经济研究更是突飞猛进,不了解海外的研究就等于"闭门造车",没有中外比较也就很难鉴别,而且就学理而言不包括国外的研究也是不全面、不完整的。

(三) 新观点或学说的提出与成论的修正

一般说来,做学问提出新观点和修正已有成论,这两个方面具有建设性和修正性意义。新观点的提出要经历学术积累过程,即发掘、整理和掌握第一手资料、运用科学方法进行解读分析、深入总结以往的研究史,进而提出科研选题并通过严密论证来提出新观点或新学说。

一般而论,研究问题首先做前人未做过的,其结果至少有开创之功。要做到这一点,首先要回顾学术史,看看前人做了什么研究,运用了什么方法,提出了什么论点,才好决定自己怎么做。选题应循序渐进:首选前人尚未开展或涉猎不多的重要问题,其次选择研究比较薄弱的论题,然后才能做修正或翻案文章。推翻前人的论断

---

① 前述国家社科基金项目(00BJL033),最终成果之一即《中国经济思想史论著目录索引1890—2003》,这也成为叶坦主持的国家社科基金项目"中国经济理论发展史"(06BJL049)的基础之一。

很不容易，学术的"断裂"几乎不可能，只有不断学习、汲取、整合，提出自己的新东西，逐步取而代之，这才是可行的方法。

（四）原命题的质疑与新论题的提出

在上述基础上，创新可以深进到一个新阶段——对"原命题"的质疑和新论题的提出，这与前述修正成论或一般翻案不同，具有理论建树和体系更新的意义。举例来说，王安石与司马光以往被作为改革派和保守派的代表臧否褒贬、莫衷一是，而无论肯定或否定多以"对待变法的态度"作为衡量的标准，且往往肯定一方否定另一方。经过长年的研究可以看到，两者作为政治家不仅有许多的共同点，而且他们的不同意见也大多是围绕如何拯救当时的财政困弊而展开的，属于共同目标的不同路径，不适用"甲是则乙非"的简单逻辑，所以"以变法论是非"的原命题也值得反思。再如，"资本主义萌芽"问题，无论是肯定或否定明清资本主义萌芽，均以中国要经过资本主义历史阶段为基点；而历史演进阶段说是否符合中国史实？即原命题的基点值得重新考虑而不仅仅是结论的肯定或否定。另外，像马克斯·韦伯的著名命题"新教伦理"促进资本主义产生，在东亚经济腾飞之后受到挑战，"儒教资本主义论"盛行——即以韦伯的命题反驳韦伯的结论。但近年来随着情况变化，"宗教与资本主义关系"原命题受到质疑，人们更多地从其他方面探寻资本主义要素。"原命题的质疑"具有方法论创新意义，标示了科研发展的新阶段。

至于新论题的提出比较好理解，但提出有价值的问题却相当不易，因为问题的提出有时比问题的解决更重要。新论题一种是在原命题质疑的基础上提出的，另一种则是科研发展的必然结果，因为随着研究的逐步深入和拓展，新的论题自然会提上日程。

（五）研究对象或内容的新拓展与新综合

创新的再一个明显趋势是研究对象或内容的新拓展与新综合，这些必然促进新观点和新结论的出现，从而产生新的成果，推动学术的发展。目前，针对重大现实问题而提出的经济史学课题越发显著，诸如环境保护、抗灾防灾、金融危机等，这些都极大地推动了科研内容的拓展。

与此同时，重大问题的研究都很难再由一个单独的专业或学科来承担，如现代化研究、可持续发展问题等，都需要多学科共同攻关。近年来的经济史学，不仅研究对象与研究内容都有了较大拓展，如审计史、环境史、区域经济史、历代 GDP 研究以及民族经济思想、比较经济思想、经济学术史等；原有的学科界域也受到了跨世纪学术发展的挑战。如 21 世纪初原有的学科大都呈现出新的变化，即同时朝着两个方向发展：一方面越来越细密、深化，另一方面越发拓展、综合。

总之，在科研深化的同时，跨学科、边缘性、交叉性与综合性等成为科研发展的时代要求，以往似乎不相干的学科或专业逐步相互渗透、交流和协作。同时，它要求学者的知识结构应随之发生变化，这些在经济史学尤其是中国经济思想史的学理中得到充分显现，下面还将论及。

（六）理论方法和科研架构的创新与新视野

理论方法与科研架构的创新最具难度，或可视为创新的最高层面，它不仅可以指明科研发展的新方向，也能推动基础理论的新发展。众所周知，理论和方法有多种多样，科研架构采用何种方式亦即所谓的多种选择，即所谓的"史无定法"。在借鉴前人理论方法和模式的同时，根据不同的研究对象整合并提炼适用的理论方法和模式相当重要。

如果说可靠的资料是科研的基础，那么，合理的架构就是科研的支柱，而全新的学术视野则是科研深进的保障。经济史学的全球视野、置中国于国际背景之下进行研究或比较研究，都是经济史学创新的展现。这不仅涉及学术"眼光"，而且提供新的参照系。科研集中凸显逻辑的关联性，逻辑在由资料与理论建构起来的科研架构就像人的血管，没有血液流动的脉络和关联只能是造型。促使学术鲜活"血液流动"的关键是逻辑自洽，要将纷杂的内容归入一定的形式，并通过报告、论文和著作等作为最终形态，故而研究方法与叙述方法同样重要。论著不仅有其学术话语体系，而且应当经得起推敲，因此，逻辑自洽和架构合理，都要靠不断的积累与递进，这是较高层次的创新。

上述六种有其一即属创新，多者兼具则贡献更大。科研手段革新、研究方法进步固然重要，认真读书、扎实治学更是无可替代。创新路径或可概括为——涟漪拓展，累积递进。

二 中国经济思想史的学科优势与中国对西方经济学的早期贡献

无论前人（包括多位诺贝尔经济学奖得主）怎样重视和肯定经济史学，它在现今中国的经济学诸学科中仍属"冷门"。在诸多原因中，不能充分了解经济史学的学术价值与学理优势是重要原因。实际上"只有民族的才是世界的"，中国经济史学不仅具有本国经济学术特色和科研历史传承，而且最早在西方经济学坛崭露头角，并涵蕴着未来发展的强劲生命力。而中国经济学中的中国经济思想史，具有综合性、交叉性等跨学科特征，兼具社会经济与思想文化内聚的一体性，进行这一学科的研究可以总结中国自古及今经济思想和理论的发展规律，打通经济理论从传统到现代的学术链接和转型。概括说来，这一学科优势与早期贡献主要体现在以下几个方面：

（一）独有的跨学科特征和学理优势

中国经济思想史唯独在中国大陆是理论经济学的独立学科，又涉及历史、哲学、文化、社会等领域，其边缘性、交叉性等学科特性与优势是其他学科或国外相关领域所不具有的。前面谈到，学术创新趋势是在"精深"的同时要求更为"广博"，而制度变迁、道德伦理、观念意识等越发为经济研究所不容忽视，这些恰恰是中国经济思想史学科之长。在理论经济学的研究对象中，唯有经济思想是物质与精神、理论同实践的连接点,经济思想史研究直接作用于经济活动的思想学说,又提炼和总结源于经济实践的经验与理论,这也不是其他学科的任务。经济活动是受人的经济思维支配的,具有"经济文化一体性",研究经济思想与社会发展内在联系的本学科,不仅最有利于研究经济与文化的关系,更有着探索两者一体性的专长,而这些都是学术发展的重要课题。

具备打通从传统到现代经济理论的学术链接和转型的,也是中国经济思想史。学术发展可能有"突变"却难以"断裂",经济学也同样不可能完全割裂学术流脉从天而降。因此,梳理经济学术的发展史,弄清其从传统到现代的转型至关重要。

中国经济思想史具有的全方位、多视角等特点,决定其发展不仅可能对经济学的进步做出贡献,而且可能丰富和促进历史学、文化学等学科领域的发展,同时具有诸多实践意义。

(二)"中国特色"的理论基础与应用价值

以往的科学或理论基本上都是在"西方"和"近代"两个前提的基础上发展起来的,经济学更是如此,似乎只是西方人的贡献,国人努力的目标只不过就是与之"接轨"。其实不然,中华文明宝库中保存了较许多国家发达得多、丰富得多、早得多的珍贵资料,而30余年来的经济改革,积累了大量前无古人的经验和理论。中国经济思想史研究中国几千年来的经济思想和学说,具有总结丰富的经济思想、发掘独到的管理经验、提炼现代化经济理论等特长,它们奠定了"中国特色"的经济理论的基础。

在理论意义之外,其应用价值也是显而易见的:本学科不仅可以为当代中国制定经济政策和发展战略规划等提供历史经验与政策参考,而且中国的经济思想可以弥补西方"后现代"之不足。优秀的管理思想与谋略的总结,可用于优化企业管理、创新企业文化;经济思维和观念的梳理以及经济伦理的研究,可提供深化改革和观念更新以及市场经济体制培育与发展的借鉴;本土经济观念在本民族及域外的延伸与衍化的考察,可以在海外华商以及域外经营等研究中得到体现。如此等等，都是中国经济思想史强劲生命力的体现。

（三）对理论经济学和现代化发展的特殊意义

作为发展中国家，中国不仅可以成为发展经济学的典型案例，而且"中国特色"的经济理论对于理论经济学具有特殊意义。中国经济思想史的研究可以为创新中国的经济科学提供借鉴，同时又能丰富和发展经济学的基础理论。

但迄今为止，国际学术界所重视的世界经济学说史的主要内容依然属于西方，这与当代中国的经济发展现状以及经济学术研究极不相称。中国经济思想约80年的系统研究史，在非西方国家中是很突出的，具备填补空白的优势，也可能成为中国对世界的又一重要贡献。

应当看到，中国经济思想史对现代化发展也有其独特意义。在有别于西方的东亚地区，有着儒学传承与历史积淀的一些共性，中国远早于西方就很发达的经济事象和学说理论中，蕴涵着有别于西方的经济学说和理论，这对东亚各国具有普遍的影响。研究中国经济思想具有研究东亚经济思想之"源"的意义，有利于从深层结构中探究东亚不同于西方现代化的发展模式，为东亚经济思想史奠定理论基础。

（四）国际领先的"长项"与西学中的中国因素

中国学术在世界上居于领先地位的人文社会科学成果中，"国学"（国际上称为"中国学"或"汉学"）无疑是"长项"，而以自古至今数千年的中国为研究对象的中国经济思想史，也是国学的重要组成部分，而且它不仅具备国学的一般特性，而且独有前述创新特征和学理优势。更重要的是，这些优势并非坐而论道而是经过史实验证的，中国的经济思想和学说曾对世界产生过影响。

然而，作为"皇冠上的明珠"的经济学一般被认为是西洋文明的杰作，是"舶来品"，仿佛赓续数千载且曾领先世界的中华文明中并无"经济"，专业学者也多以20世纪初严复译《原富》为中国

"引入"经济学之开端。其实早此数十年西方传教士在带来"上帝福音"的同时,也带来了西方经济学的知识和教育。正如人类文明是全人类共同创造的一样,经济学也是世界各国的共同努力。例如,法国重农学派的创始人——弗朗斯瓦·魁奈的学说中就有中国因素,他被称为"欧洲的孔子";[①]"经济学之父"——亚当·斯密的《国富论》中不乏中国内容,其若干论点可以在司马迁那里看到踪迹;无产阶级革命导师马克思在《资本论》中唯一提到的中国人——王茂荫,不仅曾是懂经营的徽商,而且主管清廷财政事务,还深谙中国货币理论;而在马克斯·韦伯的社会经济学中,中国也占据了不少篇幅……这些并非一般性的记载,而是理论构架的组成部分。

不仅西方有代表性的经济学说中具有中国因素,而且诸如美国的经济政策也受到中国的影响。有研究表明,中国古代常平仓思想对1930年代美国新政农业立法产生过直接影响。针对当时的农业萧条,时任农业部部长的华莱士(后任美国副总统)力主将常平仓制纳入1938年"农业调整法",奠定了美国当代农业立法的基本框架,由此证明了中国农业文明遗产曾对美国经济思想和政策产生过巨大影响。[②]

(五) 中国经济学走向世界的百年始步

影响西方学术的不仅仅是中国古代的经济思想,还有近现代国人远渡重洋步入西方经济学殿堂,并留下了深深的足迹。如今即使热衷于称颂张培刚先生对于发展经济学做出贡献的人们,也很少注意距今百年前就有中国人在西方经济学坛崭露头角,而且至今对西方学界影响最大的竟然是"冷门的"中国经济思想史!

在距今整整一百个年头的1911年,有着中西双重"最高学位"——从清代进士到美国博士的陈焕章,在哥伦比亚大学出版了博士论文 *The Economic Principles of Confucius and His School*(自译《孔门理

[①] 参见谈敏《法国重农学派学说的中国渊源》,上海人民出版社1992年版。
[②] 参见李超民《常平仓:美国制度中的中国思想》,上海远东出版社2002年版。

财学》),①② 精装两册，凡 756 页。③ 现在学经济的很少有人知道他，但研究儒家文化的却无人不晓。陈焕章是康有为的学生，一生以提倡孔教、复兴儒学为己任；曾与严复、梁启超等致书国会，请定孔教为国教，并创孔教会。此著旨趣也在于"昌明孔教，以发挥中国文明之意思"④。全书分 5 个部分，共 36 卷，按照西方经济学原理，分别讨论孔子及其学派的一般经济学说及其在"消费""生产""公共财政"等方面的思想。

　　胡寄窗先生指出，这是"中国学者在西方刊行的第一部中国经济思想名著，也是国人在西方刊行的各种经济学科论著中的最早一部名著。"⑤ 1912 年威斯康星大学著名社会学家、政治经济学博士出身的罗斯就在《美国经济评论》发表书评；凯恩斯时任名刊《经济学杂志》主编，同年在该刊撰发评论，说"在陈焕章博士这本博学而令人愉悦的书中，有大量的内容人们将会引述"⑥。熊彼特在《经济分析史》中提出，中国"没有留传下来对严格的经济课题进行推理的著作，没有可以称得上我们所谓'科学'著作的"⑦。但在注释中却以转折口吻请读者参考陈著等三书。⑧ 韦伯的《儒教与道教》开篇所列文献中也有《孔门理财学》，说这是"站在康有为的现代

---

① Chen Huan-Chang, The Economic Principles of Confucius and His School, Columbia University, Longmans Green & Co., Agents, London: P. S. King & Son, 1911.
② 此书在西方至 21 世纪还连续再版，而在中国直到 2005 年才有岳麓书院影印的英文版问世，中译本近期出版两种：《孔门理财学——孔子及其学派的经济思想》，翟玉忠译，中央编译出版社 2009 年版；《孔门理财学》，宋明礼译，中国发展出版社 2009 年版。
③ 陈焕章：《孔门理财学——孔子及其学派的经济思想》，翟玉忠译，中央编译出版社 2009 年版。
④ 陈焕章：《孔门理财学之旨趣》，《孔教论》，收入"民国丛书第四编第 2 辑"，商务印书馆 1912 年版，第 65 页。
⑤ 此语出自胡寄窗《中国近代思想经济史大纲》，中国社会科学出版社 1984 年版，第 476 页。不过，胡先生将陈焕章此书的出版时间误记为 1912 年。
⑥ 陈焕章：《孔门理财学——孔子及其学派的经济思想》，翟玉忠译，中央编译出版社 2009 年版，第 453 页。
⑦ 约瑟夫·熊彼特：《经济分析史》第一卷，朱泱等译，商务印书馆 1991 年版，第 86 页。
⑧ 商务印书馆此版中译者将陈焕章音译为"黄昌辰"，说明我国经济学者不太熟悉此书及其作者。

改革派的立场上描述儒家学说"。① 陈焕章记述《中国维新报》《独立报》《美人历史评论报》《东方评论报》《字林西报》都评介此书，可见影响之大。一些西方人通过此书了解中国，包括前述美国人了解中国常平仓思想。

其实，早在陈焕章之前，已有几位国人在西方研究经济学并获博士学位。如师从名家费雪的留美学生陈锦涛，1906 年在耶鲁大学获得博士学位，博士论文《社会流通的测算》②；留德学生周毅卿③，1909 年以博士论文《宁波工商业经营方式研究》获得莱比锡大学博士学位。④

三 中国经济史学发展的主要趋势和特征

现在考察中国经济史学发展的主要趋势和特征，可以看到其与前述创新标志相吻合。总体来看，中国经济史学发展的趋势特征主要集中在以下几个方面：

（一）研究者构成的跨学科发展

除了历史学、社会学等领域的学者深入到经济史学研究中来之外，最突出的现象是一些研究现实经济或理论经济很有成就的学者，近年致力于经济史学研究且成果卓著。如厉以宁继 2003 年出版《资本主义的起源——比较经济史研究》之后，2006 年又出版了两卷本《罗马—拜占庭经济史》。前者总览世界资本主义发展史，以实证研究为基础，应用比较研究的方法，构筑出宏大的资本主义起源的理论体系；后者则对罗马共和国盛期到拜占庭帝国灭亡期间的社会经

---

① 马克斯·韦伯：《儒教与道教》，王容芬译，商务印书馆 2002 年版，第 44 页。
② Tung-li Yuan, A Guide to Doctoral Dissertations by Chinese Students in America 1905 – 1960, Published Under the Auspices of the Sino-American Cultural Society, Inc., Washington, D. C., 1961, p. 8
③ 特别提示：有关此人的中文姓名本文所用袁同礼文献较可靠，而且提供了中文，故予以采用。马克斯·韦伯《儒教与道教》的文献中也列出其博士论文，但商务印书馆译本将作者姓名译成"牛庆祖"。
④ Tung-li Yuan, A Guide to Doctoral Dissertations by Chinese Students in Continental Europe, 1907 – 1962, Reprinted from Chinese Culture Quarterly, Vol. V, No. 3, 4, and Vol. VI, No. 1.

济变迁进行考察论述，并提出了一系列观点，著名史学家马克垚在该书《序言》中予以充分肯定。工业经济名家汪海波连续出版大部头经济史学专著，如《新中国工业经济史 1979—2000》（2001 年版）、《中国产业经济史 1949—2004》（2006 年版）、《中国现代产业经济史》（2008 年版）等，推动了我国产业经济史研究的新发展。还有许多学者投身于经济思想等方面的研究，如复旦大学的韦森教授，不仅在制度经济学与比较制度分析、经济学与伦理学等方面颇多建树，而且指导学生开展经济史学研究，并于 2009 年创办"复旦大学经济思想与经济史研究所"，为经济史学研究提供了建制保障。当然，经济史学的从业者也有一定的流失，专业研究机构或建制也在转向。

（二）理论探索的多元化深进

如何将经济学、社会学等方法运用于经济史学研究，尤其是将新经济史学以及经济分析方法有选择地运用于中国经济史学的实际，进而通过对具体的研究对象进行实证考察，并不断总结、提炼和发展经济史学理论，成为中国经济史学研究的重要课题。

九旬有三高龄的著名经济史学家吴承明的研究仍然受到重视，尤其是他的"史无定法"说被普遍接受，促进了经济史学研究方法的多元化。再如梁方仲先生等前辈学者的经济史学方法，也为后人关注、总结和运用。近年来人们对社会经济史与制度变迁分析的关注，结合"加州学派"及其研究，注意他们运用新古典经济学和新制度经济学等理论框架以及计量分析等方法，打破"欧洲中心主义"，以"全球视野"探讨中国历史独特的发展道路，改变了以往的研究范式和结论——这被称为"唱盛中国"。然而，也有学者针对该学派的历史观和方法论进行商榷，认为他们是唯生产力论史观，抛却有关历史进步的一些普遍标准，研究方法上也多有不尽合理之处。[①] 有不同意见的讨论与交锋，正是学术繁荣的标志。

近年来，经济史研究者的理论探索明显加强，如 2006 年李伯重

---

① 杜恂诚、李晋：《"加州学派"与 18 世纪中欧经济史比较研究》，《史林》2009 年第 5 期。

发文探讨"中国经济史应当怎么研究",并积极参与国际经济史学会的工作,促进中国经济史学走向世界,许多学者加强了与国际经济史学界的交流,形成重要的学术趋势。此外,运用经济学方法对不同朝代及民国时期的 GDP 展开研究较为突出,其中,钟祥财对中国古代收入分配问题的研究很有特色,一些学者在制度变迁范式、中外经济思想比较等方面也多有建树。

(三) 传统论题的新诠释与新视角

从新的研究视角对传统论题作出新的诠释,既是学术创新的标志,也是经济史学发展的重要趋势。例如,"两税法"是研究较多的传统论题,近年来不止一位学者通过对第一手文献进行史料辨误,或考证相关"两税"的语词内涵的演变,修正了以往一些成说。再如"先进与落后"的议题由来已久,但近年的研究并非驻足于结论本身,而是从根本原因以及中国古代社会何时从先进变为落后等方面进行考察,使得研究进一步深化。另外,将"李约瑟之谜"的研究推进到经济史学领域,许多学者从不同视角提出了新见。还有关于大儒朱熹的研究,也从单纯的思想史发展到对其经济思想的研究。

传统的经济思想议题如本末、义利等,近年也不断有新的诠释。尤其是对以往似成定论的问题提出新的意见很具代表性,正所谓"学问当于不疑处有疑"。如对启蒙思想家黄宗羲及所谓"黄宗羲定律",均有新的认识出现。如叶世昌提出明清之际的社会经济状况决定了当时产生启蒙思想的成论难以成立,从而"启蒙思想家"也不可能产生;自 2001 年秦晖提出"黄宗羲定律"后影响一直很大,近两年杜恂诚、王家范等学者不仅从史实、数据来考辨,而且从研究范式、立论基点等方面来展开讨论,呼吁"复杂的历史,需要复杂的头脑"。①

---

① 相关研究的出处——叶世昌:《中国古代没有代表"市民阶级"的启蒙思想》,《上海财经大学学报》2005 年第 2 期;秦晖:《并税制度改革与"黄宗羲定律"》,《中国经济时报》2001 年 11 月 3 日;杜恂诚:《"黄宗羲定律"是否能真正成立?》,《中国经济史研究》2009 年第 1 期;王家范:《复杂的历史,需要复杂的头脑——从"黄宗羲定律"说开去》,《探索与争鸣》2010 年第 1 期。

从新视角考察传统论题也是创新探索的一个方面。例如有关商帮的研究，从单纯某一商帮到不同商帮的比较、从静态分析到动态考察、从本地研究到外地跟踪，等等。再如前述《资本论》中的王茂荫，也是前人研究的论题，而以"徽州经济文化的世界走向"赋予其全新视野，突出了中国传统货币理论的发展优势和西方经济理论中的中国因素。

（四）科研内容与论题的发展

近年来，经济史学的科研内容不断拓展，新的论题不断产生，这方面的例子不胜枚举，较为突出的趋势是两个方向的齐头并进。

一方面，反映时代发展和现实状况如新中国60年、世博会、上海经济、金融危机与货币问题以及环保、抗灾、水利、粮食、三农等的相关研究风起云涌，随之而来的相关理论探索也如雨后春笋。现代经济史学研究近年来有了明显的新发展，尤其是对新中国前30年的若干研究，用实证数据来修正、补充、完善以致改写了以往的认识或论点，很值得注意。

另一方面，溯源性考察与实证性新探逐步深入，如市场经济研究溯源到商代的商业思想、"三农问题"推动了农业的溯源研究和运用出土资料考察经济律法与思想等；但这方面的研究并非限于古代，对当今若干经济事物如典当行、拍卖业、股市、币制等都有溯源性研究。

（五）研究领域和对象的拓新

经济史学在前述审计史、环境史等专史或类别史以外，研究时段、区域、国别、民族等领域也都在延伸，如民国经济与经济思想、港台及国别经济、区域经济与经济思想、民族经济和思想研究等，其中不乏填补空白之作。同时，研究中国资本市场及其发展、货币范畴与货币价值论，以及对经济史学自身的研究等，都拓展了经济史学的研究领域和对象。此外，全球视野架构与比较研究的深进包括中外比较、历史与现实比较、不同区域比较等，也取得了可观成效；前述本人倡导研究中国经济学术史、中国经济理论史等，均属拓新的尝试。

　　中国经济史学在微观的具体研究朝向综合性系统考察发展的同时，宏观的思辨性、理论性研究向着实证性检验深化。中国经济史学百年前曾在国际上崭露头角，今天"后现代"呼唤拯救时弊，或许恰是显现中国经济史学优势的时代发展新契机。

（原载《河北学刊》2010年第4期）

凯恩斯为哪位中国人的书写过书评？

提起凯恩斯（John Maynard Keynes，1883—1946年），学经济的何人不晓？可要问他与中国有何关系甚至为哪位中国人的书撰写过书评，能够回答出来的可能就不多了。

看看凯恩斯那个年代，那时的中国有啥自己的经济学，竟然还有值得凯恩斯为之作评介的书？再有，估计凯恩斯是看不了中文的，那他所评论的应该是非中文书，而能用外文写经济学研究著作的中国人别说那时，就是现在又有多少？还有，凯恩斯与中国没有什么直接接触，他对印度有研究，第一部著作就是《印度的通货与财政》（1913），那里毕竟是大英帝国的属地。出生在中国的罗伯特·斯基德尔斯基（Robert Skidelsky），积三十年功力写出《凯恩斯传》，使之成为"20世纪最伟大的传记作家之一"，并被英国女王封为勋爵。他告诉我们凯恩斯设计的第一个货币计划是1910年中国的"金汇兑本位"计划，不赞成在中国发行纸币，因为中国人的历史经验表明，纸币"将无可避免地带来经济不稳与最终的灾难。而且它将阻挠农村地区从实物贸易到货币贸易的过渡"，建议采用"一种以白银为流通的货币，但以黄金为本位货币"，可惜这个计划直到凯恩斯逝世之后才在其抽屉中被发现。凯恩斯对中国金融的了解来源于他的朋友汇丰洋行的董事查尔斯·艾迪斯爵士，对中国政治和社会的了解则通过另一个朋友，曾在中国服务过的英国领事官员阿吉·罗斯。

1918年，中国又一次进入凯恩斯的视野，他反对在德国赔款问题上援引强加于中国的"庚子赔款"为先例；1937年，他敦促英国和美国在日本不愿放弃对中国的侵略时与之中断全部贸易关系；在第二次世界大战中,他参与了对中国发放贷款的讨论。"总体而言,他确实是中国的一个朋友,不过他对中国知之甚少。"这是传记作家的概括,他也谈到了本文要说的凯恩斯"撰文评一位中国学者的著作"之事,强调其在这篇书评中指出中国学者很早就懂得"格雷欣法则"和"货币数量说",特别指出凯恩斯是作为一个货币经济学家开始他的职业生涯的,因而只有涉及中国的货币问题才让他感兴趣!这让我联想到马克思《资本论》中唯一提到的一位中国人——王茂荫,同样是因其在货币问题上的作为与建树而受到关注,有兴趣的可看拙文《徽州经济文化的世界走向——〈资本论〉中的王茂荫》(《学术界》2004年第5期)。

到底是谁的什么著作引起了凯恩斯的兴致?距今整整一百个年头的1911年,28岁的凯恩斯出任名刊《经济学杂志》主编。就在这一年,先后获得中西双重"最高学位"——从清代进士到美国博士的陈焕章,在哥伦比亚大学出版了博士论文 *The Economic Principles of Confucius and His School*(自译《孔门理财学》),这是迄今所知国人在美国正式刊行的首部经济学系统研究专著,在经济学术史上具有重要意义,凯恩斯就是为陈焕章此书撰写的书评。

陈焕章(1880—1933年),字重远,广东高要人。八岁始"谒圣"习国学,后入康有为的"万木草堂",与梁启超同学。他曾任澳门《知新报》主笔,撰文倡明孔学,支持变法维新,还在广州时敏学堂任教并任学堂监督。光绪二十九年(1903年)中举人,翌年联捷进士(中举后随即考中进士,故为"联捷"),朝考点内阁中书,入进士馆。他1905年奉派为留美学员,1907年考入哥伦比亚大学学习政治经济学,1911年获哥大博士学位,其博士论文就是英文版《孔门理财学》,当年即作为该校"历史、经济和公法研究"丛书的第45、46卷112、113号同时在纽约和伦敦出版,精装两册共756页。次年,陈焕章归国,在上海创"孔教会"任总干事,与严复、梁启超等联名致书国会请定孔教为国教,并创孔教会。后出任过袁世凯总统府顾问和国会参议员等,还在北京办《经世报》任总编，并撰《孔教经世法》，译成外文广为流传。他还在京建立"孔教总会"会堂，后创立"孔教大学"自任校长；1930 年在香港设"孔教学院"任院长，1933 年在香港病逝。

作为康有为门生的陈焕章，其人以倡孔教、兴儒学为己任，其学新旧交汇中西贯通，其著《孔教论》影响很大；《孔门理财学》则是"儒学与经济"有机结合的典案，旨在"昌明孔教，以发挥中国文明之意思"。全书分为五个部分共九篇三十六章——"通论"部分：第一篇 孔子及其门派、第二篇 经济学与各科学之关系、第三篇 一般经济原理；"消费"部分：第四篇 消费；"生产"部分：第五篇 生产要素、第六篇 生产部门、第七篇 分配、第八篇 社会主义性政策；"公共财政"部分：第九篇 公共财政；最后是"结论"部分。作者是按照西方经济学原理，分别讨论孔子及其学派的一般经济学说及其在消费、生产、分配、公共财政等方面的思想，并结合社会经济发展史实与其他学派的经济思想进行研究，梳理出中国古代经济学说的大致脉络和研究中国经济思想史的基本方法。

哥大破格资助中国留学生的著作出版，这是很特别的。此书前有中文教授夏德（Friedrich Hirth）和政治经济学教授施格（Henry R. Seager）的序言，高度评价作者采用西方经济学框架对孔子及其学派的经济思想所作的研究，施格指出作者熟知英文经济学文献，故能比较东西方文明；认为读过此书的人将确信，儒学既是伟大的经济学体系，也是伟大的道德和宗教体系，其中包括即使不是全部也是大部分解决今日中国严重问题的必要因素。作者自序阐明其"首次尝试系统地介绍孔子及其学派的经济原理"，说明在孔门之外还比较研究了管子、老子、墨子、商鞅等的相关思想，提出经济理论研究最好结合经济史，注重理论产生的背景和条件。强调其研究是对"独立于西方而发展的中国思想和制度的考察"，说他尽量"避免以现代西方经济学家的视点解读中国古代文献"，其论断建立在原典及其精神之上。在他看来，儒家文献是宝藏，作为"采矿者"的他要向世界"献宝"，即以英文系统地介绍孔子的经济理论。他的结论——"中国的未来是光明的","中国将无疑地成为一个强国",那时"孔子的大同世界将会到来"。1912年5月13日,陈焕章在讲演《〈孔门理财学〉之旨趣》中再度详论此书宗旨,称理财学即"以义理财之科学",其书实可名为《中国理财学史》,又可名为《中国生计史》。

著名物理学家海森堡(Wemer Karl Heisenberg)有段名言:"在人类思想发展史中,最富成果的发展几乎总是发生在两种不同思维方法的交汇点上。它们可能起源于人类文化中十分不同的部分、不同的时间、不同的文化环境或不同的宗教传统。因此,如果它们真正地汇合,也就是说,如果它们之间至少关联到这样的程度,以至于发生真正的相互作用,那么我们就可以预期将继之以新颖有趣的发展。"《孔门理财学》正是如此,这部蕴涵中西文明的著作有其特殊的文献价值和学术意义,引起学界的高度注意。

中国经济思想史学会首任会长胡寄窗先生指出,这是"中国学者在西方刊行的第一部中国经济思想名著,也是国人在西方刊行的各种经济学科论著中的最早一部名著。"《美国历史评论》称作者"做出了破天荒的成绩",据说哥大后来的博士论文答辩也有以此书观点提问的。1912年威斯康星大学著名社会学家、政治经济学博士罗斯(Edward Alsworth Ross)在《美国经济评论》发表书评,认为陈焕章打通了中西经济传统,为西方的政治经济学接上了孔子以来的中国伦理学和社会学资源而得以相互补充,使得《孔门理财学》在浩如烟海的西方政治经济学文献中占据一个独特的位置。熊彼特(Joseph Alois Schumpeter)在《经济分析史》中提出中国"没有留传下来对严格的经济课题进行推理的著作,没有可以称得上我们所谓'科学'著作的。"但在注释中以转折口吻请读者参考包括陈著在内的三部书。马克斯·韦伯的《儒教与道教》开篇所列文献中也有《孔门理财学》,说这是"站在康有为的现代改革派的立场上描述儒家学说"。此书出版后许多刊物如《中国维新报》《独立报》《美人历史评论报》《东方评论报》《字林西报》等都有评介,可见作为《经济学杂志》主编的凯恩斯在陈著出版后不久就在该刊撰发评论也是顺理成章的①。不过，这并非仅因此书影响大，更有深一层的缘由，那就是凯恩斯本人职业生涯中对货币问题的兴致与敏感！他指出孔子在贸易征税上是一位极端的自由贸易论者，这就是《孔门理财学》的特色，但不构成陈著最有趣的基本内容而仅是此作的由头；其基本内容部分是中国经济史，部分是在更广义的经济学视域下考察历代诗篇格言，并以"生产要素""分配""公共财政"等命名章节标题，其人为建构的框架中不乏许多迷人而有教益的内容。凯恩斯注意到陈焕章叙述孔子以后的思想家和经济史时，采用的方法更像现代经济学家，有关井田制的记述详尽而有趣，值得所有研究村社土地所有制的学生的关注。

凯恩斯的重点无疑还是货币问题。他对陈著中的"货币与银行业"部分很用心，评述其讲中国在货币使用的许多方面确实领先于其他国家，但到当时却落后了。据说从公元前2900年起，中国就已使用货币，直至当前依然沿用以铜币为基础的三金属货币体制，这是从远古时代沿袭下来的（不过金的使用越来越少）。与现今一样，铜币很早就已是货币制度的基础，而在纸币的使用上，中国远远领先于其他国家。接下来，凯恩斯深入到陈著对中国古人考证"抱布贸丝"的交易情形，从卒于公元83年的东汉经学家郑众诠释早期货币"里布"开始，谈到南宋的货币与物价学说、明代的子母相权论等等——中国纸币的产生与使用过程及其理论使之倾注热情。公元9世纪的唐代中国已经出现了介于纸币与汇票之间的"飞钱"，即《新唐书·食货志》记载的"宪宗以钱少，复禁用铜器。时商贾至京师，委钱诸道进奏院及诸军诸使富家，以轻装趋四方，合券乃取之，号'飞钱'。"凯恩斯不仅关注唐政府的相关态度与政策，还饶有兴致地评介宋代金融特别是纸币的发展，宋初政府为了经营飞钱

---

① "The Economic Principles of Confucius and His School", *Economic Journal*, December, 1912, Vol. 22, No. 88, pp. 584 – 588.

建立的"便钱务"是"真正的政府银行"。他对陈焕章有关中国历代货币问题的论述都很在意,还包括陈"不准备讨论私人银行系统"即"标会"一类的民间金融信用组织。

凯恩斯对古代中国的货币思想相当看重,明确提出"中国学者早就懂得格雷欣法则和货币数量理论",他不厌其烦地列举了以下证据:公元前175年的西汉人贾谊所论的"上挟铜积以御轻重,钱轻则以术敛之,钱重则以术散之,货物必平。"① 公元1223年南宋袁燮的"往时楮币多故铜钱少,而又益之以铁钱,不愈少乎?往时楮币多故物价贵,今又益以铁钱,不愈贵乎?"② 公元1378年元末明初的叶子奇的"必也欲立钞法,须使钱货为之本。如盐之有引,茶之有引,引至则茶盐立得,使钞法如此,乌有不行之患哉!当今变法,宜于府县各立钱库,贮钱若干,置钞准钱引之制……引至钱出,引出钱入,以钱为母,以引为子,子母相权,以制天下百货。出之于货轻之时,收之于货重之日,权衡轻重,与时宜之,未有不可行之理也。"③

当然,凯恩斯对陈著的其他内容尤其是人口问题也着墨不少,他提出中国的人口统计很早就开始了,但很不准确,认为"显而易见的是,现代增长造成了目前中国庞大的人口,近期人口的高密度类似英国"。他还列举了许多数字,并参考一些统计资料和研究成果进行考辨,提出自己的一些看法,如"关于中国面临人口所带来的生存压力已有数个世纪之久的说法并不正确"。凯恩斯还肯定了陈著在劳动力流动、赋税史梳理等方面的论述,提出"在陈焕章博士这本博学而令人愉悦的书中,有大量的内容人们将会引用"。

的确,许多西方人正是通过《孔门理财学》了解中国及中国经济思想,并影响西方经济与政策制定。如罗斯福政府的农业部长华莱士(Henry Agard Wallace,后任美国副总统)力主参考陈论的中国

---

① 《汉书·食货志》。
② 《历代名臣奏议》卷273《便民疏》。
③ 《草木子》卷三 下《杂制篇》。

常平仓制思想制定美国 1938 年《农业调整法》，奠定了美国当代农业立法的基本框架。此书出版百年来直到近年在西方都连续再版，2002 年英国托马斯出版社（Thoemmes Press）出版了著名学者摩根·威策尔（Morgen Witzel）的导读，其回顾并分析了中国经济自 19 世纪以来由盛至衰的历史过程，再次肯定陈焕章的特殊贡献，说是从此书"我们不仅能获得以中国为基础的经济理论的强有力的陈述，而且指出中国经济在未来可能如何进步的富有吸引力的暗示。"这是意味深长的。但我国直到 2005 年才有岳麓书社影印英文版问世，2009 年 10 月分别出版两种中译本，2010 年 6 月中华书局再次出版。

此书能够产生这样大的影响，与作者的研究方法和叙述方法都是分不开的。《大学》中的"生财有大道"启迪了陈焕章中西学术贯通之道，他探本溯源援古证今，力图汇通中西学理，赋予儒学以新义，并从中探寻拯救时弊和解决问题的智慧。其以西方经济学的框架来阐释儒家经济思想，但他是以深厚的国学积淀和英语世界能够接受和理解的方式，沿着思想发展与制度演化的历史脉络，来诠释一种不同于西方的、以儒家学说为中心的中国经济思想发展轨迹，这也标定了中国经济学走向世界的百年始步。如果说，研讨重农学派学说的中国渊源或是探索"看不见的手"与司马迁"善因论"的关联，都是提示中国古代思想对西方经济学术的影响；那么近现代国人陆续远渡重洋步入西方经济学坛，留下一代代人的深深足迹，则印证了世界文明包括经济学都是全人类共同创造的史实。然而，现今即便人们热衷于称颂张培刚等先生对于发展经济学的贡献，却很少注意距今百年前就有中国人在西方经济学坛崭露头角，而且对西方学界产生影响最大的竟然是"冷门的"中国经济思想史！应当看到，无论前人（包括不止一位诺贝尔经济学奖得主）怎样重视和肯定经济史学，现今中国的经济学诸学科中它仍属"冷门"。在诸多原因中，不能充分了解经济史学的学术价值与学理优势是重要原因之一。实际上"只有民族的才是世界的"，中国经济史学不仅颇具本国经济学术特色和科研历史传承，而且最早在西方经济学坛崭露头角，并涵蕴未来发展的强劲生命力。

不过也不应过誉陈著，其与严格意义的现代经济学专著还有距离，作者也并非可以"避免以现代西方经济学家的视点解读中国古代文献"，如说其老师克拉克（John Bates Clark）的学说与《大学》暗合，再如"井田制类似于现代的社会主义"，甚至说中国人的整个经济生活都更具社会主义性质等等，像鲁迅就笑话陈焕章和他的《孔门理财学》能获博士学位，连作者的尊孔同路人如辜鸿铭也不买账，一些学者也对陈论不以为然。另外，陈焕章也并非最早到西方学经济学并获得博士学位者。如师从名家费雪（Irving Fisher）的陈锦涛（Chen Chin-tao），1906年在耶鲁大学获得博士学位，博士论文《社会流通的测算》（*Societary Circulation*）；留德学生周毅卿（Tsur Nyok-ching），1909年以博士论文《宁波工商业经营方式研究》获得莱比锡大学博士学位。正是一代代学人的不断努力，推动了包括经济学在内的学术发展和繁荣。

（原载《经济学家茶座》第49辑，2010年12月）

海外叶适经济思想研究论析*

——百年典案：从哥大到京大经济学研究中的叶适

叶适（1150—1223年）是宋代著名思想家、政治家，研究中国哲学史、文化史、政治史等必谈叶适；如果说叶适作为经济思想家，而且是海外近现代经济学研究的重要对象，不仅治宋史、思想史、政治史等专业的学者很少注意，即使在现今中国经济学界也很少有人知晓。实际上，叶适不仅在中国经济思想史上具有划时代的意义，迄今相关的系统研究著述中基本都有他的显著位置，而且其影响深入到现实经济中，故有温州"商圣"或"商哲"之称。①

当我们研究和纪念叶适的时候，一定不能忘记中国经济学中同样有着叶适的显著地位——无论将此视为惊世骇俗之说抑或振聋发聩之论，却不能无视其所具有的坚实基础和史实证据。叶适在经济学上的贡献不仅永载我国的学术史册，而且伴随着中国经济学走向世界的百年始步而为西方学界所称道。

一 儒学与经济：西方第一部中国经济思想史巨著

不难看到，现今中国经济思想史的系统研究著作中叶适均占有一定篇幅，专门研究其经济思想的论文也很可观；然而，却极少有人知

---

* 本文主要内容以《海外叶适经济思想研究论析》刊于《中国经济史研究》2011年第1期，此次仅作部分修改。

① 如杨涌泉编著《温州人生意经》，企业管理出版社2003年版，有"温州'商圣'——叶适"；胡太玉：《温州商人》，甘肃人民出版社2002年版，有"温州'商哲'——叶适"。

道早在百年前西洋名校出版的英文版中国经济学巨著中就有关于叶适的不少内容，而且近 70 年前东洋学术重镇已有著名经济学家专题研究叶适的货币思想。要弄清这些问题就有必要进行经济学术史的回顾。

如今国内许多学术领域都在强调与国际"接轨"，而作为"皇冠上的明珠"的经济学一般被认为是西方人的专利，是"舶来品"。仿佛赓续数千载、经济文化先于西方而发达的中华文明中并无"经济"！或者割裂儒学与经济的关联，用"讳言财利"一言以蔽之。实际情况不然，中国不仅有着丰富而悠久的经济思想，而且许多学说领先于世界并在海内外产生深刻影响。[1] 西方有代表性的经济学说中不乏中国因素，如法国重农学派学说的中国渊源问题一直受到重视；有研究表明，中国的常平仓思想曾对美国新政农业立法产生直接影响，针对农业萧条，时任农业部长的华莱士（H. A. Wallace，后任美国副总统）力主将常平仓制纳入 1938 年《农业调整法》，奠定了美国当代农业立法的基本框架。[2]

这些美国人是怎么知道中国常平仓的？这就要进入本文的主题——距今整整百年的 1911 年，从清代进士到美国博士的陈焕章，在哥伦比亚大学出版了博士论文 *The Economic Principles of Confucius and His School*（其自译《孔门理财学》），精装两册，凡 756 页。这是迄今所知国人在美国正式刊行的首部经济学系统研究专著，也可以说是至今影响最大的书，在经济学术史上具有重要意义，连大名鼎鼎的经济学权威凯恩斯（J. M. Keynes）都很快为之撰写书评！此书出版百年来直到近年在西方一直都在连续再版，可惜中文版 2009 年才在我国面世。[3]

---

[1] 参见叶坦《学术创新与中国经济史学的发展——以中国经济思想史为中心》，《河北学刊》2010 年第 4 期"本刊特稿"。

[2] 参见李超民《常平仓：美国制度中的中国思想》，上海远东出版社 2002 年版。

[3] Chen Huan-Chang, *The Economic Principles of Confucius and His School*, Columbia University, Longmans Green & Co., Agents, London: P. S. King & Son, 1911. 有关此书及相关情况，请参见叶坦《〈孔门理财学〉——中国经济学走向世界的百年始步》，《中国社会科学报》2010 年 8 月 26 日第 8 版。

研究儒学的人没有不知道陈焕章的，但他的经济学建树以及影响却未必为人所知晓。

陈焕章（1880—1933 年），字重远，广东高要人。八岁始"谒圣"习国学，后入康有为的"万木草堂"，力主倡明孔学，支持变法维新。1903 年中举人，翌年联捷进士，朝考点内阁中书，入进士馆。他 1905 年奉派留美，1907 年考入哥伦比亚大学学习政治经济学，1911 年获哥大博士学位，其博士论文就是英文版《孔门理财学》。次年，陈焕章归国，在上海创"孔教会"任总干事，与严复、梁启超等请定孔教为国教，并创孔教会。后出任过袁世凯总统府顾问和国会参议员等，撰《孔教经世法》，译成外文广为流传。他还在京发起建"孔教总会"会堂，后创立"孔教大学"自任校长；1930年在香港设"孔教学院"任院长，1933 年在香港病逝。

作为康有为门生的陈焕章，其人以弘扬儒学为己任，其学新旧交汇中西贯通，其著《孔教论》影响很大，《孔门理财学》则旨在"昌明孔教，以发挥中国文明之意思"。全书分为五个部分，共九篇三十六章——"通论"部分：第一篇　孔子及其门派、第二篇　经济学与各科学之关系、第三篇　一般经济原理；"消费"部分：第四篇　消费；"生产"部分：第五篇　生产要素、第六篇　生产部门、第七篇　分配、第八篇　社会性政策；"公共财政"部分：第九篇　公共财政；最后是"结论"部分。此书按照西方经济学原理分别讨论孔子及其学派的一般经济学说及其在消费、生产、分配、公共财政等方面的思想，并结合社会经济发展史实与其他学派的经济思想进行研究，梳理出中国古代经济学说的大致脉络和研究中国经济思想史的基本方法。

哥大破格资助留学生的著作出版是很特别的。该校政治经济学教授施格（Henry R. Seager）的序言高度评价作者的研究，指出作者熟知英文经济学文献，故能比较东西方文明；认为读过此书的人将确信，儒学既是伟大的经济学体系，也是伟大的道德和宗教体系，其中包括即使不是全部也是大部分解决今日中国严重问题的必要因素。作者自序阐明其"首次尝试系统地介绍孔子及其学派的经济原理"，比较研究了管子、老子、墨子、商鞅等的相关思想，提出经济理论研究最好结合经济史，注重理论产生的背景和条件。强调其研究是对"独立于西方而发展的中国思想和制度的考察"，尽量"避免以现代西方经济学家的视点解读中国古代文献"。其在《〈孔门理财学〉之旨趣》中再度详论此书宗旨，称理财学即"以义理财之科学"，说其书实可名为《中国理财学史》，又可名作《中国生计史》。

中国经济思想史学会首任会长胡寄窗先生指出，这是"中国学者在西方刊行的第一部中国经济思想名著，也是国人在西方刊行的各种经济学科论著中的最早一部名著"。《美国历史评论》称作者"做出了破天荒的成绩"，据说哥大后来的博士论文答辩也有以此书观点提问的。1912 年威斯康星大学著名社会学家、政治经济学博士罗斯（E. A. Ross）在《美国经济评论》发表书评，认为陈焕章打通中西经济传统，为西方政治经济学接上了孔子以来的中国伦理学和社会学资源而得以相互补充，使得此书在浩如烟海的西方政治经济学文献中占据一个独特的位置。熊彼特（J. A. Schumpeter）在其名著《经济分析史》中提出中国"没有留传下来对严格的经济课题进行推理的著作，没有可以称得上我们所谓'科学'著作的"。但在注释中却以转折的口吻请读者参考陈著。马克斯·韦伯的《儒教与道教》开篇文献中也列有《孔门理财学》，足见影响之大。此书出版后许多刊物如《中国维新报》《独立报》《美人历史评论报》《东方评论报》《字林西报》等都有评介。作为名刊《经济学杂志》主编的凯恩斯，1912 年即在该刊撰发评论，肯定"在陈焕章博士这本博学而令人愉悦的书中，有大量的内容人们将会引用"。作为货币经济学家的凯恩斯对中国货币思想相当重视，明确提出"中国学者早就懂得格雷欣法则和货币数量理论"，该书评对陈著的其他内容如土地制度、赋税制度、劳动力流动尤其是人口问题等方面也着墨不少。[①] 可

[①] J. M. Keynes, Reviewed work: The Economic Principles of Confucius and His School by Chen Huan-Chang, *The Economic Journal*, Vol. 22, No. 88 (Dec., 1912), pp. 584 – 588. 参见叶坦《凯恩斯为哪位中国人的书写过书评?》，《经济学家茶座》第 49 辑，2010 年 11 月。

以认为，《孔门理财学》尽管也存在一些不足，但称得上是"儒学与经济"有机结合的典案。

二 百年典案：《孔门理财学》中的叶适

正是在《孔门理财学》这部主要研究孔子及其学派的著作中，特别是在凯恩斯注重的那些方面，叶适竟然成为不可或缺的内容！

由于陈焕章此书是用西方经济学的基本原理作为分析框架来研究中国经济思想的，因此中国历史上最有代表性的思想素材，成为其学理架构的基本内容，叶适就是其重要的组成部分。以下，就依据书中的顺序来看陈焕章研究叶适经济思想的几个主要方面[①]。

（一）适度人口论

这是《孔门理财学》研究"人口规律"中的"人口与土地"部分，见原书第302—303页。

经济学强调人口的密度要和土地的幅员协调，学者也多赞同人口的多少要与土地的规模相适应的原则。东汉人崔寔在《政论》中谈到"人稠土狭，不足相供"。南宋建都杭州，京城周围的人口过剩。因此，叶适建议将过剩的人口迁移到人口稀少的地区，他说：

> 为国之要，在于得民。民多则田垦而税增，役众而兵强。……有民必使之辟地，辟地则增税，故其居则可以为役，出则可以为兵。而今也不然，使之穷居憔悴，无地以自业。其驽钝不才者，且为浮客、为佣力；其怀利强力者，则为商贾、为窃盗，苟得旦暮之食，而不能为家。丰年乐岁，市无贵粜，

[①] 此书在西方直至近年还在连续再版，而在中国直到2005年才有岳麓书院影印的英文版问世。本文以原著为主，参考了2009年10月出版的两种中译本：《孔门理财学——孔子及其学派的经济思想》，翟玉忠译，中央编译出版社；《孔门理财学》，宋明礼译，中国发展出版社。另外，2010年8月中华书局出版韩华译本。

而民常患夫斗升之求无所从给。大抵得以税与役自通于官者不能三之一。有田者不自垦而能垦者非其田，此其所以虽蕃炽昌衍，而其上不得而用之也。……田无所垦而税不得增，徒相聚博取攘窃以为衣食，使其俗贪诈淫靡而无信义忠厚之行，则将尽弃而鱼肉之乎！①

其结论是他们应当被迁移到人口稀少的地区，以保持适度人口和人地均衡。通过这种办法，更多的土地将被开垦，政府的税收也会增加。这样一来，百姓在外可以当兵，在家可以承役。因此不用通过特别的努力国家的财富就会增加，叶适认为这是一项十分重要的公共政策。

作者提醒读者注意：崔寔和叶适都更重视农业而不是工业，尽管工商业城市可容纳更多人口，但那里的穷人状况很糟，因为穷人仅仅是依附者，他们二人都用了"自业"一词作为提倡的目标。为了使穷人拥有自己的生计而不必依附于富人，国家唯一能做的就是无偿地分给穷人土地。既然穷人聚集城市，而城市土地不足，除非他们迁移到人口稀少的地方，否则他们不可能得到无偿土地，所以崔寔和叶适的理论是能够让穷人拥有自己的生计。换言之，他们是要使依附性的劳动者成为独立的农民。如果他们看到今天的工厂制度，那他们会更坚决地倡导其方案。

陈焕章还强调上述移民政策是建立在经济原理之上的，他是从叶适主张人口的合理分布和人地均衡配置角度入手谈问题的。从现代理论来看，所谓"适度人口"是指对一国或地区的发展最适宜的人口数量，一般认为"适度人口论"出现于 19 世纪末 20 世纪初。据说瑞典学派的创始人维克塞尔（Knut Wicksell，1851—1926 年）首先使用"适度人口"术语，而英国著名经济学家坎南（Edwin

---

① 叶适这段论述出自《水心别集》卷二《民事中》，《文献通考·户口考二》有此内容，但文字略有不同，如前者为"贪诈淫靡"，后者作"贪淫诈靡"。翟译本对陈著所引文献在译文中予以标注出处值得肯定，相似情况以下不再赘述。

Cannan，1861—1935 年），则是"适度人口论"（theory of optimum population）的奠基人；然而在古代中国，相似的思想早已出现，叶适就是很好的证明。

（二）收益递减规律

所谓"收益递减规律"（law of diminishing returns）又称"报酬递减规律"，指在技术和其他生产要素的投入量固定不变的条件下，连续地把某一生产要素的投入量增加到一定数量之后，总产量的增量即边际产量将会出现递减现象。在经济学说史上，"边际"概念的引入是学术发展的重要进步。

陈焕章书中在谈农业问题的时候，专列了"收益递减规律"小节，见原书第 392 页。

他指出，对于收益递减规律，尽管中国人并没有给出一个完整的理论，但他们还是指出了有关事实。《韩诗外传》卷五记载"夫土地之生不益，山泽之出有尽"。可以认为这句话的前半部分是说农业，后半部分指一般的自然资源，这句话表明了对收益递减规律本质的理解。

如果说这还只是对规律的"理解"，那么作者举出的进一步证据，就是叶适在《水心别集》卷二《民事中》里面描述南宋都城周边地区人口拥塞之弊的情形。叶适说："凿山捍海，摘抉遗利，地之生育有限，而民之锄耨无穷。至于动伤阴阳，侵败五行，使其地力竭而不应，天气亢而不属。"这就是人口过密对自然资源造成的危害。陈焕章明确指出，"事实上，大量的人口居住在狭小的土地上本身就是一种经济性的错误，其原因是土地受制于收益递减规律——叶适明确地指出了这一点。"

（三）四民平等论

叶适"明确指出"的还不仅仅如上所述，在讨论商业重要性的时候（见原书第 411—413 页），叶适的贡献又被陈焕章点了出来，见原书第 412 页。

作者考证由于中国人将商人置于"四民"之末，因此产生误解。

商人被认为是不生产的阶级,他们只是通过交易别人的产品从中获利,而且囤积居奇以高价牟利故招致怨恨,所以从汉代起施行抑商政策。他认为"孔子从来没有低估商人的作用,在汉代以前,儒家也没有提倡重农抑商政策。"针对"士农工商"的四民顺序,说那并非儒家的主张,在《春秋谷梁传》中,"商"仅列于"士"之后,而不是末尾。国人之所以将"商"置于四民之末,是由于农民生产原料,工匠制作产品,交易原料和产品的商人的顺序不能先于他们。陈焕章强调"这应该是生产过程的顺序而不是社会地位的顺序,也不是道德上的级差"。所以中国人把农业称为"本业"、工商业称为"末业",这是生产的自然次序,并无贬低工商业的意思。

陈焕章再次明确提出"士农工商四民在社会上是平等的这一原则是由叶适提出来的",证据就是叶适说的"夫四民交致其用而后治化兴,抑末厚本,非正论也。"[①] 关于叶适论四民平等的问题许多人都有研究,包括拙作最早的至今也不过20余年,而陈焕章在距今百年就提出来了!可惜他的论点至今依然鲜为国人所知。

他还谈到农业和商业的相对重要性是随时代不同而变的,说司马迁在《史记·平准书》中论述了这一规律,"故《书》道唐虞之际,《诗》述殷周之世,安宁则长庠序,先本绌末,以礼义防于利;事变多故而亦反是。是以物盛则衰,时极而转,一质一文,终始之变也。"根据其理论,在一个昌盛的国家和复杂的文明中,商业自然比农业更重要。因此尽管经济利益会削弱道德的影响力,资本主义生产会破坏分配的平等性,但这是必然要到来的自然结果。事实上,当一个统一的帝国没有外部纷争、人们过着自给自足的生活时,从分配的角度来看,人们更重视农业;当出现民族斗争时,从生产的角度来看,人们更重视工商业——这是作者的论断。

(四)格雷欣法则

"货币与银行业"是陈著的重头戏,这也是大名鼎鼎的经济学家

---

① 《习学记言序目》卷十九。

凯恩斯最重视的内容，其中专有"格雷欣法则"一节，叶适就是其中的主角，见原书第444—445页。

所谓"格雷欣法则"（Gresham's Law）也称"劣币驱逐良币法则"，简单地说就是只要同时流通不同的货币，良币就会被劣币所驱逐，一般认为此法则最早由英国人格雷欣（Thomas Gresham，1519—1579年）提出。其实不然，以下专谈货币问题时再详述。

陈著提出由于宋代出现了纸币，所以产生了与格雷欣法则相似的理论。其根据就是叶适下面这段话："人不究其本原，但以钱为少，只当用楮。楮行而钱益少，故不惟物不可得而见，而钱亦将不可得而见。"[1] 陈焕章认为叶适的论述综合了货币数量论和格雷欣法则。就货币数量论而言，叶适指出国家的财富取决于商品的增长，而不是货币的增长。当商品丰富时价格就便宜，货币的价值就会高；如果商品不足，货币的价值就会降低，这就是他说的"物不可得而见"，是因为他将货币的数量与商品的数量相比。关于格雷欣法则，叶适指出在同一市场上流通不同的货币时，纸币就会驱逐铜币，铜币会被排斥于流通之外，所以"钱亦将不可得而见"，这类似格雷欣法则。陈焕章明确指出"因此，我们可以说是叶适发现了格雷欣法则，因为他看到了纸币驱逐铜币的事实！"

进而，陈焕章论证同是南宋人的袁燮更清楚地论述了格雷欣法则。1223年，袁燮说："今议者急于丰财，欲用铁钱与铜钱并行。……往时楮币多，故铜钱少，而又益之以铁钱，不愈少乎？往时楮币多，故物价贵，今又益以铁钱，不愈贵乎？……臣窃观当今州郡，大抵兼行楮币，所在填委，而钱常不足。间有纯用铜钱不杂他币者，而钱每有余。以是知楮惟能害铜，非能济铜之所不及也。"[2] 陈焕章认为袁燮之说，明确指出了复本位制的弊病显而易见，只要几种货币同时流通，劣币就会驱逐良币，这便是格雷欣法则。

陈论是正确的。毫无疑问，宋代中国多种货币包括纸币的运用

---

[1] 《文献通考》卷九《钱币考二》。
[2] 《历代名臣奏议》卷二百七十三《便民疏》。

以及由此产生的各种思想、主张、学说、理论在世界上都是领先的，包括马克思《资本论》中唯一提到的中国人——王茂荫，同样是因其在货币问题上的作为与建树而受到关注。①

（五）土地制度论

井田制也是陈焕章着墨甚多的部分，他认为"井田制"是中国经济思想史和历史上的一个最为重要的部分，尽管许多学者认为它从未施行过。他考察历代的相关情况，并专门从经济思想角度研究"有关井田制度的见解"，这部分除了汉代人荀悦外，主要分析的是宋人的看法——苏洵、朱熹、叶适以及元初的马端临，叶适的相关思想是核心，见原书第526—528页。

陈焕章称"叶适是持这种观点的第一人"，即井田制"非有益于当世，为治之道终不在此"。主要理由是古今时代不同，而且操作层面也不允许：

> 且不得天下之田尽在官，则不可以为井；而臣以为虽得天下之田尽在官，文、武、周公复出而治天下，亦不必为井。何者？其为法琐细烦密，非今天下之所能为。昔者自黄帝至于成周，天子所自治者皆是一国之地，是以尺寸步亩可历见于乡遂之中，而置官师、役民夫、正疆界、治沟洫，终岁辛苦，以井田为事。而诸侯亦各自治其国，百世不移，故井田之法可颁于天下。然江、汉以南，潍、淄以东，其不能为者不强使也。今天下为一国，虽有郡县吏，皆总于上，率二三岁一代，其间大吏有不能一岁半岁而代去者，是将使谁为之乎？就使为之，非少假十数岁不能定也。此十数岁之内，天下将不暇耕乎？井田之制虽先废于商鞅，而后诸侯亡、封建绝，然封建既绝，井田虽在，亦不得独存矣。故井田、封建相待而行者也。

---

① 参见叶坦《宋代纸币理论考察》，《中国经济史研究》1990年第4期；《徽州经济文化的世界走向——〈资本论〉中的王茂荫》，《学术界》2004年第5期。

陈焕章很注意叶适提出最重要的一点是井田制与封建制的关系，封邦建国的时代可施行井田制，而后世国家一统，封建制度消亡，井田制不可能独存。

叶适提出了一个新办法，即超越井田制去寻求经济问题的解决方案。"间田而疏之，要以为人力备尽，望之而可观，而得粟之多寡则无异于后世耳。大陂长堰因山为源，钟固流潦视时决之，法简而易周，力少而用博。"陈焕章十分肯定叶适的创造性，"使后世之治无愧于三代，则为田之利，使民自养于中，亦独何异于古！故后世之所以为不如三代者，罪在于不能使天下无贫民耳，不在乎田之必为井、不为井也。"他认为叶适的结论是超前的——"因时施智，观世立法。诚使制度定于上，十年之后，无甚富甚贫之民，兼并不抑而自已，使天下速得生养之利，此天子与其群臣当汲汲为之。"叶适的这些意见主要出自《水心别集》卷二《民事下》，《文献通考》卷一《田赋考一》也有载。从今天的观点来看，真有点制度学派先驱的味道！

陈焕章接下来指出"马端临的理论与叶适相仿，也强调封建制与井田制之间的关系"，在"结论"部分，他指出"无疑，井田制已经衰亡，不可能再恢复"。却又说"井田制之所以好，并非因为土地被分成了不同'井'，而是因为它基于平等的原则。……苏洵和叶适讨论井田的形式时，苏洵认为其不可能，叶适更认为它没有必要，他们两人都是对的。不过当我们考察井田制度的时候，考察的不应是它的形式而应是其原则。"我们没有忘记此书是以研究孔门学派经济思想为主的，"按照孔子的理论，井田制是一切的基础，不仅仅是土地的分配。井田制的基本理念在于：每个人都应得到均等的份额和平等的机会，平等地享受经济生活、社会生活、政治生活、精神和道德生活。在许多基本理念上，井田制类似于现代的社会主义，二者的共同目标都是均平整个社会的财富。"陈焕章把儒家思想理想化，难怪他终身以弘扬儒学为己任。

从上述内容中可以看到，叶适的经济思想成为这部影响深远的

《孔门理财学》的重要部分,主要章节中几乎都有叶适的身影!其许多论点在百年之后的今天还是研究的重点。

三 京大学脉:穗积文雄及其叶适货币思想研究

如果说以上是发生在西洋名校的事,还可以说那毕竟是中国人写的书,甚至能够讲那并不是专门研究叶适的,那么现在要谈的就不是这样了。我们将到东洋的另一世界著名学府、也是日本研究中国的重镇——京都大学,考察颇具代表性的穗积文雄教授对叶适货币思想的专题研究。进入主题前,同样有必要简单回溯日本的中国经济思想史系统研究开端期的情况,以及京都大学(当时称"帝大")的经济学家研究中国经济思想史的学脉情形。[①]

概括地说,自20世纪20年代与中国学者几乎同时,日本学者就开始了对中国经济思想史的系统研究。民国时期中国经济思想史研究最具代表性的留美学人唐庆增先生,曾评价海外的相关研究,认为"外人研究中国经济思想史,惟日人尚称努力。……至欧美人士研究中国哲学者尚不乏人,若专就经济思想而言,从未有人加以精密之观察也"[②]。的确,从田崎仁义、田岛锦治、小岛祐马到穗积文雄、出口勇藏再到后来的上野直明、桑田幸三、井泽弥男诸位,用可观的成果勾勒出日本学者研究中国经济思想史明晰可辨的学术谱系。开端期重要成果如田崎仁义的《中国古代经济思想及制度》(1924),出版十天之后就再版,商务印书馆1936年出版王学文中译本,很快也再版。田崎先生是留学西方的经济学博士,后主要在东京研究中国经济史学及思想制度,其成果颇丰,一些有中译本。再如田岛锦治的《东洋经济学史——中国上古的经济思想》(1935),

---

① 参见叶坦《1920—30年代中国经济思想史研究之分析》,《中国研究》(日本)1995年12月号、1996年1月号;《日本的中国经济思想史系统研究开端期分析》,《经济评论》1996年第4期。

② 唐庆增:《中国经济思想史》上卷,商务印书馆1936年版,第14页。

此书系其后学本庄荣治郎（后为日本经济史学大家）等在他逝世后将其在京大的讲义和论文汇编整理而成。田岛先生也曾留学西方，后任京都大学教授。他1894年即发表论文《论中国上古的地租》①，更值得重视的是，他在京都大学经济学科开课讲授"东洋经济学史"，主讲中国上古经济思想史，这恐怕当时在中国以外是绝无仅有的！尤其是，他开创了经济学科研究中国经济思想的新局面，培养了包括穗积文雄在内的一代代研究者。再一位需要提及的是小岛祐马，他是"京都学派"著名的汉学家，是从社会思想角度来研究中国经济思想史的，同时对法国社会经济思想有着颇深造诣。他1917年即发表《儒道二家经济思想的特征》，与当时人多仅研究中国上古不同，他对黄宗羲等人的经济思想也有研究。其代表作《中国思想：社会经济思想》（1936），分为"儒家的社会经济思想"和"儒家以外学派的社会经济思想"两部分。小岛先生30年代末出任京都大学人文科学研究所所长，可以认为他的社会经济思想研究对30年代末40年代初兼任人文科学研究所研究员的穗积文雄不无影响。

穗积文雄（Hozumi Fumio，1902—1979年），日本著名经济学家，也是世界上为数不多的中国经济思想史研究者。他明治三十五年（1902年）9月2日生于日本爱媛县，大正十二年（1923年）3月长崎高等商业学校毕业，4月入京都大学经济学部学习，1926年本科毕业，4月入研究生院，专攻经济学史研究。昭和二年（1927年）3月，出任东亚同文书院教授。1932年至1934年留学德国研究经济学。1939年3月，任京都大学经济学部讲师，6月升任副教授，同年10月（至1946年10月）兼任京大人文科学研究所研究员。1945年3月起，任京都大学经济学部教授，担任经济学第四讲座。1946年至1948年担任京都大学评议员，1949年担任日本经济思想史讲座。1952年担任京都大学经济学部长。此后，他先后出任京都大学分校审议员、大学评议员、学术奖励审议会专门委员、研究生

---

① 《国家学会杂志》1894年第8卷第91号。

院审议会审议员等。1957 年 11 月获得经济学博士学位。1958 年 8 月至次年 7 月到美国，回国后在爱媛大学等校工作。1966 年 3 月从京都大学退休，并被授予京都大学名誉教授。同年 4 月，任名古屋学院大学教授；1977 年 4 月任大阪工业大学教授，1979 年 11 月 26 日去世。

穗积先生作为京都大学的资深教授，其汉学造诣很深，曾任上海的东亚同文书院教授多年。在他 1966 年从京都大学荣退之前一个月，当时的经济学部长岸本英太郎教授在专为他退休而出刊的纪念集"献辞"中，高度赞扬其在中国经济思想史上"至深的学术造诣"，担任"东洋经济思想史"课程，并撰著了《中国货币史》和《先秦经济思想史论》[1] 等难得的著作。从 1945 年穗积先生任经济学部教授起，一直担任"社会思想史"讲座，发挥出他在思想史与人文研究方面的学术专长。[2] 研究孙文经济思想的京大教授出口勇藏，也是穗积先生的同行，在纪念穗积先生逝世的论文《社会思想一论》中，充分肯定穗积先生独特的研究与叙述方法，专门谈到"例如，货币是社会学问的对象，法规也是一样。通过货币或法规，以金属或纸等物质来体现的是人的社会性状态和人们的相互关系"。他提出"社会思想"与"社会科学"的概念有区别，但不排除两者之间存在"知的产物"，即经济思想、政治思想等。经济思想的实质是以经济生活为中心及其周边其他生活中所见的社会思想。[3]

上述学脉传承与穗积先生的学术经历，向我们展示出其知识结构与治学特征，可以认为这也是京都大学治中国经济思想史的特色。一般说来，中国经济思想史唯独在中国大陆是理论经济学的独立学科，世界各国研究中国经济思想史的学者多属史学领域，而京都大

---

[1] 实际是 1944 年京都印书馆出版的《中国货币考》而非货币史，《先秦經濟思想史》，有斐阁 1942 年版。

[2] 载京都大学经济学会《經濟論叢》第 97 卷第 1 号，1966 年 1 月《穗積文雄教授紀念號》。

[3] 载《經濟論叢》第 125 卷第 3 号，1980 年 3 月。

学经济学部有其特殊的学术风格和传承。据我的初步考证，日本的经济学初属法政类，1915 年前后是一个重要的学科转化时点，至少京都大学从这一年起经济学独立出来，成立了经济学部。正是在这里田岛锦治开课讲授中国经济思想史，穗积文雄不仅就学于此，还兼任人文科学研究所研究员，小岛祐马的社会思想研究得到弘扬；而桑田幸三则师从穗积文雄，同样到人文科学研究所接受名家日比野丈夫教授的汉学指导。①

穗积文雄的中国经济思想史研究成果卓著，特别是对货币思想的研究尤为突出，从先秦到明清，叶适就是其重要个案。② 他的《叶适的货币思想研究》属于较为系统的长文，共有 14 页之多。作者特别说明，在此之前田崎仁义已经撰写了"叶适"词条，收入日本《经济大辞书》，称赞叶适"其论治以安民为策、以富强为计，精透切要。盖系经世之重宝、中国近世经济思想学说之代表性文字"。可见日本学者对叶适经济思想的敬重。

穗积先生在简介叶适的生平和学术之后，参考《宋史·叶适传》中的内容，称之为"博学雄才、藻思英发、志意慷慨，雅以经济自负"。进而，他以京都学派特有的风格详细考证叶适文集的版本以及流传情况，并将叶适文献的相关篇章列出，指出叶适的货币思想主要集中在《水心别集》卷二《进卷·财计中》，"这成为研究叶适货币思想最基本的资料"。其研究就此入手，首先考察叶适看到由于钱币不足"至于造楮以权之"，形成"凡今之所谓钱者反听命于楮，楮行而钱益少，此今之同患而不能救也"的局面。这在陈焕章的书中也同样受到重视。叶适认为由于纸币流行而钱币不足，故而有此论，穗积是赞同的。他认为即使在铸钱很盛的宋代，由于铜产量不足，导致铸币量也在减少；而且宋政府的支出越来越多，必致纸币

---

① 叶坦在翻译桑田幸三《中国经济思想史论》（北京大学出版社 1991 年版）的"译序"中介绍了他的情况，其求学经历等见其"中文版序言"。
② 穗积文雄对叶适货币思想的研究，在正式发表《叶适の货币思想研究》（《經濟論叢》第 54 卷第 6 號，1942 年 6 月）之前也有涉及，如《宋代货币考》，《東亞經濟論叢》第 1 卷第 4 號，1941 年 12 月。

大量增发。据此，做出钱币不足必然增加纸币的正确认识应该不难，如与叶适同时的吕祖谦就说过"今日之所以为楮券，又欲为铁钱，其原在于钱少"，但是从中得出值得称道的精彩判断却并不容易。叶适洞察到如果由于钱币不足而补之以纸币的话，印制纸币可以不受材质的制约，政府为了解决财政困难，不可避免地会增发滥发。他警告当局"夫率意而戏造，猥以补一时之缺而遂贻后日之忧！"

穗积文雄同样明确提出叶适通过"楮行而钱益少"认识到了"格雷欣法则"！叶适并非不知使用纸币具有便利的特点，即"担囊而趋，胜一夫之力，辄为钱数百万"云云，故言"大都市肆，四方所集，不复有金钱之用，尽以楮相贸易"。叶适断言：这样一来，结果就是钱币和财货都会匮乏，"十年之后，四方之钱亦藏而不用矣，将交执空券，皇皇焉而无所从得，此岂非天下之大忧乎！"那么，面对这样的境况将如何匡救呢？叶适提出"夫见其有而因谓之有，见其无而因谓之无者，此常人之识尔。所贵于智者，推其有无之所自来，不反手而可以除其患"。穗积文雄相当看重叶适这种"透过现象看本质"的"智者"见识，认为只有这样才能把握问题的关键，才能真正解决问题。他说自己读着叶适上述简洁的表述，不由得联想起明治初年欧洲经济思想传入日本的黎明时期，"十九世纪三四十年代法国最著名的经济学家"弗雷德里克·巴师夏（Frédéric Bastiat，1801—1850年）关于《看见的和看不见的》（*Ce qu'on voit et ce qu'on ne voit pas*）的论题，他将叶适的睿智与法国的巴师夏这位经济学说史上的名家相提并论！在经济领域，与一个行为或习惯乃至一个制度或法律相伴随的不只是单一的结果，而可能是一连串的结果。在这些结果中，可以发现某种直接的原因，即"眼见为实的东西"；而有的原因则需要有个经过才能展现，即"眼不能直见的东西"；能够对"眼不能直见的东西"做出预见是为幸事。经济学家是有优劣之分的，差的经济学家满足于眼见的结果；相反，好的经济学家则能通过"眼不能直见的东西"做出必要的预见。究其原因，一是只考虑能见到的结果；再一是与此方向相逆，不为表面现象所迷惑，进而把握现象背后存在的因果关系之重要性,才能完全合乎情理。在阐释了叶适作为"好的经济思想家"故而能够透析货币流通的"格雷欣法则"!

继而,穗积文雄继续深入论述叶适对"钱荒"这一关键问题的认识。叶适以通货的"有无之因"探求匡救之道,同时他质问道:

> 且今之所谓钱乏者,岂诚乏耶?上无以为用耶?下无以为市耶?是不然也。天下之所以竭诚而献者有二议:有防钱之禁,有羡钱之术。夫南出于夷,北出于虏,中又自毁于器用;盗铸者虽殽杂而能增之,为器者日损之而莫知也。此其禁、患于不密也,是诚可密也。若夫羡钱之术,则鼓铸而已矣。虽然,尽鼓铸所得,何足以羡天下之钱?且天地之产,东南之铜或暂息而未复,虽有咸阳、孔仅之巧,何以致之?噫!不知夫造楮之弊,驱天下之钱,内积于府库,外藏于富室,而欲以禁钱鼓铸益之耶!

穗积非常看重叶适透析"钱荒"实质的认识,逐条分析了他的意见,引用叶适所说"且钱之所以主下尊之,其权尽重于百物者,为其能通百物之用也;积而不发,则无异于一物。铜性融溢,月铄岁化,此其朘天下之宝亦已多矣。夫徒知钱之不可以不积,而不知其障固而不流;徒知积之不可以不多,而不知其已聚者之不散,役楮于外以代其劳,而天下有坐镇莫移之钱,此岂智者之所为哉?岂其思虑之有未及哉?故臣以谓推其有无所自来,不反手而可以除其患者也。"证明叶适充分认识到货币的流通职能,而且说明了"钱荒"的真实原因,并非真的通货不足,而是铜币的流失、废毁以及蓄藏等原因造成铜币短缺,因此大量发行纸币的结果,更加剧了"良币"退出流通领域;而且纸币滥发的结果,造成纸币贬值币制混乱。于是叶适提出的解决办法,不仅要解决钱荒,而且要稳定币制。

叶适下面这段话穗积先生用他自己的话进行了陈述:

虽然，臣又有疑焉。计今之钱，自上而下者，有兵之料，有吏之俸；自下而上者，州县倚盐酒杂货之入，而民之质易以输送者，大抵皆金钱也。故虽设虚券以阴纳天下之钱，而犹未至于尽藏而不用。方今之事，比于前世，则钱既已多矣，而犹患其少者，何也！古之盛世，钱未尝不贵而物未尝不贱。汉宣帝时，谷至石五钱，所以立常平之法。唐太宗新去隋乱而致富强，米斗十钱以上为率。何者？治安则物蕃，物蕃则民不求而皆足，是故钱无所用。往者东南为稻米之区，石之中价财三四百耳，岁常出以供凉师而资其钱；今其中价既十倍之矣，不幸有水旱，不可预计，惟极南之交、广与素旷之荆、襄，米斗乃或上百钱为率耳。然大要天下百物皆贵而钱贱，瓜（匏）瓠果蓏，鱼鳖牛麂，凡山泽之所产，无不尽取。非其有不足也，而何以至此？且以汉、唐之赋禄较之于吾宋，其用钱之增为若干？以承平之赋禄较之于今日，其用钱之增又若干？东南之赋贡较承平之所入者，其钱之增又若干？昔何为而有余？今何为而不足？

穗积重点引述了"今日之患，钱多而物少，钱贱而物贵也，明矣。天下惟中民之家，衣食或不待钱而粗具。何者？其农力之所得者足以取也。而天下之不为中民者十六，是故常割中民以奉之，故钱货纷纷于市，而物不能多出于地。夫持空钱以制物犹不可，而况于持空券以制钱乎！然则天子与大臣，当忧其本而已矣"。穗积先生提出叶适担心"持空券以制钱"，表示其已经从货币金属论的思想中解脱出来，认识到货币的本质就是交易手段，即他说的"为其能通百物之用也"；而叶适的"今日之患，钱多而物少，钱贱而物贵也，明矣"，有所谓货币数量说的思想以及对恶性通货膨胀的认识。

在接下来的部分，穗积先生提出马端临《文献通考》卷九《钱币考二》也是研究叶适货币思想的基本资料，并进行了必要的文献考证。《文献通考》一向以引用宋文著称，有关叶适的记载特别是《别集》的异文较多。穗积先生指出叶适文集是散佚之后明人所辑，而元代的马端临在他那个时代，能够看到的相关文献要超过现今传本，因此《文献通考》中有关叶适论述的记载值得珍视。他考察叶适对于货币起源的认识，"钱币之所起，起于商贾通行，四方交至，远近之制。物不可以自行，故以金钱行之"。以往用钱少而后来用钱多，原因是"古者因物权之以钱，后世因钱权之以物"。因为：

> 三代以前，所以钱极少者，当时民有常业，一家之用，自谷米、布帛、蔬菜、鱼肉，皆因其力以自致，计其待钱而具者无几。止是商贾之贸迁，与朝廷所以权天下之物，然后赖钱币之用。如李悝平籴法，计民一岁用钱只一千以上，是时已为多矣，盖三代时尚不及此。土地所宜，人力所食，非谷粟则布帛，与夫民之所自致者，皆无待于金钱，而民安本著业，金钱亦为无用，故用之至少。所用之数，以岁计之，亦是临时立法，制其多少。后世不然，百物皆由钱起，故因钱制物。布帛则有丈尺之数，谷粟有斛斗之数，其他凡世间饮食资生之具，皆从钱起；铢两多少，贵贱轻重，皆由钱而制。上自朝廷之运用，下自民间输贡、州县委藏、商贾贸易，皆主于钱，故后世用钱百倍于前。

众所周知，货币起源论是货币思想的重要组成部分。穗积先生对叶适陈述的理由相当看重，他不厌其烦地引述《文献通考》所记叶适比较上古和此后的不同情景：三代自给自足小国寡民，"鸡犬之声相闻，民至老死不相往来"，故"无所用钱"；而后世天下一统臂指如一，"天下之民安得不交通于四方？则商贾往来，南北互致，又多于前世，金钱安得不多？"于是进入了"货币时代"，有关钱的问题就来了，主要是"用钱既多，制度不一，轻重、大小、厚薄，皆随时变易"。叶适和前人一样肯定唐代的"开元通宝"钱，而且在铸币上，把握了南齐孔𫖮的"不惜铜、不爱工"的原理——"国初惟要钱好，不计工费；后世惟欲其富，往往减工缩费，所以钱稍恶"。叶适同样反对货币私铸，主张"利权当归于上，岂可与民共之？"

叶适对于货币职能的认识也是穗积研究的要点之一。他论述了叶适认识到货币的职能之一是作为交易的媒介，还有必要深入探讨叶适的货币职能观。叶适认为"然钱货至神之物，无留藏积蓄之道，惟通融流转，方见其功用"。可见他并非将货币的职能仅限于交易媒介，包括货币的储藏手段等职能叶适也都认识到了。穗积谈到货币具有的购买力，提出日本著名经济学家左右田喜一郎博士在《货币论上》中阐释"边际效用学说"，认识到"对无限的目的（Zweck）形成的界点（Knotenpunkt）"。他的话锋转向中国，说中国肯定所谓货币万能的是西晋的鲁褒的《钱神论》，推测叶适的"钱货至神之物"由此而来，货币的职能是交易的媒介，"惟通融流转，方见其功用"，所以"无留藏积蓄之道"，"而朝廷亦尽征天下钱入于王府，已入者不使之出"，叶适指明"钱以通行天下为利，钱虽积之甚多，与他物何异？"他认为人们不探究事情的本原，"但以钱为少，只当用楮"，结果不仅"钱益少"，而且物与钱都将"不可得而见"，这与他在《财计中》表达的思想没有什么区别。穗积先生看到叶适谈的情况并非一朝一夕之事，而是从过去到现在不断积累的弊端，因此治理起来不能走极端，"事极则变，物变则反，必须更有作新之道"。变革钱法需要别开生面，即使不能确定走怎样的新路，但至少"其决不可易者，废交子，然后可使所藏之钱复出。"叶适概括其主张的基本结论"若夫富强之道在于物多，物多则贱，贱则钱贵。钱贵，然后轻重可权，交易可通。今世钱至贱，钱贱由乎物少。"穗积先生认为通过这些表述，叶适一方面看到货币职能之伟大，于是称之为"至神之物"，同时又限于货币的职能是交易媒介；在以崇敬之念把握货币法则的同时，表现出货币数量说的思想。他特别重视叶适主张的"作新之道"思想，联系到汉代的太史公司马迁《史记·平准书》中的"物盛则衰，时极而转"，提示对事物的生成流转所持的观点值得注意。他认为叶适的货币分析绝非偶然，其总是建立在历史的立足点上展开所立之论——这离历史唯物论大概不远了！

最后，穗积先生对其研究进行了概括：叶适的货币思想体现了从自给自足的经济向交换经济的过渡，货币作为交易媒介随着交换经济的发展作用明显增大。于是所有的东西都用货币衡量，都为货币所左右，货币被认为具有神通之力。但货币的形质是多种多样的，流通中体现了货币的"适者生存"，保留下来的是最适合流通的货币，例如唐代的开元通宝。不过，人们往往利用质量不好的货币的币材价值与名目价值的差额进行牟利，这样一来，为了防止因此扰乱经济社会，就要将制造货币的权利归于政府之手。造币之权在政治上具有重要意义，所以不许百姓为之。一旦政府掌握了造币之权，当财政困难的时候行使"恶钱"也就不可避免。随着商品经济的发展和交易地域扩大、交易数量增加，出现货币携带不方便的情形，于是产生了纸币。然而，纸币一旦出现，铜币就会被蓄藏起来而纸币横行；再加上铜币外流或者销毁制器，越发加剧了政府财政的膨胀之势。加之用来制作纸币的素材不受限制，因此不断增发的结果，势必带来通货膨胀，物品与通货的比率失衡，形成通货多而物品缺乏。其结果是通货的价值降低，物价腾贵。这样的情景的确是经济界甚至整个社会的忧患！如果流通的是不兑换纸币的话，那情形会更加严重。上述情景正是叶适货币思想的素描，从中可知其货币思想是稳健而稳妥的。叶适作为倡导治国平天下的永嘉学派的栋梁而为人推崇，深感其的确"雅以经济自负"，不过透过上述素描大概也可见他对货币金属说的偏执吧。

穗积先生对叶适的研究是其中国货币思想研究的一个重要部分，但他未使用叶适《淮西论铁钱五事状》等文献，应该说是个缺憾。数十年来我国学者对叶适货币思想的研究也很可观。[1]

四　结语：影响中外的划时代经济思想家——叶适

二十多年来，我通过学习和研究不断加深对叶适及其经济思想的

---

[1] 如彭信威《中国货币史》上册，群联出版社1954年版，第344—345页；胡寄窗《中国经济思想史》下册，上海人民出版社1981年版，第185—189页；俞兆鹏《叶适货币思想研究》，《中国钱币》1987年第2期；叶坦《论宋代"钱荒"》，《中国史研究》1991年第2期等。

认识，深感永嘉学派的经济思想不仅在世界经济学说史中具有重要地位，而且影响中外直至今天。① 上述内容能够证实叶适"影响中外"，而他作为"划时代的经济思想家"，或可从以下几个方面来理解。

首先，叶适以及整个浙东学派开实学经济思想之先河。一般认为实学是明中叶以后的社会思潮，实际上实学自宋即伴随新儒学而共生演进，浙东学派无论以事功学派、经世之学、浙学、实学等为名，其关键都是讲求实利功效、力倡"经世致用"之实学，开明清事功实学之先河。我认为：若谈事功，经济活动当是基础；所谓实学，经济思想应是其核心内容甚至评判标识之一，就思想史研究而言不包括经济思想也是不完善的。在浙东学术中，金华、永康两派在经济思想方面或有独到之处但不够突出、系统，尚难以反映浙东实学经济思想的最高成就；而永嘉学派的经济思想则丰富而系统，其集大成者叶适的经济思想颇具典型意义。②

其次，叶适经济思想具有鲜明的反传统精神和商品经济发展的时代性，而且较为全面系统，几乎涵括当时社会经济诸方面，能够反映那个时代经济思想的大体风貌。百年前的陈焕章已经研究了叶适经济思想的五个方面，后人的研究更加全面深入，叶适有关义利、本末、富民、理财、货币、人口、生态等方面的经济思想都得到研究。③ 这些正是中国历史上承先启后的宋代，尤其是浙东地区经济现象和经济生活的复杂丰富在杰出的思想家思想中的反映。总的来说，叶适的通达与明智、远见和卓识非一般人可比。他顺应历史发展顺乎自然趋势，让经济沿着自身发展规律演进，反对强权干预，主张富民发展民间经济实力，批评"腐儒"陈见，主张务实、重实利功

---

① 叶坦有关叶适经济思想的研究，除了本文各注释中标出的以外，早期的相关成果主要还有《商品经济观念的历史转化——立足于宋代的考察》，《历史研究》1989 年第 4 期；《富国富民论——立足于宋代的考察》，北京出版社 1991 年版；《叶适经济思想研究》，《中国社会经济史研究》1991 年第 3 期等。

② 参见叶坦《宋代浙东实学经济思想研究——以叶适为中心》，《中国经济史研究》2000 年第 4 期。

③ 由于相关成果很多无法逐一列出，仅举两部博士学位论文为例。曹在松：《叶适经世思想研究》，台湾大学，1988 年；吴松：《叶适经济思想研究》，云南大学，1998 年。

效，提出一系列反传统性的经济思想观点，代表了浙东实学经济思想的较高成就。

再次，叶适经济思想中许多论点都是中国经济思想史中新的思想观点之集成或肇端。上面提到的"格雷欣法则""收益递减论""抑末厚本，非正论也"等，此外如"既无功利，则道义者乃无用之虚语尔"①。再如他主张"商贾往来，道路无禁"②，以及"富人者，州县之本，上下之所赖也"③ 等均是如此。一些新思想不一定是他最早提出，但可能是他阐述得最为明确，如余英时先生就提出新颖的"富民论"到"南宋叶适发挥得更多"④；有的主张他的表述不一定完整，却成为此后进一步发展之肇端，像影响很大的"四业皆本论"，就是叶适的学生陈耆卿在所修《嘉定赤城志》卷三十七《风俗门·重本业》中，采用绍圣三年（1096 年）当地地方官郑至道所作《谕俗七篇》内容，明确提出士农工商"此四者皆百姓之本业，自生民以来，未有能易之者也。"这似乎还是迄今所见最早明确提出"四业皆本"的史料，较以往认定此论最早由黄宗羲（1610—1695 年）在《明夷待访录·财计三》中提出早数百年，何况黄亦是浙东学人！

又次，叶适经济思想有较高的思辨性和理论性。正如穗积文雄先生指出的那样，叶适的经济思想有着同巴师夏的《看见的和看不见的》相媲美的"眼不能直见的东西"。例如他针对当时几乎众口一词的"钱荒"，提出"今之所谓钱乏者，岂诚乏耶？……是不然也。"⑤ 如上所述他自有一番分析，结论是"方今之事，比于前世，则钱既已多矣，而犹患其少者"。在理财观方面，别人都在谋

---

① 《习学记言序目》卷二十三。
② 《水心别集》卷一《治势下》。
③ 《水心别集》卷二《民事下》。
④ 叶坦曾撰《"为富人辩护"思想解析》(《浙江学刊》1992 年第 1 期)，并在东京与余英时先生交流过这个问题，还赠送了专著《富国富民论——立足于宋代的考察》，此后他在论文中说明该著"有助于此文的修订"。参见《叶坦文集——儒学与经济》，广西人民出版社 2005 年版，第 326 页，注释 1。
⑤ 《水心别集》卷二《财计中》。

划怎么增加国家收入,而叶适却提出当时是"财既多而国愈贫"①,"盖财以多而遂至于乏矣。……财以多而乏者,可使少而后裕也。"②"古者财愈少而愈治,今者财愈多而愈不治;古者财愈少而有余,今者财愈多而不足。"他要求罢去苛捐杂税,"财少则有余,有余则逸,以之求治。"③ 叶适的"财以多为累,则莫若少之"④ 的确不可多得。思辨性本身就是理论性的特征,而陈焕章以现代经济学诠释叶适经济思想的理论贡献更是明证。

最后,叶适经济思想不仅开启此后代表商品经济发展方向的经济思潮之先河,而且具有东亚地区经济思想发展趋势的共性特色,成为不同于西方的东亚社会走向近代化的经济思想与学说的先驱。我们知道,传统社会以产品经济为主,而近代社会商品经济成为主导形态,市场逐步成为资源有效配置的主要方式。因此,从"近世"向"近代"的转化过程中,商品经济是关键因素;而如何认识与对待商品经济及其发展,成为商品经济观的核心。我曾以"历史发展阶段的相似性"而非"实存时间"作为比较研究的基准,选择中日近世商品经济观中最具代表性的两个学派——以叶适为代表的宋代浙东学派和以日本江户时代商人思想家石田梅岩为代表的石门心学进行比较研究,主要基于两者都处于商品经济迅速发展的"近世"阶段,均蕴积着社会经济形态转化的重要因素,突出地表现为两者的商品经济观念变迁。此研究并非驻足于思想观念本身,进而考察两国社会结构、制度基础与思想文化等差异,及其对两国近代化的历史转型与社会发展产生的不同作用。中日两国近世的商品经济观,对后世直至今天都有很大影响。于是我进一步追踪考察以石门心学和清初实学为中心的商品经济观发展及其现代价值得以印证。总的说来,石田梅岩倡导的"商人之道",对日本

---

① 《水心文集》卷一《上宁宗皇帝札子三》。
② 《水心别集》卷十五《上殿札子》。
③ 《水心别集》卷十一《财总论二》。
④ 《水心别集》卷十《实谋》。

商品经济和社会职业伦理的发展具有独特的理论贡献，被视为类似马克斯·韦伯提出的促发资本主义产生的"新教伦理"；而中国早自宋代以来以叶适为代表的浙东学派开启了商品经济观念变革的方向，到清初南方的"三大启蒙思想家"和北方的"颜李学派"都力倡"实学"，经济思想上前者提出"工商皆本""大贾富民者，国之司命也"；后者讲求"习行经济"，主张"本宜重，末亦不可轻"。然而，基于社会结构、制度基础与思想文化差异，中日经济思想对两国近代化的历史转型与社会发展产生不同的影响。开展系统性的比较研究，不仅有利于弥补世界经济学说史迄今大抵无东亚等缺憾，而且可以提供观察传统经济观之现代价值的一个新视角。①

上述研究受到海内外学界的关注，近年也有台湾学者进行叶适与荻生徂徕的比较，不过与经济思想关系不大；可喜的是，近年大陆学者开展叶适与涩泽荣一义利观比较研究等，值得重视。② 总之，当我们纪念叶适诞辰860周年的时候，一定不能忘记中国经济学中同样有着叶适的显著地位。我们在研究总结叶适经济思想的同时，认真梳理海内外经济学术史无疑十分重要。就方法论而言，即便是研究中国，如果不包括海外的相关研究，也是不完整、不全面的。

（原载《中国经济史研究》2011年第1期）

---

① 参见叶坦《石門心学と浙東学派の經濟思想の比較研究——石田梅岩と叶适の商品經濟觀を中心として》，载川口浩主编《日本の經濟思想世界》，日本經濟評論社2004年版；《中日商品经济思想比较研究——以石门心学和清初实学为中心》上、下，《河北学刊》2005年第2期、第5期；《中日近世商品经济观及其现代价值——以石门心学和浙东学派为中心》，《文史哲》2007年第4期等。

② 如曹敏、尹雪萍《叶适与涩泽荣一义利观比较研究》，《大江周刊》（论坛）2009年第8期。

一部承前启后的中国经济史杰作[*]

——《中国近代经济史,1927—1937》评介

中国社会科学院经济研究所的近代经济史研究,有系统、有特色、有传承,重头就是多卷本《中国近代经济史》。几十年来,经过不止一代人的努力,先后出版了严中平先生主编的《中国近代经济史,1840—1894》(以下简称"严编")、汪敬虞先生主编的《中国近代经济史,1895—1927》(以下简称"汪编"),两编问世之后,收获颇多好评,不断再版。继而,2010年5月,人民出版社出版了刘克祥、吴太昌主编的《中国近代经济史,1927—1937》,全书共3册,计9章,凡2349页,约178万字,各册分别附有表格索引,书后附有征引书目。

此书是"九五"哲学社会科学国家重点项目的研究成果,亦是上述两编的后续。项目负责人汪敬虞先生年事已高,主要进行思想指导,而提纲拟定和书稿撰著都由新中国或"文化大革命"后成长起来的学者承担。新一代经济史学者不仅学有专攻,而且努力继承、光大老一辈的优良传统和学风,同时注重时代发展和学术深进,刻苦钻研大胆开拓,正确处理传承与创新的关系,写出了具有新的历史时期特点的著作,并获得了项目鉴定组的充分肯定。鉴定专家认为,书稿"堪称1927—1937年中国经济状况研究成果的集大成者,代表了学术界对这一时段经济史研究的最高水平"。

此书具有鲜明的"承前启后"特征,主要表现在承续"汪编"

---

[*] 本文作者为吴承明、叶坦。

的历史观，以中国资本主义的发展和不发展作为全书的中心线索，考察和探究国民党政府成立最初10年间（1927—1937年）中国经济的发展、变化及其规律、特点。不过，此书的框架结构与"严编""汪编"均略有不同。以"导言"作为全书的总纲，扼要交代1927—1937年中国经济的国际环境、时代背景和发展变化的整体趋势，包括1929—1933年的世界经济危机和东西方列强的危机转嫁及其对中国经济的破坏；日本帝国主义的武装侵略、东北沦陷和国民党政府的妥协退让；蒋介石独裁统治的确立和国民党政府的经济政策及其对国民经济的影响与制约；国民党国家资本的形成及对民族资本的侵蚀、压抑；中国资本主义的发展、不发展与资本集中；工农革命根据地的建立和新民主主义经济的萌发。重点阐述1927—1397年中国资本主义的生存环境、发展演变和新民主主义的萌芽，揭示半殖民地半封建条件下，中国不可能顺利和正常发展资本主义，只有社会主义才能救中国的历史事实和发展规律。

鉴于考察的时段较短，此书没有再细分历史阶段，而是按行业、部门和经济性质划分章节，依次考察新式工矿业、农业、手工业、交通运输业、对外贸易、国内商业、金融业、财政和革命根据地经济在本时段的兴衰变化，展开讨论行业内部外国资本、国家资本、民营资本及其相互关系与消长，新旧行业的关系及演进，从中得出若干规律性的认识。

具体而言，此书的基本内容和主要特点如下：

第一、第四两章分别论述新式工矿业、交通运输和邮电通信业的基本状况及其发展。

近代以来资本主义已成为社会演进的主线，新式工矿业、交通运输和邮电通信业构成新式企业的主体。第一章考察轻工业、重工业与化学工业、矿冶业的内部结构、产销状况、兴衰变化及其规律。轻工业着重对产销市场、运行模式、衰落原因等进行探讨，并对棉纺织业和面粉业的产量进行了重新估算。以往关于重化工业的研究比较薄弱，该章则对机器制造、电力、电机电器制造、水泥、基础化学和日用化学工业等，都作了较全面的论述；尤其是梳理出这些行业1927—1937年较为完整的发展脉络，对这一时期有充足发展的基础化学工业重点着墨，而对以往研究少有涉及的部分行业在1927年前的发展沿革，亦作了必要的追补。矿业方面，以往经济史研究主要集中于煤铁，该章在着力筛选、梳理、综合历次《全国矿业纪要》的基础上，发掘补充其他资料，对包括多种有色金属和稀有金属在内的全国矿冶业，从矿藏分布、采冶沿革到资本结构、历年产量、经营管理以及发展变化等，都进行了较为全面和深入的分析，整理和提供了大量数据。就矿业领域的外国资本扩张，尤其是日本在东北的矿业掠夺和在关内地区的铁矿石掠夺等，都予以重墨揭载，将这一领域的研究提升到了一个新的高度。第四章从交通运输和通信各业的政策规划、资本动态、建设进程，到资本结构、管理体制和经营状况等，都有较为详尽的叙述，基本反映出该时期交通运输通信业发展变化的总体趋势。对列强在交通运输和通信业中的扩张，特别是日本在东北的侵略和掠夺颇为注重，并极为重视数据的收集、整理、订正和分析，各业的投资额度、资产数量和价值、运输工具数量和运输里程、产值和营业效益等，提供了连续而系统的数据，其中1927—1937年新建轮船公司统计表，则系首创。

第二、第三两章分别讨论农业和农村经济、城乡手工业的兴衰与嬗变。20世纪以来，虽然近代资本主义有了某种程度的发展，但作为传统经济的农业、手工业，仍是国民经济的主体。第二章主要包括农业环境和农业政策、土地制度与租佃关系、农村阶级与农户经济、农业生产与农业收成状况等四个方面。新的贡献主要是对这一时期农户经济、农业生产进行了较深入的探讨，客观、真实地反映了农业和农村经济的历史原貌。注重数量分析是一个突出特点，全章73个统计表中，大部分是首创或独立编制，不仅填补许多重大空白，还对以往某些重要结论进行了修正。以统计数据证明，1949年以前的粮食最高产量，并非发生在通常认为的1936年，而是在1932年。另外，此前的《一部金字塔式的中国经济史新著——〈中国近代经济史，1895—1927〉评价》（以下简称"汪编评介"）提出："中国是个农业大国，在人口和生产上农村都占绝大比重，本书农业部分的研究仍有不足之感，对于人口问题和自耕农经济甚少论述。"现在这方面亦大有改进，设有专目分析自耕农经济，对农村人口、阶级构成及土地的阶级分配，均有专表统计。其中虽有估计成分，但仍是迄今相对完整和精确的统计数据。第三章除了对城乡手工业分行业考察外，对以往少有涉及但在国民经济和城乡居民生活中占有重要地位的农户粮食加工、制糖、酿造、造纸、印刷、刺绣等行业，以及各类新兴手工业，都进行了较全面的叙述和分析，填补了许多重要空白。在重视数据考察的同时，特别着力于宏观研究和数量分析，勾画出20世纪初传统手工业兴衰变化趋势的大致轮廓，并将手工业与新式工业、手工生产与机器生产、手工业与农村市场、手工业与农业及农户经济相联系，对近代手工业在农户经济、农业生产、全国国民经济中的地位和作用，作出合乎历史的评价，这是该章的又一大亮点。

　　第五、第六两章分别讨论国际贸易和国内商业。随着商品经济的发展，作为物资流通的国际贸易特别是国内商业，在国民经济中占有越来越重要的地位。第五章集中论述本期对外贸易的国内外环境和中国对外贸易、外债、外国在华企业投资、中国国际收支及其变化。与以往同类研究只谈国民党政府的关税自主活动不同，该章补充民间争取关税自主的努力，作为全民族争取关税自主加以叙述，并与北洋政府时期争取关税自主的活动相联系；通过修正进出口贸易值，从总体上论述危机期间的中国对外贸易平衡问题，分析巨额贸易逆差的主要成因，探讨进出口商品结构的变化及其对不等价交换的影响。"外债"集中叙述这一时期的旧债整理及新债举借状况，整理、编制了旧债整理及新债举借两个"一览表"，揭示了旧债整理的全过程和新债的总体规模、结构，并在外贸、外债研究基础上编制了"中国国际收支平衡表"，论述世界经济危机及美国白银政策等对中国国际收支的影响。从国际收支要素结构上分析旧中国国际收支的落后性，从巨额国际收支逆差及其弥补方式分析旧中国国际收支的脆弱性和半殖民地性，以及潜伏的深刻危机。第六章从国内远程贸易的发展及城乡市场的发育两个方面考察国内商业的发展变化；从20世纪30年代上半期商品结构变化、商品价格剧烈波动、主要商品流向等几个方面凸现这一时期国内商业的特点；通过对若干商业行业的经营状况和商业资本的实况考察，叙述和分析这一时期国内商业资本与主要商业行业的发展演变。该章在吸收前人研究成果的基础上，重视挖掘和利用新的资料，选择新的视角和方法，得出新的结论，对海关埠际贸易统计、资源委员会商品流通调查、前"中研院"商品批发价格调查、历年邮政报告等的整理利用，以及对国内埠际贸易变化、城乡市场发育、主要工业品的市场供需关系的考察分析，均有创新和超越前人之功。

第七、第八两章分别讨论金融业和财政。第七章除了全面考察列强在华金融扩张尤其是日本在东北的金融掠夺，国民党政府的金融改革和金融政策、"四行二局"和国内金融结构变化及新旧金融机构兴替，并提供相应数据外，主要贡献是对近代农村钱庄业的起源、发展、资本经营、历史地位以及典当业的兴替变迁、经营特点等进行的新探索，提供了难得的统计依据，填补了相关研究的空白，为近代金融史研究增添了新内容。该章还通过发掘新资料，对1927—1937年中资银行进行再统计，就中资银行的银行数、资本额、资本规模、资本结构、专业结构、地区分布等，进行了补充和订正。这不仅提高了相关研究水准，使之更接近历史实际，而且完成了一项重要的基础工程，对金融史和近代经济史的深入研究意义深远。第八章"财政"对国民党政府财政改革作了较为全面、系统的论述，既肯定其对建立资本主义性质的近代国家财政制度的进步意义，也指出了局限性和不彻底性；对1927—1937年宏观财政数据进行了深入检讨，厘清疑点，还原历史的真实面貌，并在此基础上对岁入、岁出及收支平衡等问题作了动态分析；对以往相关研究中涉及不多的地方财政问题进行探讨，提供了基本史料；同时扼要介绍伪满洲国前期的财政体制及收支情况,揭示其为日本帝国主义侵略中国服务的殖民地财政的本质。

第九章"革命根据地经济"从举行武装起义、开辟革命根据地、开展土地革命、废除封建土地制度和封建剥削、成立中华苏维埃共和国、制定和实行各项经济政策、恢复和建设苏区经济、改善人民生活,到进行长征、北上抗日和新形势下革命方针的策略转变,考察新民主主义经济雏形建立的全过程。在中国近代经济史专著中设专章讨论根据地经济,这也是此书首创;可以认为,这是迄今为止对土地革命时期苏区经济最为完整和系统的阐述。好处有二,一是使得近代经济史更为完整全面,二是有利于中国经济史研究的整合衔接。此外,该章资料丰富,其中大量的档案资料系首次利用。

此书作为"严编""汪编"的后续和中国社会科学院经济研究所中国近代经济史研究系统工程的一个组成部分,与两编考察的经济大背景大致相同而时段贯通衔接,故承续"汪编"的历史观,以中国资本主义的发展和不发展作为全书中心线索,既符合历史实际,又保持了系列研究思想体例的完整性和一致性。关于"中心线索"问题,"汪编评介"一文曾说:"所谓中心线索,是我们在著书立说时的一种历史观,也是方法论"。研究经济史要依据可信的史料,怎么解释和处理它,要看所研究的问题的性质和史料的可能性,选择适用的方法,这也就是"史无定法"。百花齐放、百家争鸣,这对历史研究是有好处的;但做研究都不能违背实证主义原则,否则就会出现片面化、主观臆测,或陷于目的论、决定论。人们对历史的认识是相对的、有限的,随着知识的积累和时代的发展,需要不断地再认识和重新撰写历史,史学家的历史观也会随着时代思潮而有所改变,但实证主义原则,只有精益求精不能须臾或离。

纵观全书,同"严编""汪编"一样,坚持重视基本史料、用材料说话,从"导言"到各章节子目,都严格遵循实证主义即实事求是的原则。针对1927—1937年的具体历史特点,中国资本主义的发展和不发展的"中心线索"在"导言"中这样表述:"1927—1937

年,在国内外各种有形或无形势力的夹击下,中国近代资本主义的发展出现了前所未有的危机和变局,已经不是发展不发展的问题,而是大难临头"。当时东北所有官办、民办、中外合办的大小企业,连同资产、资源、产销市场,在短短两三个月内就落入日本帝国主义手中;关内地区大批民族资本企业不是被外国资本兼并、挤垮,就是被国民党政府以各种借口接管、收购、占有,民族资本在全国资本主义新式企业和整个国民经济中的比重与地位急剧下降;在民族资本内部,由于生存空间愈益狭窄,恶性竞争和行业兼并更加激烈,资本集中和资本垄断集团加速形成。当然10年之中不同的时期和不同地区的情况有不同,此书各章节子目也都是本着实证主义原则进行具体而深入的研究撰著的。总的说来,全书内容丰富,资料翔实,论证有据。书中还大量利用各省新编地方志的资料,而这些资料主要来源于档案或当时的调查,具体生动而翔实可靠。这样一来,考察的区域更加广泛,内容更加真实,基础更加牢固。

在遵循实证主义的原则下,经济史研究可以用经济学的方法,可以用历史学的方法,也可以用社会学的方法;可以用一种方法,也可以某种方法为主,兼用其他方法。事实上,历史是复杂的,很难用单一的方法揭示其全貌。就方法论而言,有新老学派之分,但无高下优劣之别。研究经济史,不能只讲"纯经济的"现象,经济史学家应当具备相应的史学修养,从自然条件、政治制度、社会结构、思想文化、风俗习惯等各个方面来研究经济的发展与演变。与此相联系,经济史研究也不可能单靠计量分析或史料考据,必须二者结合。具体到此书,使用的主要就是经济学与历史学相结合的方法,一方面把数量分析放在首位,全书大小统计表多达435个,在量的方面完整准确地再现了经济发展变化的史实原貌;另一方面,又在尽力收集、整理、考证各种资料的基础上,准确把握、深入分析而得出结论。采用个案分析与综合考察相结合,微观、中观、宏观结合,纵横结合,史论结合,生产关系和生产力相结合、质的论述和量的分析相结合的"六结合"方法,有效地避免了以往经济史研究中可能出现的片面偏颇、以论代史、重生产关系轻生产力、重质的论述轻数量分析等缺陷。这样写出来的经济史，才最符合或接近经济发展、演变的历史原貌。

（原载《经济研究》2011年第2期）

"欲创造适合我国之经济科学"的唐庆增其人其书

经济学有"皇冠上的明珠"之称，国人一般认为这是西方人的专利，是"舶来品"，仿佛赓续数千载、经济文化发达先于西方若干世纪的中华文明中并无"经济"！或者全然割裂儒学与经济的共存史实，用"讳言财利"一言以蔽之。实际情况不然，中国不仅有着丰富而悠久的经济思想，而且许多学说领先于别国并在海内外产生深远影响。直至今天，中国的经济改革和现代化发展对于世界经济学术的进步同样具有重要意义。[①]

毋庸置疑，从中国传统或古典的经济思想及学说、理论到近现代经济学，经历了漫长而艰难的积淀、引入和转型的过程。在这个过程中，民国时期是一个关键性的历史阶段，这也是我国近现代经济学术体系的形成与发展的重要时期。这一时期，海外留学归来的莘莘学子对于中国经济学的转型起到了不可替代的作用。他们不仅系统地学习了西方经济学知识，而且丰富了见识、拓展了学术视域；更重要的是，他们大多胸怀报效祖国之志，愿为国家的经济发展和学术繁荣做贡献，唐庆增就是其中颇具典型意义的一位。

一

唐庆增（1902—1972年），字叔高，祖籍江苏太仓，后定居无锡，

---

① 参见叶坦《学术创新与中国经济史学的发展——以中国经济思想史为中心》，《河北学刊》2010年第4期"本刊特稿"。

著名学者、政治家、教育家唐文治第三子。他早年就读于上海工业专门学校和北京清华学校，1920年留学美国，1923年获密歇根大学经济学学士；后入哈佛大学学习财政学和西洋经济思想史，获硕士学位。留学期间，他曾加入美国经济学社，1925年学成归国。他长期从事教学和科研工作，历任中国公学大学部、上海商科大学、交通大学、暨南大学、浙江大学等校经济学教授及光华大学、大夏大学经济系主任。他还加入了中国经济学社、中华学艺社、平社等学术团体，曾主编名刊《经济学季刊》，与马寅初、刘大钧、刘秉麟、李权时等经济学社成员同道，成为当时中国经济学界颇具影响的人物之一。[1] 1949年以后，他长期担任复旦大学经济学教授，1972年逝世，终年70岁。

唐家世代书香，其父唐文治是著名国学大家，也是近代教育先驱，并参与晚清商部暨农工商部的商政变革。1907年至1920年任邮传部上海高等实业学堂（后改为交通部上海工业专门学校，交通大学的前身）监督（校长），力主崇德、尚实的办学理念，设置振兴中国实业的机、电、铁路工程等专业。离任后创办无锡国学专修馆（后改为无锡国学专修学校），他任国专校长30年之久，培育了许多文史人才。唐庆增兄弟四人，除二兄夭折外均留学美国。兄唐庆诒为著名英文教育家，早年留学哥伦比亚大学，归国后在上海交通大学任教长达半个世纪，为外语系主任，并兼任多所大学教授。其弟唐庆永系著名货币银行学家，留学俄亥俄州立大学，后在上海交通大学、之江大学等校任教授，并出任上海、杭州、苏州等地的上海商业储蓄银行分行经理。唐家后代也人才辈出，如唐庆永之子、自幼与祖父一起生活20多年的唐孝威是我国杰出科学家、中国科学院院士。[2] 应当说，这些都与唐文治的严格家教分不开。

---

[1] 中国经济学社是民国时期重要的学术团体，对中国经济学术的转型与发展起到不可替代的作用，当时著名经济学家多是其社员。参见孙大权《中国经济学的成长——中国经济学社研究（1923—1953）》，上海三联书店2006年版。

[2] 在本文写作过程中，一些情况曾请教唐院士，特此致谢。

唐庆增深受其父的教育和影响，不仅打下了深厚的国学根基，而且同样重视发展教育培育英才，加上留洋学习西方经济学的知识学问，归国之后便以传播西学创新本国经济学术为己任。他应邀在多所大学任教，而且治学极勤，家学渊源深厚，故能学贯中西，成果颇丰。本文旨在将唐著《中国经济思想史》上卷置于他的整个学术追求，以及本书问世的时代和学科背景之中，提供深入理解此著的前提、背景与学术脉络。

概括地说，唐庆增在中国经济思想史以外的学术旨趣与成就，大抵包括以下几个方面：

首先，强调中国经济学家的责任，注重研究方法创新，促进经济学术转型。他介绍西方经济学及思想学说与史实，其中不乏开创之作。如归国次年即1926年，他在第11卷第3期《科学》杂志上发表的《经济学中之算术学派》一文，分八个部分评介西方数理经济学及其发展，被认为是"我国最早介绍数理经济学的文章"。[①] 此外，如20世纪30年代初商务印书馆出版他的《国外汇兑》《国际商业政策史》等书，向国人介绍国外通行的汇兑例则、各国汇兑市场情况以及英、美、法、德、日及中国的商业政策及其发展史，着重提示国际商业之特点。他还有一本《西洋五大经济学家》，黎明书局1930年出版。此书虽是小册子，而且是由上课讲义改写的，但其主旨"系为一般研究西洋经济学说者辟一途径，故篇首详论研究之方法，全书字数虽少，于各派学说之精华，皆一一论其梗概"。作者重视培育国人研究经济学之苦心溢于言表。他还发表《三千年来西洋经济思想之总观察》、连载《研究西洋经济思想史之方法》等论文，其经济思想史研究重在中外比较，曾撰文《中国儒家经济思想与希腊经济学说》《中西经济思想历史之比较》等。在学理方法等方面，他发表了许多著述并不乏新见，启发国人学习研究，并到多处演讲，如《经济学之基本观念》《研究经济学之方法》《经济史之重要及其

---

① 劳汉生：《数理经济学在中国的传播与发展》，《经济师》2000年第1期。

研究法》等，收入《唐庆增经济演讲集》，世界书局1933年出版。

其次，鼎新本国经济学学科建设，普及经济学基础知识。唐庆增提出"经济科为立国之本"，力主"完全以本国情形为基础"设立"中国化的经济学系"，区分文科为纯粹经济学，商科为应用学科，撰发《经济学系在大教课程中之地位及其使命》等文，并在进行系统的大学经济学教育的同时，尽力普及一般国民的经济学知识。他编写了《经济学概论》等书，进行适合中国国情的经济学教育革新；还撰写了《经济学自修指导》等文章，以利提高国民的经济学素养。1933年，他在民智书局出版《大学经济课程指导》一书，不仅阐释了经济学对于个人利益、国家前途以及人群幸福之重要，而且指导青年学生了解学科性质以及如何选课，还提出了"理想之课程表"，将经济学系功课分为九组：经济史、经济思想史、财政学、货币与银行、劳工问题、农业经济、会计学、统计学和国际贸易，每组再列细目等等。他的《改造我国大学中经济课程刍议》《经济学原理教法管窥》《美国各大学经济科之设施》《经济学用书概要》等文，均收入商务印书馆1930年出版的《唐庆增经济论文集》。同时收入的还有他的《中学生研究经济学之方法》等文章，为普及国人的经济学知识尽心尽力。马寅初为之作序，称此书"实为研究经济学之指南，亦提倡经济学声中之一宗大事也"。在民智书局1933年出版的《唐庆增最近经济论文集》中，也有多篇关于经济学教育方面的论文。他不仅考虑如何开设经济学课程，而且在教学方法以及经济学与其他学科的关系等方面都有新说，至今不失借鉴意义。有研究认为唐庆增是对"经济学移植"进行理论探讨。[①] 实际上，当时著名的经济学家大多注重学科建设，而唐庆增颇具特色。

再次，推崇古典学派，主张自由发展中国经济。唐庆增的学术倾向是推崇亚当·斯密等古典学派的经济理论，提倡自由经济，认为马克思主义不适宜中国。他先后发表了《亚丹·斯密原富与马尔

---

① 李翠莲：《留美生与中国经济学》，南开大学出版社2009年版，第153—159页。

塞斯人口论版本考证》《亚丹·斯密斯与李嘉图之价值学说》《经济学中之经典学派》以及《马克斯经济思想与中国》等文章，阐释他的思想主张。应当说这与当时的"海归"中非马克思主义者的思想大同小异。比较极端的是，1933年7月他在《申报月刊》第2卷第7号上发表《中国生产之现代化应采个人主义》一文，从分析中国现代化的先决条件入手，比较个人主义与社会主义，诠释资本的来源，得出"中国现代化，以采用私人资本主义为宜"的结论。当时官方秉持统制经济论，而他力主自由经济如故，这关乎中国的发展道路问题，其论点产生较大影响。与一般仅坐而论道不同，唐庆增还撰写《中国工商业何以不能发达》《中国经济建设之障碍》等文分析问题所在，佐证其学术主张。与一味主张用西方的办法解决现实经济问题也不同，他强调汲取中国历史经验，发表《从历史上以观察我国今后应采之经济政策》等文，其着力研究中国经济思想史不仅蕴涵理论期许，也为解决实际问题。

最后，拓宽国人的国际视域，呼唤学者的爱国热情。作为著名经济学家的唐庆增，其治学并非局限于象牙塔，而是非常关注国内外形势，努力拓宽国人的国际视域，提示警惕列强的野心。他的著作中有一本值得提及的《中美外交史》，商务印书馆1928年出版，此书尽管篇幅有限，但系蔡元培等主编的"新时代史地丛书"，而且是较早论述中美外交问题的书。该书从明代正德年间葡萄牙人来华讲起，分十章记述1784年美国"中国皇后号"首航香港至华盛顿会议召开时期的中美关系，包括中国与美国最早之邦交，美禁华工史，中日战争与美国，门户开放政策等，提示国人应"自图振作，勿信任他国过甚，致外交上处处居被动地位，以至失败"。这是很有先见的，有利于国人观察世界和认清局势。另外，唐庆增在"七七事变"之后，面对日寇的侵略十分愤慨，1932年3月25日，他为自己的《唐庆增抗日救国言论集》撰写序言，指评时政慷慨陈词——"三十年来，我国内政不修，外侮侵凌……吾侪书生，既不能上马杀贼，与强敌周旋于疆场之上，退而以三寸毛锥，致力于监督政府、唤醒民众，亦未始非报国之一道……亦聊尽国民一份子之天职耳。"此书上海社会科学书店 1933 年出版。抗战胜利后，他在《平论》1945 年第 4 期发表《战事损失的统计》，认为不能止步于"损失难以估计"，提出具体的战事损失估算办法，有理有据地向侵略者索赔。从上述事实中，不难看出唐庆增的爱国情操与社会责任感。

二

唐庆增的学术志向高远，并非驻足于上述学术努力，其研究超越技术分析与实际应用层面，重在理论创新之追求，故其以理论经济学家著称。时贤刘秉麟曾分析当时经济学的研究情况，指出"专从学理方面推敲者，亦不乏人，而唐叔高先生对于理论上之纂讨，真是朝夕孜孜，日深一日，其体大思精之处，前途正未可限量"[①]。赵人俊则在为唐著所写序言中谓唐君之努力，"以创造中国独有之新经济学"。唐庆增本人也明确表述其"欲创造适合我国之经济科学"[②]。

那么，如何创造呢？唐庆增指出"世界各国实情不同，其历史的背景亦迥异"，因此，"必以不背乎国情为尚。在纵的一方面，必须研究我国经济思想与制度之史的发展，在横的一方面则当研究各地经济状况与解决之方案。探讨本国经济思想发展之历史，即属于第一种研究，盖一国自有其特殊之环境与其需要，非审度本国思想上之背景，不足以建设有系统之经济科学也"。他要"为创造本国新经济思想之准备"，因此"穷年兀兀，几废寝食"，从 1928 年在上海交通大学开设中国经济思想史课程起，便着手编写《中国经济思想史》。简言之，他是从创新中国经济学来研究中国经济思想史的。但不同于闭门造车的研究，他在上海和南京各校担任此课，先后达三四十次，通过教学完善学术，边上课边撰著，历经近八年时光，终

---

① 刘絜敖：《经济学方法论》，商务印书馆 1937 年版，"刘秉麟先生序"。
② 唐庆增：《中国经济思想史》上卷，商务印书馆 1936 年版，"赵序""自序"。以下简称"唐著"。

于在 1936 年将"古代之一部分，先行付梓"，这就是本书标为"上卷"的缘由。可惜此后没有继续，或许由于很快就抗战全面爆发而颠沛流离，或许因为身体状况及其他原因，总之是一个遗憾，抑或也是一个学术之谜！

在展开本书论述之前，有必要了解唐著赖以植基的土壤——中国经济思想史学科肇端的时代背景及其相关情况。不进行学术史的回溯，就很难对唐著有深入的认识和理解。

20 世纪 20 年代至 30 年代是中国经济思想史学科系统研究的肇端期，时值中国社会大变革、学术思想大发展的重要时期。强盛国力抵御外侮和建设国家发展经济的现实需求，推动和促进了实业发展与理论探索；西方经济学的传入和马克思主义的传播，为中国经济研究的发展提供了学术参照；掌握西学理论又致力于献身本国发展的"海归"留学生，成为我国经济学术转型的中坚力量；中国经济思想史作为经济学独立分支学科，就是在这样的时代背景和学术基础之上肇端的。作为一门独立学科，其形成或创立的主要标志至少有二，一是这一时期系统性研究成果集中而大量问世；二是全国多所大学开设中国经济思想史课程，这些都是前所未有的。[1]

据我考证和搜集的文献看，我国最早以"经济思想"命名的中文中国经济思想史著作，可能是 1923 年北京志学社出版的熊梦《墨子经济思想》，[2] 他还出了《老子、商君经济思想》《荀子经济思想》《管子经济政策》等单行本。一般认为较为系统性的成果是甘乃光 1924 年写、1926 年商务印书馆出版的《先秦经济思想史》，作者"自序"说这是他"在岭南大学教授中国经济思想史的一部分"，此书三年后再版。在唐著问世之前，还有李福星《孟子经济思想》（北京交通大学月刊社 1926 年版）、李权时《中国经济思想小史》

---

[1] 参见拙作《"中国经济学"寻根》，《中国社会科学》1998 年第 4 期；《中国经济学术史的重点考察——中国经济思想史学科创始与发展优势论析》，《中国经济史研究》2003 年第 4 期；两文均收入《叶坦文集——儒学与经济》，广西人民出版社 2005 年版。

[2] 不包括陈焕章 1911 年在美国哥伦比亚大学出版的 The Economic Principles of Confucius and His School（《孔门理财学》）等非中文著作。

（世界书局1927年版）、岭南大学经济学会《中山经济思想研究集》（上海三民公司1927年版）、熊梦《晚周诸子经济思想史》（商务印书馆1930年版）、马君武《中国历代生计政策批评》（中华书局1930年版）、李慎言《孟子的政治思想及经济思想》（易社1931年版）、何大受《孔子政治经济思想》（广州大学法科学院1933年版）、李权时《现代中国经济思想》（中华书局1934年版）、赵可任《孙中山先生经济学说》（正中书局1935年版）、戴锡琨《中和经济论》（开智印刷公司1935年版）等刊行。唐著出版后面世的著作逐渐多了起来，其中较有影响的如黄汉《管子经济思想》（商务印书馆1936年版）、赵丰田《晚清五十年经济思想史》（哈佛燕京学社1939年版）、夏炎德《中国近百年经济思想》（商务印书馆1948年版）等。与此同时，还有许多研究论文问世，据我多年来的爬梳统计，1949年以前共有五百余篇相关论文发表，其中绝大部分是在1925年以后刊出的，此前不足十分之一。[①] 尽管上述著述或许不乏新论建树，但如赵人俊唐著序言所说，"吾国经济思想史之研究，亦不乏人，然大都片断残缺，敷衍成章"，最为深入系统的还是唐庆增的研究，可以认为唐著的问世标志着中国经济思想史学科的创立。

大学开设中国经济思想史课程，证明本学科基础知识的定型化和体系化。前述唐庆增、甘乃光均谈到了他们在南方一些大学开课的情况，当时在北方的大学中也有开设中国经济思想史课程的。侯外庐自述说1931年"我在哈尔滨法政大学任教，开设了一门'中国经济思想史'课程，写了一部研究性质的讲义"；又说"但我在此时，除了在北平几所大学讲授中国经济思想史之外，并没有直接在报刊上参加论战"[②]。另外，叶世昌《古代中国经济思想史》"导言"提到，李大钊在北京大学讲课中有关中国经济思想

[①] 以上主要依据笔者主持并提交的国家社科基金项目"中国经济学术史——传统经济研究史考察"（00BJL033）的成果之一《1890—2003中国经济思想史论著目录索引》。

[②] 侯外庐：《韧的追求》，生活·读书·新知三联书店1985年版，第224页。

史的内容，收入其文集的《中国古代经济思想之特点》，即选自1920年北大讲义。① 因此可知中国经济思想史课程当时在我国南北方的大学中已较为普遍地开设，而作为知识传授的大学课程，必以基本定型的学理和一定的经验积累为前提。

当时国际上的情况主要是日本学者大抵同时也开始了中国经济思想史的系统研究，主要成果如田崎仁义《中国古代经济思想及制度》（1924）、田岛锦治《东洋经济学史——中国上古的经济思想》（1935）和小岛祐马《中国思想：社会经济思想》（1936）等专著以及多篇论文。田崎的书由王学文于1936年出版中译本，田岛1894年就发表相关论文，并在京都大学经济学科开授中国经济思想史，这恐怕是中国以外绝无仅有的。② 就方法论而言，即便是研究中国，若不包括国外的研究或没有国际视野也是不完整、不全面的。

三

夏炎德曾全面评价本书著者："唐庆增先生为一纯正之学者，于理论经济学研究甚精。历年主持光华与大夏诸大学经济学系，著述甚多，并主编《经济学季刊》。唐氏之思想趋向英国古典派，于亚当·斯密尤所心折，对马克思则抨击不遗余力，言论文章多主合理之个人主义，颂扬自由精神，认为政府于经济之职务仅限于若干有限的方面，即于统制经济高唱入云之际，彼仍持自由经济如故。虽然，中国产业基础未立，不能全任贸易自由，坐视本国幼稚工业为外力摧残。以是征收保护关税，亦为唐氏所赞同。以言中国经济，则认为生产重于分配。彼对于经济思想史研究最深，私人藏书甚富。论此方面之修养，国内学者实无有出其右者，特当代之理论非所娴熟耳。唐氏所著《中国经济思想史》，业已完成上卷。彼于中西学均有

---

① 参见叶世昌《古代中国经济思想史》，复旦大学出版社2003年版，第2页。
② 参见叶坦《日本的中国经济思想史系统研究开端期分析》，《经济评论》1996年第4期。

素养，以著此书，最为合格；虽所据文献中不免杂有伪书，然于此学术空气稀薄之时，终不失为一重要之收获。惜渠近年牵于课务，健康不佳，中下卷不知何日能脱稿而已"①。

应当说，这是比较中肯的评价。唐庆增的理论追求明确，他认为照搬西方经济学不能解决中国的现实问题，中国经济学的创新应当从中国传统经济思想中汲取养分；他对制度变迁相当重视，曾深入考察各国的制度变迁对创建经济理论的影响，并以之作为研究中国经济思想史的借鉴。如前所述，《中国经济思想史》上卷，1928年春开始写作，到1935年7月成书，1936年3月由商务印书馆作为《大学丛书》之一出版。全书分为十编，编下再各设二至六章不等，首尾两编为"绪论"和"结论"外，其余分述：老、孔以前之经济思想、儒家、道家、墨家、法家、农家及其他各家、政治家与商人、史书与经济思想。书前是马寅初、赵人俊、李权时三篇序言和著者自序，书后附录有关参考著述。时贤三序都提出中国经济思想学说光辉灿烂，很有必要研究，而要整理国故以创新中国经济学，惟学贯东西的唐庆增可当此大任。他本人则称"窃愿此书之出，能引起国人对于是项研究之兴趣"。要引发国人研究著述，本书"特其筌蹄耳"。"筌蹄"比喻达到目的的手段或工具。实际上，唐庆增是民国时期从事中国经济思想史教学和科研为时最长、最为系统深入、成果最多的学者；唐著亦是当时中国经济思想史最为全面系统的著作，是当时本学科的最高成就，成为中国经济思想史系统研究的重要标志。②

本书被公认为1949年之前中国经济思想史研究的代表作。我认为主要依据有三：第一，唐庆增独具担负此任的学识与功力，且

---

① 夏炎德：《中国近百年经济思想》，商务印书馆1948年版，第178—179页。
② 参见叶坦《1920—30年代中国经济思想史研究之分析》，《中国研究》（日本）1995年12月号、1996年1月号连载。近年也有学者对唐庆增及其著作进行研究评介，主要如余开祥《唐庆增：中国经济思想史领域的辛勤耕耘者》，复旦大学《校史通讯》第32期（2005年3月28日出刊）"人物春秋"；马涛《唐庆增与其〈中国经济思想史〉》，《经济思想史评论》第1辑，经济科学出版社2006年版；梁捷《唐庆增抱憾半部〈中国经济思想史〉》，《上海证券报》2007年10月15日；孙大权《唐庆增经济思想研究》，中国经济思想史学会第十四届年会论文（2010年8月·武汉）等。

"著者于经济学中,最喜研究经济思想历史一部分"。第二,本书是至此整理和运用史料最为丰富、撰著篇幅最多、结构体系严谨之作。书涉国学的部分,有"家严加以指示",算得上是得天独厚。第三,本书的理论建树尤为重要,这主要体现在对本学科的界定、基础理论与研究方法的规范、基本观点与论述较为客观合理等方面。本书在深度广度、系统性理论性诸方面,都是同期成果所不及的。值得注意的是,唐著是作为大学教本而写的,这对于奠定本学科的独立性学科地位具有十分重大的意义。

尽管著者一些论述不乏对中国经济思想某些内容持异议,但本书不同于甘乃光等书过分抑中扬西的倾向,这与唐庆增"欲创造本国新经济思想"分不开。他先后发表《中国经济思想之特点》《中国经济思想史之根本问题》《中国经济思想之改造》等文陈述其观点。书中提出"中国经济学说,发达确在西洋各国之先也",还认为中国文化很早就输入到欧洲,"中国之上古经济思想,流入西土,殆为必然之事实"[1]。"马序"也说"古先圣哲经济思想之灿烂,较之欧美各国,未遑多让,惜汉后儒者以言利为讳,经济思想遂少系统的发展"。"赵序"则讲"吾国数千年政统不绝之国家政治经济,昌明之候,无代无之,大政治家大思想家亦屡见辈出,……尤须将吾国旧有之经济学说,阐明挥发,以资借镜,……中国经济思想史之作,不容或缓。"他称赞同窗唐庆增的勤奋饱学,说是"中国经济思想史之作,除唐君外,能胜任愉快者,实不数数觏",他期望唐能更有发展,"以创造中国独有之新经济学,其有造于经济科学,岂惟中国,抑寰宇所共同翘首而待馨香以祝者矣"。"李序"谈到那时研究经济思想史很发达,但多偏重西洋学说的介绍,对本国经济思想的探讨犹嫌不足,是"畸形的发展,而为研究经济学者所引为遗憾者"。他亦赞誉著者学贯东西,写出此数十万言之巨著,"关于中国经济思想史之巨著,固舍君莫属也。……期望国人对于中国经济思想之研究,亦加倍努力也"。为人

---

[1] 唐著,第362页。

作序者不免有溢美之嫌，但我们透过上述话语，不难看出：一是著者确有担此重任的条件与基础，而本书的确也初步实现了预期；二是本书的意义不限于研究中国经济思想史本身，而是具有创新有别于西洋的中国经济学的价值；三是当时的中国迫切需要研究本国经济思想史，这不论对本国还是对世界都是很有意义的。

"绪论"是本书最具理论价值的部分，主要阐述三个问题：其一，中国经济思想之性质，其二，中国经济思想史在世界经济思想史所占之位置，其三，研究中国经济思想史之方法。著者认为"凡一切关于经济制度之言论，皆得称为经济思想"，"经济思想最大之功用，在满足人类欲望，促进经济组织之进步"，他列专节研究经济思想与经济制度互为因果的关系。提出当时中国若干经济问题待解决，必须依据健全的经济思想，"我国经济问题，自有其特殊之性质，必须国人自谋良法，非徒稗贩西洋新说陈言所可奏效。但欲产生一适合国情之经济思想，非研究中国经济思想之历史不可。"研究的意义除解决实际问题外，还可洞悉晚近经济学说的源流，理解各种专门名词，借鉴前人的研究方法，发扬中国旧有之学术。他指出，中国只有经济思想而无经济科学，中国经济思想产生很早但进步太慢，且与政治伦理思想混淆不分，经济思想与其他学术关系密切。但经济思想史不同于研究经济事实的经济史，也不是经济科学史，因为当时还没有经济科学。但他反对"中国无经济思想"之说，并认真分析造成此说的原因。从思想和事实两个方面分析中国经济思想不发达的原因，涉及哲学、观念、伦理、宗教习俗以及社会、地理、政治、国民性及读书方法诸层面，这些都有不利于发展的因素，致使中国落后于西洋，不能居于应当之位置，故研究经济思想要综合考虑问题。他总结中国经济思想史历代都重分配轻生产，认为这是造成后来中国物质文明落伍的重要因素。[①]

唐著将中国经济思想史划分为三个时期：其一，胚胎时期（自

---

① 唐著，第369页。

原始至秦末）——上古经济思想史；其二，实施时期（自汉初至明末）——中世经济思想史；其三，发展时期（自清初至当时）——近代经济思想史。特别指出"汉后经济学说甚发达，亦有其特长，今分为二时期，令人误会汉以后无经济思想，贻害甚大，此种误会，亟须矫正也"①。这就在整体结构上规范了中国经济思想史的体系，并对不同时期有不同认识。他认为只有汉代以前的中国经济思想史对外国有影响，还写了专文陈述中国上古经济思想对西洋各国的影响，这对此后的研究是重要的启迪。他提出先秦诸子重在经济理论，汉后的经济思想则偏重各种实施。他认为中国经济思想史中的派别"并不复杂，简言之，不外儒、法、墨、农四家而已"。进而，将儒家归为"中庸派"、墨家归为"实利派"、法家归为"功利派"、农家归为"力行派"，认为此四派即中国经济思想史之四大潮流。他重视儒、法二家并以此为主流，认为墨、农二家"固有精彩之处，但无影响可言"；至于道家，虽列入了研究之列，"但其学说遗祸甚大，乃属消极而非积极的"，②其余各家或学说简单或影响不大，都不在其注重之列。然而，他并未不研究那些不重要的内容。不过这里有两个方法论问题，一是与著者界定的经济思想史研究对象不免矛盾，二是完全依其主观价值评判而定论。他的评判不免武断，观点也未必都正确，显现其个人与时代的局限性，但透过他的倾向也能够看到其若干论点确有独到之处。

唐著的具体研究方法主要提倡把握经济学原理和注重与经济史、哲学史、政治思想史、法制史、逻辑学等学科的联系，尤其强调史料之重要，重点阐述分析、解释、比较、批评四种研究方法的意义。至于按什么来经济思想研究，他认为无非是按照作者、学说、派别、时代分四类，四种各有利弊"不妨同时着重"。值得注意的是他指出以往经济思想大抵只研究少数政治家和哲学家，而普通人"其思想无由表现，时至今日，民意大昌……研究经济思想史者，对于一切传播智

---

① 唐著，第9页。
② 唐著，第9页。

识之机关,如新闻纸、杂志、宣传品一切,亦应予以相当之注意。"①这与半个世纪后史学界风行的"下层社会"或"小人物"研究,似有异曲同工之妙。著者将政治家、商人等列专章研究其经济思想,确是较为全面的考虑,只是中国历史上的商人等,很少留下真正属于自己的思想资料,书中所用资料更多的是文献的作者如司马迁的思想主张。

全书以著者对经济思想史的潮流理解为主线,虽以儒、法两家为主流,其中又有轩轾,尤重法家。如说商鞅至多是不甚注意商业,"以言轻商则过甚矣……中国经济思想史中之第一轻商者,乃在汉代始出现也"②。他还以重墨阐述法家经济思想之完善、丰富,"盖其学说最富有创造之精神,而对于经济问题之分析,多有独到处也",反复论证各种情况下法家的学说都有采用的价值。③ 在法家中他又尤其推崇管子,特别提出应充分肯定管子的重商政策。对于儒家思想,他的观点也多与众不同,如说"其实孔子何尝不言利,彼所反对者,乃小利而非大利"。强调孔子在中国经济思想史中"真正之位置,学者亟须认清。渠并非为中国经济思想之创始者,创始者在孔子前大有其人,渠不过为若干思想家之一,其学说影响虽大,然不足以代表中国经济学说之全部"④。应当说这是很有见地的论点,值得认真思索!此外,他认为农家的最大贡献,"厥为提出自食其力一义,彼辈在数千年前,已经能洞悉劳工之重要",然而"农家学说有一绝大缺点,即重视个人之能力过甚",而不了解政府的效能。⑤ 他对道家严厉批评,说以往人们批评孔孟轻商、制欲等等,实是道家之咎,道家"实为中国经济思想发展上之大障碍。老庄诸子,皆为我国经济思想史之罪人"。道家的经济学说,在他看来一言以蔽之,曰"消极的言论而已",属于"非政府的""非社会的"学派。⑥ 这也未免太过分

---

① 唐著,第35页。
② 唐著,第278—279页。
③ 唐著,第296页。
④ 唐著,第25、68页。
⑤ 唐著,第304页。
⑥ 唐著,第136、168页。

了，道家的经济思想自有其合理乃至进步之处。①

唐庆增明确指出作研究应当"平心静气摒绝成见，不当穿凿附会，强以新学说附会古人陈说，自诩近世西洋学说，为数千年前中国圣贤所发明；亦不必故示矜异，鄙视先儒言论，致将前人学说之长处一笔抹煞，能有适当之态度，始能有公允之论调也"②。此确为中肯之论，也是作研究的基本态度，可视为研究者应恪守的准则，可惜的是他本人也未必做得到。除前所述外，如他讲管子早于法国人巴丹（Jean Bodin）千余年即倡有"货币数量理论"，还说早于瞿格拉（C. Juglar）两千年前的中国计然，已经导其"经济循环论"之先河了，③如此等等。至于对道家的经济思想，他自己何尝没有"一笔抹煞"呢？另外，他对马克思主义大不以为然，这在本书和其他著述中多处可见，这种状况在当时研究中国经济思想史的人中也有不少。与此不同，有一位石决明曾撰文专门批判唐庆增的研究法，也批评了梁启超和李权时，主张用马克思主义唯物辩证法研究中国经济思想史。④ 不过，这在当时并不很普遍，真正以马克思主义为指导的中国经济思想史研究，1949年以后才普遍展开。

本书的"结论"部分，也是值得认真研读的。主要讲"中国上古经济思想在西洋各国所生之影响""中国上古经济思想之局限""中国上古经济思想史内容之比较"。从中我们不仅可以领略著者广博的学术视野，而且能够为我国经济思想曾影响西方特别是法国重农学派而自豪。通过著者的分析，启发我们思考中国经济思想的局限，并从诸子百家经济思想的比较中，发现各家各派思想观点的相似或歧见，启迪我们在前人的基础上继续努力。

综之，唐庆增作为中国经济思想史系统性研究的奠基者，他精

---

① 参见巫宝三主编《先秦经济思想史》，中国社会科学出版社1996年版，第394—437页。
② 唐著，第69页。
③ 唐著，第221、339页。
④ 石决明：《中国经济思想史方法论商榷》，《中国经济》1934年第2卷第6期、第7期连载。

通西洋经济学与经济思想史，也介绍和研究过不少西人的成就与研究方法，但其主要着力点和实在的贡献，在于创新中国经济思想史。他的理论借鉴和分析方法并没有独宗西洋哪一学派，而主要致力于探索适宜中国经济思想史的理论建构和研究方法，这不仅高出其同时代人一筹，而且对今天也有重要的参考意义。

这部凝聚了唐庆增毕生学术心血的著作自面世至今都有较大影响，不仅陆续再版而且评介不断。最早可能是萧公权的书评，认为唐著有三大长处：资料丰富、比附明晰、条理分明，肯定本书的学术贡献和地位；同时指出存在取材尚欠精审、论述间有不确当之处以及文献真伪混淆和使用不当等问题。[①] 唐著刊出六年之后，姜书阁还发表"旧书新评"，谈到本书出版半年就印了三版，可见学界之重视程度，是"值得我们特别重视的著作"，最适宜做大学教本。理由是材料广博完整、持论非常中肯，但批评著者"尽信书"，忽略古书真伪问题，学派分类以及论点也有不妥。[②] 大家都期待唐著上卷出版之后能够看到后续之书，然而事实只能让人掩卷叹憾……

本书在唐庆增逝世之后还在继续再版。如1975年台湾出了两个版本，三人行出版社的《中国经济思想史》和古亭书屋的《中国上古经济思想史》；1989年上海书店（《民国丛书》第1编）出版本书与赵丰田《晚清五十年经济思想史》、夏炎德《中国近百年经济思想》影印合订本。此次商务印书馆选印本书，亦证明70多年后的今天其学术价值依然受到重视，相信读者定能从中获取独到的收益，实现著者"引起国人对于是项研究之兴趣"的愿望，期待更多的同道在中国经济思想史的沃土中共同继续耕耘！

（原载"中华现代名著丛书"之唐庆增：《中国经济思想史》，商务印书馆2011年版）

---

① 萧公权：《唐庆增：中国经济思想史上卷》，《社会科学》1935年第1卷第4期。
② 姜书阁：《读唐庆增〈中国经济思想史〉上卷书后》，《财政学报》1942年第1卷第1期。

中国社科院创新工程首批
"长城学者"代表致辞

尊敬的各位领导、各位同仁：

下午好！

非常高兴能参加这次会议，感谢院里发给我这个分量很重的聘书，同时我要对院里、所里那些为实施"创新工程"而付出大量心血和辛勤劳动的同志致以由衷的敬意！

时间有限，我仅谈两点最深的体会：

第一，"长城学者资助计划"是我院实施"创新工程"、落实"人才强院"战略的重要组成部分和典型体现。一般说来，强调人才往往注重人才引进多，落实人才发展少；关注前期投入多，注重后续产出少；资助易见成效项目多，重视长期性基础研究少；突出集体性项目多，资助个体性研究少。然而，哲学社会科学研究的特性决定上述"多"固然重要，"少"也不能忽视，尤其是一些基础学科和特殊学科，更是需要长年"甘坐冷板凳"的"单兵作战"，潜沉治学心无旁骛才能出精品，这从本院前辈学者彪炳史册的成就中可以得到证明。

我院这次实施"创新工程"是兼顾上述"多"与"少"的系统工程，从体制机制上予以科研创新制度保障。"长城学者资助计划"以个人为资助对象，以五年为周期，成果合格还可继续资助一次，这不仅与科研特性相适宜，而且保证了学术累进必备的稳定性和连续性。计划特别重视对基础学科适当倾斜，而且要求申请人不能担任所领导职务，这既体现了我院学科分布的特征和科研资源的合理优化，也是对静心治学"十年磨一剑"学风的弘扬与保障。

第二，我1985年进本院读博士（至今已27年），一直从事中国经济思想史研究，可以说整个青春年华都投入到专业研究中，因此对本院和本学科有着深厚而特殊的感情。惭愧的是，自己能力有限，许多工作不满意或无法开展，唯一可以问心无愧的是，尽管搞本专业的仅剩我一人，我依然在坚守专业阵地！本院在国内最早开创中国经济思想史研究（1956年），而且本学科具有其他学科没有的特殊优势。我曾总结为八大优势，关键的是——世界上惟独在中国大陆它是理论经济学的独立学科，特有经济、文化、历史等跨学科性质，兼具鲜明的思想理论性和实践应用性。毋庸讳言，国际学界的"话语权"多掌握在西方，我们的研究似乎努力与之"接轨"。而我国悠久的历史和现代化经济建设，蕴涵着丰富的经济学说和理论，这在发展中国家是很突出的，可能成为中国对世界的重要贡献。中国学术在世界上居于领先地位的人文社科成果中，"国学"（或称"中国学"）无疑是"长项"，而以从古至今的中国为研究对象的中国经济思想史，不仅具备国学的一般特性，而且具有促进理论经济学创新的独特优势。事实上，近现代最早在西方经济学坛留下足迹并影响至今的，就是1911年中国人在美国出版的中国经济思想史专著（《孔门理财学》），著名经济学家凯恩斯还为之撰写书评。可惜百年之后的今天，却很少有人知道，可见我们任重道远！

最后，我想说，作为长城学者资助计划获得者，既是荣誉更是责任，既标志着对以往科研工作的肯定，更意味着对未来研究成就的期许。我们应当按照规定认真努力，争取交出合格的答卷。

谢谢大家！

（叶坦代表中国社科院首批"长城学者"，在聘任证书颁发仪式上的致辞，2012年3月23日）

文化良知岂能拍卖

私人间的通信是建立在相互尊重、信任的基础上的，利用别人的信任，为了一己之私，公开和出售别人的隐私，有悖于社会公德与人的文化良知。在当事人坚决反对的情况下，如果还执意要这样做，是对当事人更深的伤害。

随着保利在6月2日紧急撤拍，杨绛维权一事看似有了进展。但事件旋涡正中心的中贸圣佳和信件的原始所有人李国强却迟迟没有对此事进行回应。按原计划这些信件将于6月18—20日预展，21—22日拍卖。拍卖方是否会应杨绛要求停止拍卖仍难下结论。

近日来，钱锺书夫人杨绛呼吁有关拍卖公司和个人尊重书信人的著作权、隐私权、通信秘密权和人格尊严，停止有关拍卖和相关宣传活动，"希望国家和社会能够坚守住我们的道德和法律底线"。这位百岁老人为维护合法权益和人格尊严不受侵犯，已经采取了法律行动，并可能"将亲自走向法庭维权"。

此事引发了人们的深切关注和强烈反响。国家版权局以及中国作协、拍协等均声援杨绛的维权行动。专家表示，此拍卖可能涉及物权、著作权、隐私权、名誉权等多项权利。就著作权而言，书信作为文字作品，著作权属于作者，未经著作权人同意，不得对书信进行著作权意义上的任何利用，否则就涉嫌侵权。若将书信的全部或部分内容公之于众，可能涉嫌侵犯著作权人的发表权。根据《著作权法》第47条规定，对未经著作权人许可发表作品的侵权行为应承担民事责任。需要注意，这里的"发表"包括复制、发行以及通过信息网络向公众传播。一些民法、知识产权法和宪法领域的专家，对私信拍卖涉及的法律问题进行专题研讨,认为未经作者同意拍卖私人信件侵害作者及他人的隐私权和著作权,应当依法禁止。但也有观点认为,拍卖只是物权的转移,并不牵涉版权变更,故不会违反《著作权法》。

两个焦点问题

我不是法学家,但作为学者尤其是作者,很重视著作权问题,也作过一些相关思考。

有关书信能否公开拍卖的一个关键,就是"书信"是不是"作品"。我的认识是肯定的,因为书信不仅具备作品的一般属性,而且还具有内容私密性、对象特定性等特殊性,需要在著作权法中予以明确规定和特别保护。现实中,书信是作品、著作权归作者是明确的,请看一个实例——现存《书信集》数不胜数,翻开某某的书信集,其作者一定是写信人而不是收信人。少见收信人将别人写给自己的书信当成自己作品的。书信是作者作品中的一个组成部分,收入其文集(书信也是一种文体)、全集的比比皆是,似乎没有谁质疑其是否是作品。可这次要拍卖的书信怎么就纠结其是否是"作品"呢?怎么就可以不经杨绛先生同意就拍卖呢?

另一个焦点是在物权意义上书信归收信人所有,似乎其可全权处置,其实不尽其然。正如有法学家指出,书信包含三层法律关系:书信的物权属性、书信所承载的信息属性及其表达方式。我的理解是,就物权而言,书信不同于一般物品,尽管书信是写给收信人的,但收信人并非完全意义上的权利人,其所有权是受限的。其可以阅读、保存、收藏,却不能公开、发表、拍卖(隐私权与著作权的体现)。因为书信是写信人的创作,不因其转移而改变写信人享有的著作权;而且作为特殊物品的书信特有的隐秘性、私人性等,决定了其对象限定、用途排他等特性,收信人无权将别人发给自己的书信改作他用,更不能擅自公开或发表。因为我国《宪法》第 40 条明确规定"中华人民共和国公民的通信自由和通信秘密受法律保护",《物权法》也规定"所称物权,是指权利人依法对特定的物享有直接支配和排他的权利",同时规定"物权的取得和行使,应当遵守法律,尊重社会公德,不得损害公共利益和他人合法权益"。换言之,即便是权利人,也必须依法行使其权利,处置私人书信需要保护通信秘密。

伤害的是文化良知

我对于不经书信作者同意就公开其书信,特别是以营利为目的的行为同样愤慨,我自己也有不止一次这样的经历。直至现在,在国内某知名网站还在卖我的几种毛笔字、钢笔字的书信,字迹内容均清晰可见,其中不乏私人及学术等非公开内容。更有甚者,连本人三十年前的硕士生作业,也被挂在网上卖钱!我并不是什么名人,更想不到这些文字书信在自己完全不知晓的情况下,成为一些人的牟利之物。其实,读者诸君或许同样也未能幸免。无奈如我等,哪里有时间、精力去"维权"?只能扼腕侧目而已。

中国作协主席铁凝说得好:"公开和出售别人的隐私,有悖于社会公德与人的文化良知。"钱锺书和杨绛是我国著名的文学大家、翻译大家,对中国文学乃至中国文化产生了重要影响。杨绛是亲历五四运动、唯一仍在世的中国作家。拍卖事件让这位年逾百岁的老人在安宁和清静中被打搅,她的情感、精神受伤害,"人心的秩序,人际关系中信任、坦诚这些美好的词汇万不可变得如此脆弱和卑微"。私人间的通信是建立在相互尊重、相互信任的基础上的,利用别人的信任,为了一己之私,公开和出售别人的隐私,有悖于社会公德与人的文化良知。在当事人坚决反对的情况下,如果还执意要这样做,是对当事人更深的伤害。书信是感情的载体,是人际信任的纽带,是文化良知的体现。为了经济利益而置道德感情文化良知于不顾,即便法律不能直接惩戒阻止,道德良知也会愤慨谴责。

　　德高望重的杨绛一贯遵行"对文化的信仰、对人性的信赖",但愿杨绛的意愿能得到充分尊重!

　　　　　　（原载《文汇报》文汇时评,2013年6月4日）

经济史学及其学理关联[*]

——基于史实与逻辑的视域

毋庸讳言，在社会科学"皇冠上的明珠"经济学中，经济史学并非"显学"；尤其在学风浮躁、急功近利之时，"治史"的确比较艰辛，其学术投入与成果产出也很难彰显"效益"。然而，近年来人们越发认识到经济学研究领域中"贫史症"的危害，一些研究现实经济的名家陆续写出了可观的经济史学著述。作为经济史学研究者，拿出坚实的科研成果非常重要，而厘清一些基本概念并从学术史实与学理逻辑视域进行梳理分析同样也是必要的。

适逢北京大学经济学院社会经济史研究所成立大会暨首届北大经济史学研讨会召开，笔者有幸受邀进行主题发言，特将本人倡导的经济学术史系列研究中有关经济史学及其学理关联的思考摘要报告交流。

一 何谓"经济史学"？

首先，希冀在基本概念上作尝试性厘清。"经济史学"概念的运用相当普遍，但对于到底什么是"经济史学"，学者的看法并不一致，即便在现今中国学界也并非能将其作为"共识性"学术概念来用。不少研究经济史的学者以之直接等同于"经济史"，在他们看来

---

* 本文为中国社会科学院创新工程"长城学者资助计划"的阶段性成果，2013 年 9 月 27 日在北京大学经济学院社会经济史研究所成立大会暨首届北大经济史学研讨会上，作者摘要进行主题发言。

经济史学就是研究经济史的学问或学科，以至将经济思想史也作为经济史的一个分支。重视经济史学理论追求的学者，则对这一基本概念探讨阐释，提出了一些不同的认识。如赵德馨教授认为经济史学科包括两个部分，即"经济史学"和"经济史概论"，经济史学中包括经济史和经济史论。① 此外，如李伯重教授指出"本文所指称的'经济史学'，不仅包括经济史，还包括社会经济史乃至社会史。"他不否认在严格意义上这三个概念有差别，而且对于什么是"经济史"亦无定论，强调"对于什么是经济史，无论在中国或者西方学界，至今也没有一个大家都接受的定义"②。

不难看出，对于"经济史学"这样一个普遍使用的基本概念的界定并非易事，而各说各话势必影响学术交流与深化，或许正是在不断的探索和研讨中，有利于提升学术共识。这些年来，笔者倡导并开展经济学术史研究，通过考察大量相关资料和经济史学研究成果，结合自己的治学心得，形成对经济史学概念的一些初步诠释——在一般意义上，"经济史学"主要包括经济史（含部门经济史、比较经济史、国别、民族或区域经济史、经济管理史以及专门史、断代史、通史等）与经济思想史（含通史、专史、理论史、范畴史、观念史、断代史、国别、民族或区域史、经济哲学、经济伦理以及各类比较、管理思想史等）。③ 西方经济思想史一般称为学说史，此外还应包括经济学史、经济学术史等与经济相关的史学研究。概括言之，"经济史学"的两大主干就是经济史和经济思想史，而后

---

① 如赵德馨《经济史学概论文稿》，经济科学出版社2009年版，开宗明义："经济史学科有两个分支：经济史学和经济史学概论。"他在许多著述中都有相关论述，直至最近还有深入阐释，见其《让中国经济史学研究的理论色彩更浓厚一些》，《中国社会经济史研究》2013年第1期。

② 李伯重：《回顾与展望——中国社会经济史学百年沧桑》，《文史哲》2008年第1期；李伯重：《中国经济史学的话语体系》，《南京大学学报》2011年第2期。

③ 本研究为国家社科基金研究课题。"经济学术史"是以经济学术的发展为主要研究对象，包括经济文献学、学术研究史以及经济学教育、经济学术团体的发展史等，可视为经济思想史学科的拓展，不同于一般意义的经济思想史或经济学说史。此外，研讨界定"经济史学"也是学术史的重要内容之一。参见叶坦《中国经济学术史的重点考察——中国经济思想史学科创始与发展优势论析》，《中国经济史研究》2003年第4期。

者常常被经济史学者忘却，或将其视为经济史的一个分支。实际上，经济思想史不仅重要，且具若干独立学科特质，尤其是理论性特色，使之在经济史学中有着无可替代的作用，中国经济思想史更为典型。十年前，笔者曾在"中国经济史论坛"刊登《中国经济思想史学科优势分析》，并在此后的一些著述中不断深化和完善，希望引起学界对本学科的关注和重视。需要重申的是，经济史与经济思想史两者不仅都重要，而且有着不同于其他学科间的特殊学术关联，蕴涵内在的学理逻辑基础。

二 经济史与经济思想史密不可分

就学理而言，经济史学是理论经济学的分支学科，其主要构成即经济史和经济思想史，两者密不可分的关联，可以从学术史和学理逻辑两个方面得到证实，以体现历史和逻辑相一致的原则。众所周知，"近代"与"西方"是近现代科学包括学科产生的基础，因此这里的学术史重点谈西方。

关于经济史学的产生，如主编大部头《方坦纳欧洲经济史》的意大利经济史学家奇波拉（Carlo M. CiPolla）认为，经济史以经济学和历史学为基础，18世纪后半期经济史与经济学共同发展，1776年出版的斯密《国富论》就是经济学与历史学的结合。但学界一般认为现代意义的经济史到19世纪晚期才形成，吴承明先生曾撰"经济史学小史"（2006），开篇即"在西方，经济史作为一门独立学科，是19世纪晚期从历史学中分立出来的。其分立是因为经济学已经发展成为系统的理论，原来历史学中的经济内容，可以用经济学的理论来分析和解说了"。他认为"分立之后的经济史用经济学理论解释历史，但仍保持着历史主义的特点"，指出英国经济史学的开山祖坎宁翰（W. Cunningham）第一个把经济史作为独立学科研究并在大学开设经济史的讲座，而最早以"经济史"命名的著书，则是奥地利经济学（和统计学）家斯特尔涅格（Kail Theodor Von Inama Sternegg）

1877 年出版的《德意志经济史文献》。笔者看到英国学者哈德森（Pat Hudson, 2001）等证实，英国在 1867 年"经济史"首次被列入大学考试科目，1882 年坎宁翰出版了第一本经济史教科书，1892 年阿什利（W. J. Ashley）成为英语国家的首位经济史教授，1895 年伦敦经济学院成立，经济史被置于人文社会科学的核心。其他文献还记载斯特尔涅格 1879 年出版了巨著《德意志经济史》第 1 卷，而以"经济史学"为名的著作，如英国业余史家西博姆（Frederick Seebohm）1883 年问世《英国农村公社：一部经济史学论著》。

应当特别提到在西方学说史上著名的德国历史学派。从李斯特（Friedrich List）、罗雪尔（Wilhelm Roscher）到施穆勒（Gustav von Schmoller）等人，他们的学说有新旧、观点或异同，但共同点都是注重以历史方法研究经济学和经济史，故而也有"历史经济学"之称。如马克斯·韦伯（Max Weber）就写过《罗雪尔与克尼斯：历史经济学的逻辑问题》，再如杰拉德·M. 库特（Gerard M. Koot）著《英国历史经济学：1870—1926 经济史学科的兴起与新重商主义》。值得注意的是，他们的经济史学研究中也包括了学说史即思想史，如研究历史学派的朱绍文先生在罗雪尔的《历史方法的国民经济学讲义大纲》"中译本序"中，指出"他作为经济思想史的学者，还著有《十六、十七世纪英国国民经济学说史》（1851—1852）和《德国经济学说史》（1874）。此外还有《殖民、殖民政策、移民》（1848）。他的《历史方法的国民经济学探讨》一书是他从 1843 年开始撰写的《奢侈论》等十五篇论文的汇编本"。罗雪尔就是经济思想史学者，他的这些研究成果较上述英国经济史研究还要早若干年！到"新历史学派"代表人物施穆勒、桑巴特（Werner Sombart）及韦伯等人，强调法律、道德、宗教、心理等因素的作用，重视国家政策与社会习俗等基础，拓展了经济分析框架，并为制度学派乃至演化经济学等的产生蕴蓄了养分。

事实上，西方经济史学专门性著作的出现还要早一些。先师巫宝三先生 1989 年为我的《富国富民论——立足于宋代的考察》所写序言中,谈到最早的欧洲经济学说史的专门著作,是1837年法国布朗基（J. Adolphe Blanqui）的《欧洲从古代到现代的政治经济学史》。笔者后来查到这位享有盛名的经济学家杰罗姆·阿道夫·布朗基是著名的革命者路易·奥古斯特·布朗基的哥哥,马克思1845年春研究经济学时就读他的著作还作了摘录。他在1826年即出版了《商业与工业史纲要》,其经济史学研究不仅早于上述诸人,而且在他那里经济史与经济思想史得到了统一。再补充一点,法国的经济史家大概是因为受孔德（A. Comte）的影响,不用"经济史"为名而统称社会学。吴先生指出过这一点,并说明在孔德的科学体系中,经济学和历史学均属其所建立的社会学。

中国的情况简单提一下。汉代司马迁的《史记·货殖列传》历来受到重视,其"善因论"被视为与"看不见的手"同样重要却悠久得多的经济理论。这不仅是国人的看法,如韦伯在名著《儒教与道教》的"结论"中,称司马迁的《史记·平准书》"这是最古老的中国国民经济学文献"。多少年来,国际国内有关司马迁与斯密的比较研究迭出,近日何炼成先生提出"一部《史记》完全可以看成司马迁本人的一部经济思想史专著"。愚以为将司马迁的经济论视作中国经济史学先驱可能更合适,经济思想史是在经济学系统发展之后才成为独立学科这应是共识。不过,的确应当看到,在西方经济学传入中国之前,国人亦有若干经济史学甚至金融理论与政策学说等方面的著述面世,如《资本论》中唯一提到的中国人王茂荫即是一例。[①] 就在上述西方经济史学著述问世的大致相同时期,国人也有一些自撰著作,如道光二十六年（1846年）所刊许楣的《钞币论》[②],

---

[①] 笔者曾对马克思《资本论》中提到王茂荫问题以及前人的研究进行过梳理考察,可参考叶坦《徽州经济文化的世界走向——〈资本论〉中的王茂荫》,《学术界》2004年第5期。

[②] 此书扉页明确记载为道光二十六年古均阁出版。不过,对此书的作者还存有歧见,不仅因其中有许楣之兄许梿的序言和若干按语,而且许楣曾在给丁俭卿的手札中谈到"附去〈钞币论〉十本,有同好者,即烦分致。此弟手制而署名舍弟者,正之。"此札为黄裳先生发现,可证《钞币论》与许梿之关系。

其不仅是研究钞币问题的专书,还是针对王鎏《钱币刍言》的批判,反映了当时的经济现实和思想学说的辩诘。

接下来,我们再看两个学科的学理逻辑及其相互关联。

与概念界定相同,学界对于经济史学的学科性质以及研究对象等,看法历来亦莫衷一是。关于经济史,影响较大的论断如吴先生在其名篇《经济学理论与经济史研究》中指出,"经济史是研究过去的、我们还不认识或认识不清楚的经济实践(如果已经认识清楚就不要去研究了)"。十年之后的2005年,他在《研究经济史的一些体会》中,进一步阐明经济史的研究对象——"经济史是研究一定历史时期的经济是怎样运行的,以及运行的机制和效果"。尽管不少学者从各种角度提出了许多意见,其中不乏颇有见地的论点,而吴先生简明的界定与阐释至今对中国经济史学界影响巨大。在上述界定之后,他接着说:"这就出现经济理论问题。经济理论是一定的经济运行的抽象,但不能从抽象还原出实践,正如不能从'义利论'中还原出一个君子国,世界上也没有一个'经济人'国家。在研究经济史时,一切经济理论都应视为方法,思维方法或分析方法。任何经济都是在一定制度下运行的,否则就乱了。制度变迁通常是由于经济发展的需要。这和诺斯看法有异,是 J. R. 希克斯的观点,也是马克思的观点。历史上土地制度、赋役制度、租佃制度、雇工制度的变迁都是由于需要。但在重大的历史变革,如由传统经济向现代经济的转变中,仅有这些制度变迁还不行,还需要有体制的变革,以至根本法(constitutional)的变革。这是历史学家关注的,经济学家忽略了。"[①] 吴先生留给我们的这些宝贵成果,已经对经济史学及其学理逻辑和学科关联作了简洁而深刻的诠释。

笔者通过学习和研究尤其是得到前辈学者的长年亲炙,认为经济史学两大主干学科的研究对象或可概述为——"经济史"主要研究经济现象与人类的经济活动、经济关系以及社会经济制度、资源

---

① 吴承明:《研究经济史的一些体会》,《近代史研究》2005年第3期。

配置和经济形态的发生、发展、演变的过程及其规律;"经济思想史"则主要研究人类进行经济活动(包括制定经济政策、解决经济问题等)的思想、主张、学说、观念和理论。经济思想史是以经济思想或学说本身为研究对象的,研究它们的产生、发展及其规律性以及对现实的作用和对后世的影响等。巫宝三先生在《论经济思想史的研究对象、方法和意义》中提出:"经济思想史的研究对象,总的说来,是研究经济观念和学说的产生、发展及其相互关系的历史。"进而指出"经济思想大致可分为三类,一为经济哲学思想,二为见解、意见、主张等政策性思想,三为对经济现象和问题的分析和说明的理论。"各自不同的研究对象是经济思想史与经济史的重要区别。

若无区别即非两个独立学科了,但两者又是密不可分的。先来看经济史。任何经济现象、经济活动、经济关系以及社会经济制度等,都是以"人"为出发点和归着点的;而人的经济行为受思想观念、消费偏好、政策措施等所支配,这些指导或制约经济活动的经济思想、主张、学说,不正是经济思想史的内容吗?而且,经济史并非简单地"描述"或"还原"经济事实或现象,研究的是经济运行的机制、效果和规律,这就离不开理论方法,而经济理论与方法正是经济思想史的特质。再来看经济思想史。经济思想不同于一般的其他思想,它是经济现象与经济活动等的能动反映,并直接作用于经济活动与实践;经济思想史研究直接作用于经济活动的思想学说,又提炼和总结源于经济实践的经验与理论。换言之,经济史是经济思想史之根基,离开了前者,后者就成了"无本之木";经济思想史是经济史的理论体现(熊彼特说过"经济史本身就需要理论的帮助"),离开前者后者也成为"无光之星";两者密不可分,研究其一难以深化。

三 "经济"与"社会"密不可分

看似平常的"经济"和"社会",在经济史学中变得重要起来。

不仅是两者的关系如何,还包括经济学和社会学、经济史与社会史以及社会经济史或经济社会史等,在海内外同样难有定说。但是,联系两者的研究或者说重视两者的关联、甚至视两者为一的倾向却是经济史学的潮流。2001 年英国召开经济史学会成立 75 周年大会,百余位学者对"经济—社会史"满怀热忱,还出版了《充满活力的经济—社会史》论文集。国内亦有强力的呼应,如主治世界史的侯建新教授,在经济—社会史的倡导、引介和研究方面用力甚多,也取得了可观的成果。经济史学同人对社会经济史同样倾注热望,从概念界定到定义诠释再到科研实践,可以说这是经济史学界不容忽视的学术流向。本文无法分析评论各种观点,主要从经济史学视域择要论述"经济史就是社会经济史"之说,阐明"经济"与"社会"密不可分。

简要回顾一下,西方的经济史研究逐步融入更多的"社会"因素。在英国经济史学者鲍尔(Eileen Power)、托尼(R. H. Tawney)和李普森(E. Lipson)等人的倡导下,1926 年在牛津大学成立"经济史学会",同年托尼的著作《宗教与资本主义的兴起》问世。此书堪比韦伯之《新教伦理与资本主义精神》,在我国却远没有后者的名气大,而且托尼还有《中国的土地和劳工》(1932)也不大为我国学者所知。1957 年,格拉斯哥大学成立经济社会史系,显现出"经济"与"社会"两者制度化的融合趋向。到 20 世纪中后期,随着计量史学与社会史的发展,经济史学拓宽领域的步伐加速,"经济"与"社会"的融合或联盟在加强,历史学界如此,经济史学亦然。我们可以看到,迄今经济史学的许多大部头经典是以"社会经济史"或"经济社会史"命名的,如罗斯托夫采夫(M. Rostovtzeff)的《罗马帝国社会经济史》、汤普逊(James W. Thompson)的《中世纪经济社会史 300—1300 年》《中世纪晚期欧洲经济社会史》,等等,因此"社会经济史"并不是近年新出现的,若干学者如韦伯(其专著《社会经济史》有中译本)、托尼等也都是著名社会经济史家。

半个多世纪以来,欧美、日本等国外学者的相关研究也是社会经济史。日本学者也有社会经济史传统,可以追溯到 20 世纪 30 年代内田繁隆《日本社会经济史》、50年代宇都宫清吉《汉代社会经济史研究》等,后来有关中国经济史学的研究如柳田节子《宋元乡村制的研究》、斯波义信《宋代江南经济史研究》、森正夫《明代江南土地制度研究》、宫泽知之《宋代中国的国家与经济》、岸本美绪《清代中国的物价与经济变动》以及山本进《清代社会经济史》等,无不是社会经济史。[①] 再看看美国。影响很大的美国学者施坚雅（G. William Skinner）将经济学、地理学等领域的理论方法引入中国社会经济史研究,建立起用以解剖中国区域社会结构与变迁的分析模式,被称为"施坚雅模式"。该模式主要包括农村市场结构和宏观区域理论两部分,前者用以分析中国乡村社会,后者用以分析中国城市化问题。他的《中国农村的市场和社会结构》和《中华帝国晚期的城市》等社会经济史著作都有中译本。另一个要着墨的是中国经济史学界耳熟能详的"加州学派"。其实,"加州学派"也非严格概念,大抵指李中清（James Lee）、王国斌（R. Bin Wong）、弗兰克（Andre Gunder Frank）、黄宗智（Philip C. C. Huang）、万志英（Richard Von G lahn）、彭慕兰（Kenneth Pomeranz）、王丰（Wang Feng）、李伯重等学者。他们大都曾在美国加州的大学任教或访学,多以研究中国社会经济史各类问题为学术旨趣,而且活跃于中美及国际学界,他们的若干著作被译成中文。其中如黄宗智的《华北的小农经济与社会变迁》和《长江三角洲的农民家庭和乡村发展》分获费正清奖和列文森奖,传入中国后影响很大。他在后书中,把通过在有限的土地上投入大量的劳动力来获得总产量增长的方式,即边际效益递减的方式,称为"没有发展的增长"即"内卷化",[②] 这

[①] 有关日本的研究情况,还可参考高寿仙《关于日本明清社会经济史研究的学术回顾——以理论模式和问题意识嬗变为中心》,《中国经济史研究》2002年第1期;大泽正昭《唐宋时代社会经济史研究的展开》,台湾政治大学《历史学报》第30期,2008年11月等。

[②] 内卷化（involution）,又译"过密化"。美国人类学家吉尔茨（Chifford Geertz）撰《农业内卷化》（*Agricultural Involution*）,他的"内卷化"指一种社会或文化模式发展到一定阶段达到一种确定的形式后便停滞不前,黄宗智将之用于中国经济发展与社会变迁的研究,对中国经济史学界也很有影响。

对中国的社会经济史学研究产生了深刻影响，近年他的《中国的隐性农业革命》也引起关注。另外，弗兰克的《白银资本》、彭慕兰的《大分流》等都给中国学界带来兴趣或振奋，关键在于他们的问题意识和学术诉求同中国经济史学界的注重点或疑惑处相吻合。国人对他们的看法也不一致，但有利于促进中国经济史学研究还是应当肯定的。①

在国内，现代意义的经济史学研究自始也形成了社会经济史的传统。许多研究认为陶希圣为开山奠基者②，其实大抵在同时，现在中国社科院经济所的前身"中研院"社会科学研究所也成为经济史学研究的重镇。1932年北平社会调查所在陶孟和所长主持下，正式成立了以汤象龙为首的中国近代经济史研究组，成员包括罗玉东、梁方仲、刘隽等，并创办"中国第一份经济史研究的专业刊物"——《中国近代经济史研究集刊》，陶孟和、汤象龙、梁方仲、吴晗等先后任主编。1934年北平社会调查所与"中研院"社会科学研究所合并，刊物自1935年起也由社科所出版，从1937年3月第5卷第1期起改名为《中国社会经济史研究集刊》，至1949年共出8卷14期。③ 集刊的"发刊词"强调了研究经济史的重要性——"在我们认识经济在人类生活上的支配力，并且现代经济生活占据个人、民族、国际的重要地位的时候，我们便不得不说历史的大部分应为经济史的领域……本所自开始工作以来，无论研究任何问题，时时感到经济史的研究的不可少"。④ 这里的"经济史"并非狭义

---

① 相关研究很多，就社会经济史而言可参考周琳《书写什么样的中国历史？——"加州学派"中国社会经济史研究述评》，《清华大学学报》2009年第1期。

② 如鲍家麟《中国社会经济史研究的奠基者——陶希圣先生》，《中国文化复兴月刊》第7卷第11期，1974年11月；李源涛《20世纪30年代的食货派与中国社会经济史研究》，《河北学刊》2001年第5期；向燕南、尹静《中国社会经济史研究的拓荒与奠基——陶希圣创办〈食货〉的史学意义》，《北京师范大学学报》2005年第3期；黄宽重《礼律研社会——陶希圣研究中国社会史的历程》，《新史学》第18卷第1期，2007年3月等。

③ 叶坦核实过北平社会调查所与"中研院"社会科学研究所合并、刊物更名以及集刊内容与卷、期等，国家图书馆出版社2008年分4册出版全部集刊。

④ 载《中国近代经济史研究集刊》第1卷第1期，1932年11月。

的，指的是"历史的大部分"，也可以说是社会经济史，发刊词中主要谈的就是"社会科学"，这或可视作集刊后来改名的铺垫。集刊以研究经济问题带动其他社会科学的研究和发展为宗旨，以扎实的材料和严谨的学术规范著称，十分重视经济史料的整理搜集，注重对明代以来的社会、经济、政治问题进行深入系统的专题研究，刊载的主要就是经济史料和专题研究成果。编委会由朱庆永、谷霁光、吴晗、吴铎、夏鼐、孙毓棠、张荫麟、梁方仲、汤象龙、刘隽、罗尔纲等组成，俨然一堂顶级学者。为了开展深入的研究，集刊将故宫博物院文献馆保存的清代雍正至宣统的军机处档案加以系统整理发表。在陶所长领导下历时七载抄录清宫档案中道光以来约一百年的财政、金融、物价记录，是相当珍贵的史料。同时，集刊还发表篇幅较长、水平很高的专题研究报告和论文，其中不乏社会经济史研究名作，对今人仍有裨益。

陶希圣先生及"食货"学派对于中国社会经济史研究的贡献同样重要。20世纪30年代，中国经济史学界两份名刊，除了上述集刊外就是《食货》半月刊。简单解释一下"食货"：古书记载《洪范》八政，"一曰食，二曰货"；《汉书·食货志》释"食谓农殖嘉谷可食之物，货谓布帛可衣，及金刀龟贝，所以分财布利通有无者也。二者，生民之本。"简言之，"食货"就是粮食等食物和布帛钱财流通之物，古代中国的"正史"中，自《汉书》始有记载经济事物的《食货志》（《史记》还没有），以此为刊名即指社会经济刊物。有关陶希圣和《食货》的研究很多，特举顾颉刚先生在《当代中国史学》中评述30年代"社会经济史研究的成绩"，追溯食货派的学术缘起，指出"社会经济史的研究，是随着社会革命运动而兴起的。当国民革命军北伐的先后，社会主义勃兴于中国，为探索革命的正确前途，一般革命家都努力于中国社会经济的研究，尤其是集中精力于社会经济史分期的讨论，这样就产生了所谓'中国社会史的论战'。"这场论战相当著名，许多学者名流都卷入其中。1934年，时任北京大学法学院教授的陶希圣，不满社会史论战"激昂""趋时"，在顾颉刚先生提议下创办了《食货》半月刊，以"中国社会经济史专攻刊物"作为学术定位。希望从研究中国社会经济史入手，解答社会史论战涉及的社会形态、社会性质等一系列问题，《食货》被称为"一个最著名的社会经济史杂志"。北大法学院中国经济史研究室的鞠清远、武仙卿、曾謇以及连士升、沈巨尘、何兹全等人，发起成立"食货学会"，成为中国社会经济史研究的学术团体，即所谓"食货学派"的核心。社会史和社会性质论战激发了人们对社会经济史的注重，《食货》的"社会史专攻"旗帜，促进了中国社会经济史研究的发展。以陶希圣为首的"食货学派"主要致力于中国古代经济史和社会形态研究，他本人在《食货》上共发文36篇，涉及社会经济史学的方方面面。在当时的经济学界，以马寅初为首的"中国经济学社"，集合了民国时期最负盛名的经济学者，其中的唐庆增即主要研究中国经济思想史，其成就斐然。《食货》从1934年12月创刊，到1937年7月停刊，杂志生存仅两年半时间，共出刊5卷，到第6卷第1期停刊，共刊出61期，发表当时及后来享有盛名的150多位作者的社会经济史学成果，共计345篇，培育了人才，光大了学术，对中国社会经济史研究做出了划时代的贡献。1971年《食货》在台湾复刊，改为月刊。

  1949年至今，中国社会经济史学研究的传统在继承中不断光大拓扬。著名的经济史学家，大多赞同社会经济史。前述"中研院"社会科学研究所的梁方仲先生，不仅承续了"中研院"的传统，而且不断深入发展，并指导后学赓续发扬。他的许多研究成果都体现了社会经济史学的科研理念，其名为《中国社会经济史论》的文集，可谓画龙点睛。其社会经济史研究成果，至今仍是全世界相关研究领域的翘楚，其《一条鞭法》被翻译成多国文字，公认是此领域最高成就；《明代粮长制度》《中国历代户口、田地、田赋统计》等书，至今都是相关研究必用文献。其后学阐述梁先生从中国传统社会经济结构的大处着眼，从具体问题的深入考释入手，对中国社会经济史的多个领域进行了深入的研究，提出了许多独到的见解，构筑起关于中国传统经济运行的解释框架，为中国社会经济史研究范式的建立奠定了基础。① 再一位需要提及的是傅衣凌先生。他的《明清时代商人及商业资本》《明代江南市民经济初探》《明清农村社会经济》《明清社会经济变迁论》等都是治社会经济史学者的必读书。其《明清社会经济史论文集》入选商务印书馆"中华现代学术名著丛书"，证明其学术价值很高。后学对他这样评价——"傅衣凌教授是一位开风气之先的学者。在半个世纪之前，他就开始了跨社会学、历史学、经济学、民俗学等多学科的学术研究。傅衣凌先生和法国年鉴学派的第一代学者几乎是同时代的人。他在中国社会经济史领域所进行的注重基层社会的细部考察与宏观审视相结合以及跨学科的学术探索，与同时代的法国年鉴学派的学人们所秉持的将传统的历史学与地理学、经济学、语言学、心理学、人类学等多种社会科学相结合，把治史领地扩展到广阔的人类活动领域特别是社会生活史层面，使得历史学研究与其他社会科学的联系更加紧密"②。众所周知，现今与中国社会科学院经济研究所主办的《中国经济史研究》杂志比肩的，就是傅先生曾任主编的厦门大学的《中国社会经济史研究》。

  本文无法再举学术史上的范例，相信以上的科研实例足以描绘出社会经济史学代代相传的脉络。吴承明先生赞成"社会经济史"的提法，认为经济史历来是社会经济史，主张从自然条件、政治制度、社会结构、思想文化诸方面研究经济发展与演进。有学者认为社会经济史顾名思义是从社会角度观察的经济史，是经济史与社会史的跨学科研究；也有学者表述为运用社会学的方法来研究经济史，或经济史研究与社会史研究的结合等，都有其道理。

---

① 参见刘志伟、陈春声《梁方仲先生的中国社会经济史研究》，《中山大学学报》2008年第6期。

② 陈支平：《傅衣凌与中国社会经济史学派》，《光明日报》2008年8月10日。另外，王日根：《傅衣凌对中国社会经济史学的贡献及启示》，《西南师范大学学报》2001年第4期；陈支平：《探寻傅衣凌先生开创中国社会经济史学之路》，《中国经济史研究》2009年第1期等，也可资参考。

进而，深入到学理的逻辑层面，更能看清"经济"与"社会"之密不可分。所谓"经济"必然生存于"社会"的土壤，而"社会"构成中"经济"不仅重要，而且是基础，从而两者密不可分。研究经济离不开社会研究，反之亦然。研究经济史学同样离不开社会学和社会史，即使在"阶级斗争"的意识形态下，取缔或限制社会学和社会史研究，当"科学的春天"到来之际，经济学、经济史学还是在向它们招手。特别是经济改革开放与学术研究深化的需要，"唯经济论"的危害愈加显现，现代化发展同样呼唤社会学方法和理论。资源禀赋、社会环境、制度建设、政策制定以及经济社会结构、经济运行与效益都离不开社会、社会学、社会史。因此，从学术史的科研实践到学科的学理逻辑，都证实经济史学就是社会经济史学，而且"经济"与"社会"、经济学与社会学、经济史与社会史都是密不可分的，但这并不否认它们各自的学科性质。

四　经济史与经济学密不可分

谈这两者的关联，还是要不厌其烦地引述熊彼特（Joseph A. Schumpeter）的话。在《经济分析史》"导论"中他反复强调经济史之重要——"如果我重新开始研究经济学，而在这三门学科中只许任选一种，那么我就选择经济史。我有三条理由：第一，经济学的内容，实质上是历史长河中的一个独特的过程。如果一个人不掌握历史事实，不具备适当的历史感或所谓历史经验，他就不可能指望理解任何时代（包括当前）的经济现象。第二，历史的叙述不可能是纯经济的，它必然要反映那些不属于纯经济的'制度方面的'事实：因此历史提供了最好的方法让我们了解经济与非经济的事实是怎样联系在一起的，以及各种社会科学应该怎样联系在一起。第三，我相信目前经济分析中所犯的根本性错误，大部分是由于缺乏历史的经验，而经济学家在其他条件方面的欠缺倒是次要的。"① 可以说，这些话已经说清楚了经济史与经济学的关联。

吴承明先生对此颇有心得，他经典的表述也是在《经济学理论与经济史研究》中提出的——"经济史应当成为经济学的源，而不是它的流"，这就是著名的"源流之说"。他指出"经济学是一门历史科学，即使是最一般的经济规律，如价值规律，也不能无条件地适用于任何时代或地区。"所以应当历史地看待经济学的发展，任何经济学理论都有其特定的历史背景。任何伟大的经济学说，在历史的长河中都会变成经济分析的一种方法，也是研究经济史的方法，而不是推导历史的模式。他认为不能把全部经济史建立在某种单一的经济学理论上，经济史之所以是经济学的"源"而不是"流"，因为经济史为经济学提供材料拓宽视野。②

作为习史之人，笔者时常思索：何为"史"？今天的一切到明天就成了"史"。世间万事万物均不过是时空坐标中之一点，都会随着时间的变迁而步入"史"的行列；经济学也一样，在时光演进过程中同样也会成为"史"的一部分，即今天的"学"就是明日之"史"。熊彼特在上述引文之前还有一段话，或许是最好的注脚。他说："经济史——是它造成了当前的事实，它也包括当前的事实——乃是最重要的。"

可以认为，一个经济学家若"贫史"，不仅很难做好研究，而且研究成果的生命力也会大打折扣；当然，经济史家也应掌握经济学的理论方法，本文所述巫宝三、吴承明等先生均是如此，故而他们的科研成就源远流长。换言之，一个好的经济学家应掌握丰富的历史尤其是经济史学知识，具备适当的历史感或历史经验。在当今中国经济学界，我们不仅能够看到这样"枝繁叶茂"的学者，还可以

---

① 熊彼特：《经济分析史》第1卷，朱泱等译，商务印书馆1991年版，第29页。
② 叶坦应商务印书馆之邀，在为吴先生的《经济史：历史观与方法论》入选"中华现代学术名著丛书"所撰长篇导读《史实·史法·史观——吴承明先生的生平与学术》中，较为全面地总结分析了他的治学方法、科研内容以及学术论点，可供参考。

举出一些在现实经济方面著作等身、声望卓著、同时研究经济史学硕果累累"树大根深"的名家，仅举三位——

　　第一位是厉以宁先生。他是日理万机的著名经济学家，而西方经济史学的成果也相当丰硕，且多是独著的大部头。1982 年他与罗志如合作出版《二十世纪的英国经济"英国病"研究》，对最早完成工业化并风光无限的英国进入 20 世纪后的辉煌不再，进行抽丝剥茧式的解析。又与马雍合译 M. 罗斯托夫采夫的名著《罗马帝国社会经济史》，此译本不断再版。2003 年他在商务印书馆出版《资本主义的起源——比较经济史研究》，此书有 610 页之多，总览世界资本主义之发生，以实证研究为基础，应用比较研究的方法，构筑起资本主义起源的宏大理论体系。具体考察西欧封建社会中的集市贸易和城市的兴起、资本主义经济关系的产生和发展等，比较研究世界各种类型，强调起源研究引发思考发人深省。2006 年他又出版了两卷本《罗马—拜占庭经济史》，共 910 页。此书上下两千余年、纵横数千公里，从不列颠直到阿拉伯海，展现了多姿多彩的历史画卷。对罗马共和国盛期到拜占庭帝国灭亡期间的社会经济变迁进行系统考察和深入论述，提出了一系列新论点，著名史学家马克垚教授在所写"序言"中予以充分肯定。2010 年，首都师范大学出版社出版《西方经济史探索　厉以宁自选集》，收录了他的一些相关研究论文；同年夏，他在商务印书馆刊出《工业化和制度调整——西欧经济史研究》，达 649 页。此书是以西欧经济史为考察对象，研究工业化和制度调整之间关系的著作。有评论指出，此书"采用了一种独到的创新方法，把横向的专题分析与纵向的时间序列分析相结合，把理论分析和历史叙述相结合"；又提出"史论结合也是《工业化》一书的一个重要特色。作者以理论分析为脉络主线，以客观史料为基本依据……他把经济史学和经济思想史结合起来，把历史研究与思想创新结合起来，通过历史事实比较、经济思想比较、制度分析比较等多种比较分析方法，把比较研究分析运用到了炉火纯青的地步。这种史论结合的研究方法无疑是对经济史学研究方法的重要创新，对后人的研究具有重要的启发意义。"① 接下来，2013 年商务印书馆出版他更大部头的《希腊古代经济史》上下编，1109 页。此书以希腊古代经济史为考察对象，上编研究希腊城邦制度的兴起和解体，下编研究三个希腊化王朝的建立和衰亡过程，并比较研究其各自特点。认为希腊城邦社会在世界史上是独一无二的，自由民中的贵族和平民之间的矛盾始终是城邦社会的基本矛盾。与此同时还出版了《厉以宁经济史论文选》，刊其自选的 20 世纪 60 年代初以来撰写的经济史论文共 29 篇，是其经济史学论文的代表作，全面反映了他各个时期的主要经济史学研究。这样的"成果单"的确相当惊人！

如果说，厉先生本身确有经济史学背景的话，那么另一位工业经济名家汪海波教授则不然。他在现实经济研究中同样成就斐然，而研究经济史学自 20 世纪 80 年代以来也硕果累累，不输专业经济史学家。1984 年汪先生任中国社会科学院工业经济研究所工业经济理论和发展史研究室主任时，所长蒋一苇交给研究室撰写新中国工业经济史的任务，希望能够填补这个学科空白。经过筚路蓝缕的艰难开拓，1986 年经济管理出版社出版了汪先生主编并参与撰写的《新中国工业经济史》（1 卷本），全书 495 页约 40 万字。此书序言明确指出"无论是作为学科来说，或者是作为课程来说，工业经济史的研究都是工业经济学赖以建立和发展的基础之一"。那时，我国的工业经济学已经有几十年的历史了，"然而迄今工业经济史这门学科仍未形成，这不能不影响到这门学科的发展。"——部门经济的有识之士同样认识到"学"与"史"的关联！作为一部开拓性的著作，此书对该学科的研究对象、研究方法以及 1949 年以来的工业经济及其发展历程与特点等进行了阐释和论述，建构起工业经济史研究的基本科研体系。此书后又再版，并收入"中国社会科学院文库"（2007）。1998 年是新中国成立 50 周年，汪先生应山西经济出版社

---

① 彭松建、梁鸿飞：《独辟蹊径　理论创新——厉以宁〈工业化和制度调整——西欧经济史研究〉读后》，《北京大学学报》2011 年第 4 期。

之邀，撰写庆祝建国 50 周年重点图书《中华人民共和国工业经济史 1949—1998》，全书 1007 页，约 70 万字，可以认为这是《新中国工业经济史》（写到 1985 年）的发展，尤其是增加了"改革开放"的内容，还有各种数据的附表 48 个。此书出版之后，也颇获好评。实际上，汪先生领导的上述"新中国工业经济史"研究也在继续拓展和深化，在 1 卷本的基础上，正式作为中国社会科学院的重点研究项目，参研者也扩展到工业经济所以外的专业经济史学者等，成果是《新中国工业经济史》（4 卷本），从 1949 年 10 月一直写到 2000 年，全书共 2040 页、约 160 万字，由经济管理出版社 1994—2001 年出齐。汪先生不仅是主编，而且是主要的执笔人，全书 4 卷中其个人独著就有两卷。此书出版后在学界产生较大反响，学者肯定其"翔实的史料、准确的论据和严密的逻辑"深得好评。汪先生此后的研究也从"工业经济史"向"产业经济史"发展，先后问世的主要成果如 2006 年山西经济出版社出版的《中国现代产业经济史 1949—2004》，全书附表 37 个，共 651 页、85 万字。此书是首部中国现代产业经济史，坚持马克思主义的指导，运用现代经济学的产业经济理论，重视基本经济制度和生产力标准，以历史方法为主并结合逻辑方法，合理地划分了新中国成立以来产业经济发展的历史时期，较为系统地考察研究中国现代产业经济发展的历史进程及其规律。此书刊出后，同样得到学界的重视和好评。到 2010 年，在此书基础之上又出版了第 2 版，研究时段延长至 2009 年。虽然只有短短 5 年，但这一时段中国的经济改革、发展方向以及指导思想等方面都颇具特色，而且新中国已成立 60 年，阶段性研究条件已成熟，因此第 2 版作了较大修改。另外，还应当注意汪先生在"著史"之外，对当代经济理论及其发展也是相当重视的，如他应邀撰著 52 万字的纪念改革开放 30 年之《中国经济发展 30 年 1978—2008》，收入"中国社会科学院文库·中国哲学社会科学丛书"，中国社会科学出版社 2008 年出版。他强调要紧密结合实际探索理论，对改革开放 30 年的经济发展和理论探索进行深入研究。

依愚之见，一般说来"当代史"大约经过30年即基本形成一个可以总结研究的"历史阶段"。太短，尚不足以形成"规律"，而且当事人的主观情感色彩可能影响科研的客观性；太长，则恐"连续性"有余而"阶段性"难分。但是，这并不是说不需积累，等上30年去总结研究即可，总结研究也是一个循序渐进的过程。注重现今中国的经济改革和发展实践，探索经济发展、制度措施及其规律，以及经济学研究的理论方法和经济学家的思想学说等，这些尽管不同于上述"著史"工作，却是当代经济史学的重要组成部分。

本文将列举的第三位著名经济学家张卓元教授，就是这方面的典范。可以看到在他等身的诸多学术成果中，理论探究像一条红线贯串始终，他的若干成果都留下了理论追求的深刻印记，下述成就是他和他的团队长期理论探索与学术积累的结果，尤其注重改革开放和经济发展的理论。1991年他即与黄范章主编《中国十年经济改革理论探索》，1998年他们又主编《20年经济改革：回顾与展望》。1999年他主编《论争与发展：中国经济理论50年》，此书是新中国成立50年来中国经济理论发展进程和不同论点交锋研讨的信史，"导论"着意于"最重要理论观点发展脉络"，重点阐述市场经济理论、经济学方法的重大改进，经济理论研究的前景等关键问题。特别是，主编强调"历史是连贯的"，"今天许多成熟的理论和被证实了的经济学观点，常常萌芽于或发端于建国初期经济学界前辈们的论著的天才闪耀中"。如社会主义市场经济理论，20世纪50年代就有讨论并有不少真知灼见——这是相当中肯之论！进入21世纪初年，他主编《中国改革开放经验的经济学思考》，对经济体制改革和对外开放、农业改革、国企改革、市场体系建设以及价格、财税等改革经验进行全方位经济学思考。2008年他主编的《中国经济学30年1978—2008》，展现了中国经济学艰难创新的轨迹。包括社会主义市场经济理论的创建，社会主义初级阶段理论的确立，社会主义基本经济制度理论的确立和公有制实现形式的理论与实践等。次年，其主编《中国经济学60年1949—2009》，在30年之书的基础上，

"力求按照学术史要求写作",此书总结研究新中国 60 年来的经济学理论发展史,提出经济学研究的六大进展和不同时期的学术特点,主要研究社会主义本质与发展阶段理论的演进、社会主义市场经济论的确立以及所有制理论、企业制度与国企改革理论、农村经济、金融、价格、财政理论等,被认为是一部精萃的当代中国经济学史。此外,他还注重经济学家的思想学说,2009 年他合作主编多卷本《影响新中国 60 年经济建设的 100 位经济学家》;进入 21 世纪第二个十年之后,他又合作主编多卷本《中国百名经济学家理论贡献精要》,将中国几代经济学家的重要建树汇集编刊,这在学术史上也是很难得的,具有重要的意义。2012 年,他和团队的又一部重要成果《新中国经济学史纲 1949—2011》面世,这是在 30 年、60 年等书的基础上,更加系统地梳理新中国六十多年经济学研究的进展与成果,主要是理论经济学论争与发展的历史。内容增加"新中国经济史学的发展"等,史料丰富、论断客观,总结各个时期经济学理论的特点及其进展,对中国经济学六十多年来的创新与发展做出了比较全面的理论概括,被称为"一部经济学发展史的力作""一部比较规范的经济学史专著"。如果说,此前的相关著述重在分专题研究总结新中国尤其是改革开放以来经济学研究的理论与发展,那么本书则明确标注"经济学史",研究撰著均依循此原则,"以便使本书更切合作为思想史专著的要求",已是较为成熟和规范的"当代经济史学"著作了。此书收入中国社会科学院文库"经济研究系列",并获创新工程出版资助。

  以上三位,不仅都是经济学界日理万机的顶级权威,而且均已年逾八旬德高望重而笔耕不辍。根据以上阐述可知,他们又是三种不同的治学类型,并有着各自的研究领域。但是,无论是独著为主,还是团队合作,他们的贡献都是实实在在的。我认真考察过"主编"实际承担的部分,可以肯定地说他们都是名副其实当之无愧的,绝非靠名气的"空头主编"。当我们手捧他们的大作,崇敬之情油然而生!身为治史学人,反躬自省亦不免汗颜……

有位同行说现在中国的经济史学已经"脱离谷底",即将"反弹拉升",上述名家治史的实例,或许就是最好的证明!倘若学界同仁尤其是年轻学子有所认知感悟,则幸甚至哉!

(原载《经济学动态》2013 年第 10 期)

重写学术史与"话语体系"创新

——中国特色经济学话语体系创新及其典型案例考察*

一 引言

近几十年来,伴随中国经济的高速增长,我们与世界发达国家的距离在缩小,学术上强调与西方"接轨"的同时,也能够看到"西方中心论"和西方主导的"话语体系"不断受到各种挑战。有关中国在国际社会中的"话语权"以及经济学话语体系的创新等问题越发受到重视。实际上,这样的学术趋向并非骤然而至,都有其累积经过和发展历程。上述挑战不但可以追寻到更早,而且不限于经济学界域,也不仅仅出现在中国学界。大家可能记得,早在20世纪前期,德国人斯宾格勒(O. Spengler)先后付梓的两卷本名著《西方的没落》(*Der Untergang des Abendlandes*)就产生着强烈而持久的震撼。20世纪后期,美国人柯文(Paul A. Cohen)试图"在中国发现历史",提出所谓"中国中心观"(China-centered approach,也译成"中国中心取向")[①]。无独有偶,日本学者沟口雄三的《作为方法的中国》,在方法论上倡导逐步形成"以中国为方法的中国学",同样振聋发聩影响深远。[②] 我

---

* 本文为中国社会科学院创新工程"长城学者资助计划"的阶段性成果。

① 参见Paul A. Cohen, *Discovering History in China: American Historical Writing on the Recent Chinese Past*, Columbia University Press, 1984. 美国学者柯文此书的大陆中译本有林同奇译《在中国发现历史——中国中心观在美国的兴起》,中华书局1989年版。此书对国际学界包括中国的影响都很大,中英文本均多次再版。

② 沟口先生此书日文版于1989年出版,中译本有多种。在他2010年逝世后,三联书店还出版多卷本《沟口雄三著作集》。笔者曾较早向国内学界介绍其研究,尤其是他对"欧洲中心论"的否定和力倡以"全球视野"研究中国。参见叶坦《日本中国学家沟口雄三》,《国外社会科学》1992年第6期。

国学者的努力并非仅限于学术视点变迁或理论方法鼎新，而是要追求更深层面的拓进，反思、刷新乃至改写或重写学术史，聚成国人的宏大学术抱负。如"夏商周断代工程"首席科学家李学勤先生倡导"重写学术史"，成为伴随出土资料新出、文献释读新解以及科研手段提升之后要求创新学术史的典型标志。近期，美国汉学家夏含夷（Edward L. Shaughnessy）的《重写中国古代文献》中译本面世，也是基于"郭店简"和"上博简"的发现与整理。他要重写的不仅是学术史本身，甚至连构成学术史基本要素的"文献"都要被"重写"。① 近年来，我国学者也刊出了重写文学史、哲学史、翻译史等方面的著述，还召开"重写学术史"的专题研讨会或刊物开辟专栏。更值得关注的是，在"重写"的学术潮流中，我国学者不仅注重"重写"与"话语体系"之间的内在联系，而且将"重写学术史"同中国"学科范式"创新紧密相连，如《重写现代性：当代西方学术话语》《重写哲学史与中国哲学学科范式创新》等书问世。② 这些固然同"后现代"思潮不无关系，但联系"话语体系"或"学科范式"创新的学术价值不容小觑。那么，经济学领域如何呢？

二 经济学术史探索与"话语体系"创新

如上所述，我国学界有关学术史的"重写"（rewrite）潮流既是质疑"西方中心论"趋向的延续与深化，也是新的研究资料发现和科研手段革新的必然要求，更是中国经济高速发展和学术研究体系化进步的重要体现。"重写"无疑是"创新"，而不是修修补补。"重

---

① 参见李学勤《重写学术史》，河北教育出版社 2002 年版；夏含夷（Edward L. Shaughnessy）《重写中国古代文献》，周博群等译，上海古籍出版社 2012 年版。新的出土资料对学术史提出的质疑无法回避，笔者对此感触较深，曾根据郭店出土的楚简，写过《儒家"无为"说——从郭店楚简谈开去》，《哲学研究》1999 年第 7 期，这也是为学术史的探究与创新进行的必要积累。

② 参见李惠国、黄长著主编，杨雁斌等编选《重写现代性：当代西方学术话语》，社会科学文献出版社 2001 年版；彭永捷主编《重写哲学史与中国哲学学科范式创新》，河北大学出版社 2011 年版等。

写学术史"同"话语体系""学科范式"创新相辅相成，标志着中国学术发展到一个新的阶段，这也是有积累、有实力、有自信的学术倡导与科研实践的表征，为中国特色学术话语体系创新奠定了基础。在学习和借鉴人类文明成果的基础上，如何用中国的理论研究和话语体系解读本国的实践和发展道路，不断概括出理论联系实际的、科学开放的新概念、新范畴，建设具有中国特色与中国风格的哲学社会科学学术话语体系成为诸学科学者的共同使命。

"重写学术史"是学术和文化繁荣的体现，其基础是社会发展和经济强盛。众所周知，经济是基础，中国 30 多年来的改革与发展肇端于经济，而经济的活力会促发学术的繁荣。在我国其他学科强调"重写学术史"的时候，经济学家、经济史家更是任重道远。前些年，笔者认识到我国经济学的跨世纪发展与深进的前提和基础离不开梳理、总结和分析、研究学术史，因为令人信服的研究结论往往不能限于一般性实践总结和理论本身的推理或演绎，还要求以大量实证研究的坚实成果来佐证或检验，更需要通过学术史的系统考察来总结、提炼和完善。推动中国经济科学的发展，系统研究中国经济学术史应当是一条可行的路径，这不啻为丰富和发展经济史学以及理论经济学的重要途径，也是中国特色经济学话语体系建设的创新之路。所谓"话语体系"，必经长期学术发展历程的积淀抽象才能逐步凝聚形成，非一朝一夕的"建构"可以成就。

诚然，迄今有关经济学的学术史研究还比较薄弱，中国经济学术史还是一个新的研究领域。十几年来，笔者在中国经济学术史的探索和倡导方面下了一些功夫，也提出了一些探讨性论点。[①] 指出"经济学术史"是一个较为广博的概念，其研究对象涵括经济文献学、经济学说（思想）史、经济学史、经济史学史、经济学研究史、

[①] 正式立项的课题如叶坦主持的国家社科基金项目"中国经济学术史""中国经济理论发展史"等。较为详细的阐述，参见叶坦《中国经济学术史的重点考察——中国经济思想史学科创始与发展优势论析》，《中国经济史研究》2003 年第 4 期；收入《叶坦文集——儒学与经济》，广西人民出版社 2005 年版。

经济学批评史、经济理论发展史、经济学科发展史、经济观念发展史等。其核心是研究经济学诸学科的形成、发展、特性、问题、趋向等，考证经济学诸学科的创立基础、分布格局、演进脉络及主要研究对象、领域、方法、素材及研究群体、科研组织和相关的制度变迁等；以及教育领域中经济类相关学科专业的设置、课程的安排、教材的编选，等等。其基础则是对经济学研究史进行文献计量学和理论阐释学的分析研究，考察特定时代的人怎样思考或研究经济问题，是基于怎样的状况要研究解决的是哪些具体问题，采用的是什么理论方法，发表或出版了哪些成果，提出了何种论点或得出了怎样的结论，以及这些方法和观点的实效如何，等等。理论上重点考察在上述基础之上逐步蕴积而成的经济概念、话语、范畴、学说乃至理论和规律，如此等等。还要关注影响人们进行经济思维、研究、活动以至决策的社会经济状况、思想文化特征、政治制度背景等因素；搞清楚"是怎样的"及其关联因素的存在，进而深入探讨"为何如此"以及"诸因素之间关系如何"等，以阐释经济学术发展史的脉络和规律。在经济学尚未成为独立学科的时代，则主要考察人们如何进行经济思维、对经济事物形成怎样的认识、意见以至思想主张等。

不难看出，与上述内容和问题关系最直接、联系最紧密的学科就是经济思想史。但经济学术史并非经济思想史或经济学史本身，其研究内容如上所述要宏博许多，可以认为有关经济学术史的学理范围、研究对象、理论方法等的规制与界定，本身就是经济科学创新的重要内容。开展中国经济学术史的系统研究，包括进行相关的中外比较，一方面有利于总结和完善"中国特色"的经济学说和理论，提炼和抽象中国经济学"话语体系"；另一方面有利于丰富和深化发展经济学以至理论经济学的学科内容和学理基础。应当说，不进行经济学术史的梳理考察，中国特色经济学话语体系创新就很难真正实现，至少难有学术生命力。其实，"学术史"离我们每一位研究者包括经济学者都很近，无论撰文著书大多都会以"学术史的回顾"开篇，这不仅是"问题意识"的背景，更是承前启后开展研究的依据。不过，就某个问题进行其学术史的回顾，与系统考察和研究特定门类或学科的学术史是不同的。

学术史研究中一个不可或缺的层面，就是进行典型案例的实证考察，这也是研究话语体系创新问题的必经步骤。近年来，构建中国经济学理论体系和学术话语体系创新问题，越发引起经济学界不少学者的注重，也开展了一些卓有成效的摸索和践行的努力。不过，对于如何构建和怎样创新，各种论点林林总总、莫衷一是；科研实践也是方方面面、见仁见智。这当中，张卓元老师等著的《新中国经济学史纲 1949—2011》（以下简称《史纲》）[①]，则是将探索落到实处、经得起检验的成果中颇具代表性的典型案例。如上所述，"经济学史"本身即是学术史的内容，此研究同样经历了不断"重写"的创新历程，以其突出的科研特色和学术贡献，引出一条建设中国特色社会主义经济学话语体系的重要路径，成为中国经济思想史和经济学术史中需要认真总结和深入研究的典型案例。

三 经济学话语体系创新的五大关键性基础

中国特色经济学话语体系建设必经一个积累和凝成的发展过程，不可能一蹴而就。当我们进入《史纲》实例考察之前，首先需要认识其作为话语体系建设代表性案例赖以成立的背景基础，这些也是经济学话语体系需要创新、并且有可能创新的前提条件。这些基础条件具有中国特色经济学话语体系建设的普适性，并非《史纲》所独有；而《史纲》的成功更有其若干独具的学术优势和科研特色。

毋庸讳言，近现代科学包括社会科学都是以"西方"和"近代"为前提或基础建立和发展起来的，经济学更是如此，从而中国

---

① 张卓元等：《新中国经济学史纲 1949—2011》，中国社会科学出版社 2012 年版。本文对此书的引用和分析均出自此版本，不再另注。

经济学有"舶来"之说。那么,不在西方也不是近代,即离开了上述两个前提,又是怎样的情形呢?姑且不论世界文明史中远早于西方经济文化就很发达的中国是如何发展的,就是作为现今世界最大的发展中国家,我们也不可能完全"套用"西方经济学的理论体系来发展本国经济,而马克思主义经济学传入之后,亦需要经历一个"中国化"的历史过程。然而,1949年以后特别是近30多年来我国经济高速发展是不争的事实,这就从一个方面有力地证明——适合本国国情的经济发展之路走对了。要弄清经济理论正确与否、其科学性如何——"实践是检验真理的唯一标准"!

从1949年到2011年,中国经济大体可以分为两个发展阶段:即以1978年年底为界,前30年是建立社会主义制度和探索社会主义建设道路的阶段,后30多年的"改革开放"则是建设中国特色社会主义的阶段。这些离开了"西方"和"近代"的探索历程和建设成就,对西方主流经济学"话语体系"提出了挑战,表明人类社会的发展和现代化进程未必只能走一条西方那样的道路。20世纪后几十年,随着东亚一些国家和地区经济的"腾飞",早有预言家提出"21世纪是亚太的时代";而中国改革开放之后迸发出的勃勃生机与持续活力,尤其是经济上不断取得的巨大成就令全球瞩目。人们在正视中国经济发展的同时,必然引发对"中国道路"或"中国特色"等问题的思考,进而提出"话语体系"创新的理论需求,这无形中与上述我国诸学科"重写学术史"的潮流互相呼应、相互促进。

中国经济学话语体系建设可谓"正逢其时",至少以下五大关键性基础可以佐证。

首先,大量经济数据(包括《史纲》提供的)表明新中国经济建设取得辉煌成就,奠定了"话语体系"建设的实践基础。新中国成立后,国民经济恢复阶段结束的1952年,GDP为679亿元人民币,1978年增加到3645亿元,居世界第十位;1952—1978年年均增长率为6.1%,而1979—2012年则高达9.8%,而同期世界经济年均增速仅为 2.8%。改革开放 30 多年来,中国经济的增速和高速增长持续时间均超过经济起飞时期的日本和韩国,GDP 连续跃升新台阶,1986 年超过 1 万亿元,1991 年超过 2 万亿元,五年翻番。进入 21 世纪后,2001 年超过 10 万亿元,2010 年达到 40 万亿元,超过日本成为世界第二大经济体,迈进上中等收入国家的行列。我国综合国力和国际影响力实现历史性跨越,1953—2013 年间 GDP 按可比价计算增长了 122 倍,人均 GDP 也由 1952 年的 119 元增加到 2013 年的 41908 元（约合 6767 美元），数据证明改革开放取得了无可辩驳的经济成就！再来看中国经济占世界经济总量的比重,已由新中国成立前夕的不足 1%,增加到 1978 年的 1.8%,再到 2010 年的 9.5%,2012 年已上升到 11.5%,2013 年达到 12.3%（56.9 万亿元），这样的比重变化证明世界经济格局发生着重要变迁。尤其是国际金融危机爆发以来,中国成为带动世界经济复苏的重要引擎,对世界经济增长的年均贡献率超过 20%。① 因此,中国应当也有能力在世界经济发展中取得更大的"话语权"。

其次,从近 30 多年来中国与世界经济发展的年均增速以及中国经济对世界经济增长的贡献率等指标比较来看,中国经济已经走上具有连续性、规律性和理论性的发展之路；相形之下西方的经济发展尤其是国际金融危机的冲击,对原有世界经济格局的变迁产生着催化作用,也使得长期居于统治地位的西方主流经济学面临困境,这就为逐步增强中国经济学的话语权提供了难得的机遇。需要注意,这不等于说中西方经济学是割裂对立的"跷跷板",其实都是人类共同创造的学术结晶,并且互相影响互相促进。应当看到,话语权的"底座"就是实力,其核心就是经济实力。上述势头在持续发展,国人对"话语权"问题的认识也在深化。可喜的是,近年我国经济学

---

① 2010 年为止的数据《史纲》"前言"有所概述,本文以上数据包括中国对世界经济的年均贡献率等,主要根据国家统计局相关统计公报及近期发表的相关资料。需要特别说明,如《中国统计年鉴 2013》中注明"2012 年为初步核实数据",故近年的具体数据当以国家统计局正式发布数据为准。

界对西方主流经济学危机和中国经济学话语权问题有敏感的认识,已有一些学者发表了有见地的论点和研究成果。①

再次,前述半个多世纪以来"西方中心论"在若干领域不断受到质疑和挑战,为中国经济学的话语体系创新提供了全方位的学理支撑。在概念、范畴以及表述方面,建设具有中国特色和风格的学术话语体系时机已趋成熟。大家熟知,主流经济学植根于西方市场经济的土壤,其理论抽象也主要是源于西方世界的经验,在一定的时期和地域中其"工具理性"发挥的作用毋庸置疑,包括为我国的经济研究持续提供重要的分析工具和理论借鉴。然而,随着世界经济的发展和经济格局的变迁,西方主导的经济学体系却在此后许多发展中国家不断遭遇挑战,其自身也面临"后现代"层出不穷的危机,从而不仅是我国学界,即使是西方国家在探寻拯救危机的"灵丹妙药"之时,往往也认识到中国悠久的经济文化和先贤哲理以及政策措施中蕴涵着许多可以借鉴的重要思想资源。这是中国特有的、亟待开发的巨大"财富",也是中国经济学话语体系建设的珍贵资源。

又次,新中国已经历了一个甲子有五的风风雨雨,具备了在岁月长河中形成阶段性经验总结的基本条件和前后期比较的发展特征。笔者提出,一般说来"当代史"大约经过30年即基本形成一个可以总结研究的"历史阶段"。太短,尚不足以形成"规律",而且当事人的主观情感色彩可能影响科研的客观性;太长,则恐"连续性"有余而"阶段性"难分,新中国"两个30年"的历程为总结分析和比较研究提供了条件。尤其是,近几十年中国的经济改革和发展也从"摸着石头过河"向"探索理论支撑"深进,这就为经济学话语体系建设提供了经验总结、探索积累与理论准备。经济学界的有识之士在改革开放以来不断进行理论探究和蓄积,进而贯通到对新

---

① 主要如贾根良、徐尚《西方主流经济学的危机与中国经济学的自主创新》,《经济思想史评论》2007年第2期;张晓晶《主流经济学危机与中国经济学的话语权》,《经济学动态》2013年第12期等。

中国成立以来整个"中国特色社会主义"道路的系统爬梳,成为经济学话语体系创新的重要基石,《史纲》即是最具代表性的成就,凝成一座坚实巍峨的里程碑。

最后,中国不仅有着现今的骄人经济成就,而且作为东方的文明古国和世界最大的发展中国家,有其光耀千秋的文化传统、人文思源,还有着"经世济民"的悠久学脉。中国的"经世济民"之学,发展远早于西方,曾实实在在地支撑着庞大帝国的长久运营、持续发展和创造辉煌,并对世界包括西方经济学产生影响(以下详述)。人口众多的中国还有着从计划经济向市场经济转型的宝贵经验,能够为发展中国家提供重要参照,证明经济发展和现代化建设并非只能走一条与西方同样的道路。中国有着经济文化发达先进的古代和经济高速发展迈向领先的当代,赋予我们谈论"话语权"和创新"话语体系"的资格,这些不仅是建设"中国特色"经济学话语体系的独有资源,也是中国对发展经济学和理论经济学可能做出特殊贡献的优势。

总的看来,中国特色经济学话语体系建设既有迫切的"需要",也具备了逐步实现的"可能",《史纲》的问世正逢其时,以之独到的创新特色和学术贡献成为典型案例。

四 《史纲》的创新特色与贡献引航导向

记得约翰·内维尔·凯恩斯(J. N. Keynes,1852—1949 年)说过:"毫无疑问,为构造一门学问而提出正确的方法是一回事,而成功地把这门学问建立起来是另一回事。"[1] 这是他在 1891 年说的。尽管长寿的老凯恩斯名气不及其子,但他秉承马歇尔学脉、在剑桥学派的经济学方法论标准教科书中阐发的这些话,至今仍具有启发意义。《史纲》在中国特色经济学理论探索和话语体系建设中的重要典

---

[1] 约翰·内维尔·凯恩斯(J. N. Keynes):《政治经济学的范围和方法》,党国英、刘惠译,华夏出版社 2001 年版,第 3 页。

范作用，正在于其不仅为理论创新提出了正确的方法，而且还成功地建立起中国特色社会主义经济学话语体系的基本架构，在中国经济思想史和中国经济学术史上都具有非常重要的地位。作为首部对新中国60多年经济探索与理论成就进行系统梳理和深入研究的著作，展现了中国社会主义经济理论发展的主要历程。

笔者近30年来有幸与张卓元老师同在国内经济研究"最好的科学殿堂"——经济所学习工作，对其开拓性的学术探索满怀敬意，最初的关注大致是在十几年前，完全是从中国经济思想史学科视域出发，经过比较和选择进行的科研追踪，注重本学科当代研究的较大突破，更希冀在倡导和开展中国经济学术史研究中进行较为全面的探究考察。21世纪之初笔者曾论及20世纪90年代本学科的科研特征与成就，其中一个重要特点就是"理论性研究加强"，列举了于光远主编《中国理论经济学史 1949—1989》（1996）和张卓元主编《论争与发展：中国经济理论50年》（1999）等著作。[①] 直到近期拙作《经济史学及其学理关联》中，专门对张老师领导的相关研究进行了概括性论述，将其作为"经济史与经济学密不可分"中经济学家"学史兼治"的成功范例之一进行阐论。笔者看到在他诸多学术成果之中，理论探究像一条红线贯穿始终，其若干著述都留下了理论追求的深刻印记，最终凝聚成为《史纲》独到的创新特色与学术厚重。通过学习理解和领悟思考，结合自身的专业管窥蠡测，深感《史纲》的学术特色与学理价值至少凸显于下述五个方面。

第一，与一般的经济学研究者不同，张老师自身既是研究者也是实践家，使得其主持的《史纲》研究颇具理论联系实际的"接地

[①] 参见叶坦《中国经济学术史的重点考察——中国经济思想史学科创始与发展优势论析》，《中国经济史研究》2003年第4期。张卓元老师也参加了于光远主编之书的第四章、第五章等研究。此书集诸位顶级经济学家共同研究，有872页之巨，分为上、下两篇。新中国成立后的前30年为上篇，主要研究"传统经济学和计划经济"；后10年为下篇，主要研究"现代经济学和市场经济"。参见于光远主编《中国理论经济学史 1949—1989》，河南人民出版社1996年版。

气"特色,也是国家若干经济政策的理论总结。众所周知,作为著名经济学家,他不仅著作等身,并且直接参与国家改革措施设计和经济政策制定,而不是"坐而论道"或"纸上谈兵"。①《史纲》的一些作者也是该书所论相关事件的直接参与者,由他们执笔论述亲身经历的重要实践,显现了直接、真实、可信等特点。"实践出真知",《史纲》是亲历中国经济发展的学者从中国国情出发探索经济发展规律性的"信史",不同于一般意义的研究。更为重要的是,中国作为世界上人口最多的发展中国家,中国经济发展的道路和现代化建设的成就以及由直接参与者在此基础上总结、提炼和凝成的经济理论与话语体系,不仅对全世界的发展中国家有着重要的借鉴意义,而且对于推动发展经济学和理论经济学的发展创新具有重大的学理价值。

第二,循序渐进的理论探索积淀而成《史纲》特有的学术厚重。这样的积累包括从内容到形式两个方面:内容上看《史纲》深入考察中国特色社会主义经济理论是经过长期摸索、提炼和总结逐步形成与发展的,最具典型性的社会主义市场经济理论的形成和确立过程的阐述是为明证,书中的许多内容同样勾画出类似的演进脉络,这也正是新中国成立60多年来经济发展的曲折轨迹。形式上看《史纲》是数十年来创新探索不断积累的学术成果,而非一朝一夕的论作。早在1991年张老师即与黄范章主编《中国十年经济改革理论探索》,1998年又出版《20年经济改革:回顾与展望》,而1999年问世的前述《论争与发展:中国经济理论50年》,是总结50年来中国经济理论发展和不同论点交锋的实录。主编在"导论"中强调研究"最重要理论观点发展脉络",重点阐述市场经济理论、经济学方法的重大改进,经济理论研究的前景等关键问题。2008年他主编的《中国经济学30年 1978—2008》,展现了改革开放以来中国经济学

---

① 从1991年到2013年,张卓元先后13次直接参与中央重要文件的起草工作。包括党的十五大、十六大、十七大报告,以及党的十八届三中全会文件等,因此不同于"书斋中的"经济学家。

艰难创新的步履，包括社会主义市场经济理论的创建等。次年，其主编的《中国经济学60年1949—2009》，着意于"力求按照学术史要求写作"，总结研究新中国成立60年来的经济学理论发展史，提出经济学研究的六大进展和不同时期的学术特点，被认为是一部精粹的当代中国经济学史。2012年《史纲》刊出，在上述研究的基础上更加系统、全面地考察60多年来中国经济发展历程及其理论探索的进展与成果，主要是理论经济学的论争与发展和中国经济学创新的演进脉络。史家治史重在"层累递进"，《史纲》也正是如此。

第三，《史纲》作为一部经济史学著作在撰著体例上渐臻完善。笔者考察一些研究当代的经济史学理论著作，深感《史纲》不仅在研究方法上凸显特色，在叙述方法上更是着力按照史学著作的体例进行撰著。该书"前言"明确提出："目前按专题描述60多年的研究成果不是很多，本书各章主要按编年体排列，以便使本书更切合作为思想史专著的要求。"如果说，此前的相关著述重在分专题研究，总结新中国成立以来尤其是改革开放以来经济学研究的理论与发展，那么本书则明确标注"经济学史"，研究撰著均循此而为，被称为"一部经济学发展史的力作""一部比较规范的经济学史专著"[1]。笔者注意到迄今冠名中文"经济学史"的书籍，主要内容大抵是以西方经济学说史（经济思想史）为主的，而我国学者进行着突破的努力，《史纲》即集其大成者。[2] 我们知道，中国的历史学博大精

---

[1] 杨圣明：《一部经济学发展史的力作》，《读书》2012年第11期。
[2] 主要如20世纪20年代法国人C. 基特（C. Gide）等著的《经济学史》等；30年代卢森贝（Д. И. Розенберг）的3卷本《政治经济学史》等；40年代赵迺抟的《欧美经济学史》（此书专列附录三"研究中国经济思想史之文献"）等；50年代王亚南的《政治经济学史大纲》等。直到21世纪以来，霍华德（M. C. Howard）等的《马克思主义经济学史1883—1929》、约翰·米尔斯（John Mills）的《一种批判的经济学史》以及R. E. 巴克豪斯（Roger E. Backhouse）的《西方经济学史——从古希腊到21世纪初的经济大历史》，等等。这些书的内容虽各有偏重也有发展，但主要内容还是西方经济学说史。我国学者张问敏的《中国政治经济学史大纲1899—1992》（1994），则主要概论90余年中国经济学的形成和演变历程，重点分析社会主义政治经济学不同发展阶段的状况，以及几个主要理论问题的演变史等，可以说此书已具有"学术史"性质；而上述于光远主编《中国理论经济学史1949—1989》（1996），则是以当代中国为研究对象的较为系统的经济理论史学著作。

深、源远流长，在史书撰著体例方面，主要有"纪传体""编年体"和"纪事本末体"三大类型。所谓"按专题描述"，即是"纪事本末体"的主旨所在；而"按编年体排列"则是史学著作的基本要求，可以看到《史纲》正是这两种史书体例有机结合的经济史学著作。其史料丰富、论断客观，总结各个时期经济学理论的特点及其进展，对中国经济学60多年来的创新与发展做出了比较全面的理论概括，是较为成熟和规范的当代经济史学著作，为中国经济学的理论集成和话语体系创新引航导向。该书在中国经济思想史上填补了空白，在中国经济学术史上成为引领经济学家"学史兼治"的成功典案。

第四，《史纲》集中概括出新中国成立后60多年经济学研究的"六大进展"：（1）在马克思主义经济学基本原理指导下，努力探索中国自己的社会主义建设道路，并在改革开放过程中确立了社会主义初级阶段理论，开辟和形成唯一正确的中国特色社会主义道路。（2）计划与市场关系问题是中国经济学界研讨的第一大热点，其突出成果是确立了社会主义市场经济论。（3）所有制理论和分配理论的重大突破：确认公有制为主体、多种所有制经济共同发展平等竞争，股份制是公有制主要实现形式，按劳分配与按生产要素分配相结合。（4）探索国民经济从封闭半封闭走向开放，以开放促改革、促发展，"引进来"与"走出去"互相结合，逐步形成顺应经济全球化的对外开放理论。（5）经济增长与发展理论愈来愈受重视，改革开放后在"发展是硬道理"和"科学发展观"指导下，着力研究实现什么样的发展、怎样发展问题，研究中国工业化、城市化、现代化的规律。（6）经济学方法重大革新：注重创新，紧密联系实际，充分吸收现代经济学有用成果，重视实证研究和数量分析，勇于提出各种对策建议，为促进经济科学繁荣的各种评比和奖励活动逐步展开。《史纲》还增加了中国化马克思主义政治经济学教材的重撰和新中国经济史学的发展等内容，科研的覆盖面不断拓展。这些进展揭示出逐渐形成的中国特色社会主义经济理论体系，涵括社会主义市场经济理论、社会主义初级阶段理论、对外开放理论、社会主义基本经济制度理论、按劳分配和按其他生产要素分配相结合理论、中国式经济增长理论、转变经济发展方式理论，等等。大抵提炼和构建出中国特色社会主义理论经济学的基本问题和学理架构，总结和概括理论联系实际的概念范畴，引导着中国特色经济学"话语体系"建设的必经路径，昭示着中国特色经济学的创新必然要求话语体系的新建设。

第五，也是需要格外注重的，即《史纲》树立了理论诠释的开放性和包容性之典范。作为研究时段的中国这60多年，实践中既有前30年的社会主义道路摸索阶段，也有改革开放至今30多年体制转型和经济腾飞的历史进程；理论上既有"教条化"模式的经济学说居于主导地位的时期，也有要"全盘照搬"西方主流经济学的理论倾向。如何基于中国经济发展的实践，探究出一条具有中国特色的经济理论之路，成为《史纲》理论把握的关键点，其核心就是马克思主义经济学的"中国化"与"时代化"。所谓"中国化"就是理论联系实际，而"时代化"则是经济理论的"与时俱进"。这样就有利于克服"简单化""绝对化""教条化""一边倒"和"过时论"等倾向，在尊重客观实践的同时，赋予经济理论开放性和包容性的内涵特征，使之更具有科学性和生命力。这样的特征也与研究者的切身经历分不开，张卓元老师1954年即到经济所工作，还有参与创刊《经济研究》这一顶级理论刊物及编辑工作的经验，他不仅亲历改革开放前后两个30年中国经济发展与理论探索的过程，而且直接参与伴随中国经济重大变革的多次热点问题论争。故而，他主持的《史纲》研究能够基于贯通与比较的视域，注重不同观点的论辩和砥砺，在"兼容并蓄"中开放性地吸收有价值的成果，不断推进和深化中国经济理论的发展与创新。难能可贵的是，在"横向"的开放包容之外，"纵向"的继承发展也颇受重视。他强调"历史的连贯性"，注重经济学界前辈们先驱性的真知灼见，如指出前30年中也有关于计划与市场的关系问题、价值规律作用问题等论点存在，对新中国成立以来的两个30年进行了较为客观而中肯的研究阐述。

《史纲》是集体成果，作者多是相关领域的顶级专家，因此该书汇聚了集体的智慧和不同专业方向的前沿成就，较为全面地反映了中国经济理论创新探索历程的全貌（基本不含应用经济学和部门经济学）。这也证明经济学的理论创新和话语体系建设既是一个长期过程，也是一个要求"共建"的伟大工程，需要积累也需要协作，《史纲》率先垂范为此后的发展与拓进引航导向。还应当看到，中国道路和中国经验对发展中国家具有重要的借鉴意义，新中国 60 多年来经济发展的理论建树，其核心就是中国特色社会主义经济学理论体系，这也是经济学话语体系创新的基本依据。《史纲》在社会主义市场经济理论方面所下功夫相当大，这也是中国特色社会主义经济学话语体系建设的关键所在。该书以其独到的学术贡献，荣获第三届"中国政府出版奖"；2013 年 12 月 17 日张卓元老师被授予第二届"吴玉章人文社会科学终身成就奖"。

如上所述，话语体系建设需要积累，这就离不开"史"的考察与研究。《史纲》为我们树立了经济学家治史的成功典范，而我们史学研究者需要更加努力来迎头赶上！

五 源远流长的"经世济民"之学是"话语体系"的充足养分

《史纲》的研究范围是当代中国，以中国经济 60 多年的发展实践和理论总结为基础，从而对中国特色社会主义经济学话语体系建设意义重大。依循"历史的连贯性"脉络可以看到，现今经济腾飞的不争事实有力地支撑着中国经济学问鼎"话语权"；而当我们将历史的镜头拉得更远一些，将话语体系建设的幅度抻得再长一些，便能够观察到中国悠久文明的历史长河中蕴涵着与"话语体系"相关的充足养分，可以更加丰富、充实和完善中国特色经济学话语体系的建设。这一点，也为许多学者所共识或阐论。例如，中国社会科学院副院长李扬教授就明确指出,建设中国特色经济学话语体系"刚破题",中国几千年历史传统积淀而成的特色,成为话语体系建设的重要来源之一。

的确,中华文化博大精深、蕴宝藏珍,即使在"落后只能挨打"的近代也并非乏善可陈。无数志士仁人为了国家的强盛和中国经济学的振兴做出了不懈的努力,仅举民国时期出版的经济学图书为证。笔者看到在短短的 38 年间(1911 年至 1949 年 9 月)出版的各类经济学中文书就不少于 16034 种(包括 1911 年前印行,此后又连续出版的多卷本图书)。这些绝非统计学意义上的书,而是每一种都可以实实在在查得到。可惜的是,距离今天并不很遥远的这些文献却没有得到应有的认识、掌握和使用,以至于不少"创新""开拓"性研究不能够在那里面找到踪影。可能有人会说,近代中国无论有多少经济学成果,多不过译介、模仿西学或跟在西方理论后面"鹅步鸭行"。其实并不尽然,再举一例——"欲创造适合我国之经济科学"的唐庆增(1902—1972 年),他出生于书香世家,曾留学美国哈佛大学,归国后在多所大学工作,与马寅初等都是中国经济学社的骨干,并主编《经济学季刊》颇有影响。他倾力鼎新中国经济学学科建设,提出"经济科学为立国之本",力主设立"中国化的经济学系",还亲撰课程指导和教科书。他认为"非审度本国思想上之背景,不足以建设有系统之经济科学也"。为创新中国经济学,就要重点研究中国经济思想史。1936 年问世的《中国经济思想史》(上卷),时贤称其"以创造中国独有之新经济学"。马寅初在该书"序言"中说,中国古代"经济思想之灿烂,较之欧美各国,未遑多让",同行至今公认此书为旧中国本学科的最高成就,直到近年还在不断再版。[①]

有必要多说两句。唐庆增强调的中国经济思想史学科,惟有在中国大陆是理论经济学的独立学科,其研究中国自古及今数千年经济思想、学说、观念、理论的历史发展,而"彼时"的民族文化积淀与观念习俗传承潜移默化地植根于本土斯民;同时,此学科又直接以"此

[①] 参见拙作《"欲创造适合我国之经济科学"的唐庆增其人其书》,载唐庆增《中国经济思想史》(中华现代学术名著丛书),商务印书馆 2011 年版。

时"中国经济思想理论为研究对象,现今的改革与发展为经济理论研究不断提供丰富而新颖的素材。无论是早于西方若干世纪就发达得多的古代中国,还是近现代中国人走向现代化的艰难历程,特别是现今中国的改革开放和经济发展,积淀汇聚成为"中国特色"的经济学说和理论,蕴涵凝练为"话语体系"的充足养分。正如唐庆增所说,系统地创新中国经济学,离不开对传统文化和思想资源的审度与借鉴,更需要努力发掘中国经济学术的精华,梳理总结其发展脉络和理论。历史经验告诉我们——"通古今之变"而"成一家之言"。

一谈到古代,国人的民族自豪感仿佛被蓦然唤醒。的确,在世界大河文明中,唯有中华文明历经数千载而赓续绵延、源远流长。这里没有必要罗列古代中国创造出光辉灿烂的物质文化、制度文化和精神文化,即使是直接影响经济发展的科技成就,也有李约瑟(Joseph Needham,1900—1995年)卷帙浩繁的皇皇巨著可鉴。可能有必要提一下安格斯·麦迪森(Angus Maddison)的研究,其提供的公元1—2001年世界经济包括中国的一些数据尽管还可以再讨论,但对中国乃至世界的"长时段"经济发展或许有一定的参考价值。[1]不过令人不解的是,创造出如此辉煌的物质文明和精神文明且曾领先于世界的中国,其学术中却似乎没有"经济",一些人将此归罪于儒家的"讳言财利"传统。其实也不然,在远早于西方的中国,就有发达得多、丰富得多的经济事象、经济实践与经济制度存在,蕴含着丰富的相关经验和有别于西方的经济学说与理论,包括儒家代表人物大多都有丰富的经济思想和学说。这是宝贵的财富,也是无法割裂的学术流脉,一部中国经济思想史足以为证不需赘述。笔者经过近十余年来的爬梳、考究和研究,可以说中国的"经世济民"之学源远流长,并对经济学的形成与发展产生影响,以下仅提供两个观察中国传统的"经世济民"之学源远流长的视角。

---

[1] 参见安格斯·麦迪森(Angus Maddison)《世界经济千年史》,伍晓鹰等译,北京大学出版社2003年版;同前《世界经济千年统计》,北京大学出版社2009年版;同前《中国经济的长期表现——公元960—2030年》(修订本),上海人民出版社2011年版等。

第一个视角是中国的经济学术与思想理论对西方经济学产生影响。例如，法国重农学派有可能受中国农业思想的影响，其创始人弗朗斯瓦·魁奈（Francois Quesnay，1694—1774 年）的标志性成果《经济表》或许就富含中国因素，其被称为"欧洲的孔子"。① "经济学之父"亚当·斯密（Adam Smith，1723—1790 年）在《国富论》中将中国作为与欧洲不同的经济类型比较阐述，不少中外研究将司马迁的"善因论"视为"看不见的手"的渊源之一。再如，马克思（Karl Marx，1818—1883 年）在《资本论》研究"货币或商品流通"的注释中，唯一提到中国人——王茂荫，此人不仅曾是懂经营的徽商，而且主管清廷财政事务，还深谙中国货币理论。其实，世界货币理论史上许多发现如"货币流通速度""格雷欣法则"等都是宋人的最早贡献。② 中国货币理论在马克斯·韦伯（Max Weber，1864—1920 年）的社会经济学中也有呈现，且是其理论架构的组成部分。韦伯还专门指出《史记·平准书》是"典型的中国王室财政学"，也是保存下来的"中国国民经济学的最古老的文献"③。在学术之外，如中国古代常平仓思想曾对美国新政农业立法产生直接影响。针对农业经济的萧条，时任农业部长的华莱士（H. A. Wallace，后任美国副总统）力主将常平仓制纳入 1938 年"农业调整法"，奠定了美国当代农业立法的基本框架。④ 遗憾的是，当西人热衷于中国文化、借鉴或运用中国经济思想的时候，国人反而所知不多。譬如，我们为张培刚先生对发展经济学的贡献而自豪，却很少注意最早步入国际经济学坛并对西方学界产生影响的竟是"冷门的"中国经济思想史！1911 年清进士陈焕章在哥伦比亚大学出版博士论文 *The Economic Principles of Confucius and His School*（其自译《孔门理财学》），此书分为 2 册，共 756 页，至今还

---

① 参见谈敏《法国重农学派学说的中国渊源》，上海人民出版社 1992 年版。
② 参见叶坦《富国富民论——立足于宋代的考察》，北京出版社 1991 年版，第 199—251 页。
③ 马克斯·韦伯：《儒教与道教》（汉译世界学术名著丛书），王荣芬译，商务印书馆 2002 年版，第 187 页"注释"；相同的内容在第 289 页正文中再一次被重申。
④ 参见李超民《常平仓：美国制度中的中国思想》，上海远东出版社 2002 年版。

不断再版。大名鼎鼎的凯恩斯（J. M. Keynes，1883—1946年）时任《经济学杂志》主编，在该书出版不久便在此刊上撰发书评。[①] 熊彼特（J. A. Schumpeter，1883—1950年）《经济分析史》和韦伯《儒教与道教》等名著都列有此书，许多西方人正是通过此书认识中国，包括美国人了解中国的常平仓思想，但我国直到2009年才出中译本。或许有人认为上述内容也并不能证明中国有系统的经济学科，没错，"学科"是近代的产物，中外概莫能外[②]；但中国的农业思想、法自然学说和货币理论等的世界影响可以肯定，史实也证明了西方学界对中国经济思想与学说理论的认同与重视。

第二个视角则是在中国经济思想史基础上，对中国传统的"经世济民"之学进行较为系统的学术史考察，其中蕴积着"话语体系"的充足养分。笔者曾尽力发掘整理19世纪中叶以来中国经济思想史的研究成果，并从学科创始、发展、成就、特点等方面进行考察。认识到本学科作为中国理论经济学的独立学科，独具跨学科特征和诸多学理优势。而且其亦属于"国学"之一，系国际领先的"长项"，具备"中国特色"的理论基础和应用价值。然而，仅限于本学科的"内史"（internal history）研究，还不足以深入到传统时代的学理层面，需要拓展并与"外史"（external history）相结合；[③]进而开展中国经济学术史的梳理和研究。经过十余年的摸索，初步考证出中国的"经世济民"之学自汉代以来即有其文献学基础，从

[①] 参见叶坦《凯恩斯为哪位中国人的书写过书评？》，《经济学家茶座》第49辑，2010年12月。

[②] 一般认为，1776年亚当·斯密的《国富论》问世，标志着古典经济学成为系统性学科。笔者注意到1818年哥伦比亚大学开设"道德哲学和政治经济学"讲座，1871年哈佛大学正式设立政治经济学教授席位。法国在1878年以后大学的法学院中较为普遍地设置经济学教授席位。著名的经济学组织如1885年美国经济学会成立，1890年英国皇家经济学会成立，同年马歇尔《经济学原理》出版，至此"经济学"才独立出来。诚然，古代中国也不可能产生近现代意义的经济学学科。

[③] 这里的"内史""外史"主要借鉴科学史研究的概念，"内史"主要研究某门学科或门类本身发展的过程，"外史"则侧重研究该学科或门类发展过程中与外部环境或因素之间的相互影响和作用。不过，研究经济思想史，有通史和专史之分，意大利经济学家科萨·路易吉（Cossa Luigi，1831—1896年）称之为"外史和内史"，赵迺抟先生曾在《欧美经济学史》的"绪论"中论及。

历代"正史"中的"食货志"、政书"十通"中经济类典志直到洋洋大观的历朝"经世文编"中经济性文献的系统编纂与发展。古人称"名不正，则言不顺"，而"经世济民"之学自宋代以降即有其相对稳定的学术性称谓，凸显传统学术中的"经世致用"特色。诚然，传统时代的"经济"从属于政治，寓有"经邦治国""经国济世"等含义，其实西方也很类似，直到1890年才有独立的"经济学"，岂能苛求古代中国就有近现代经济学存在？值得注意的是，中国传统的"经世济民"之学不仅有其"名"，还有其"实"——制度性实践。从宋代选拔官员要求懂经济事务和管理，到晚清变法图强设立"经济特科"选拔人才，推动施行了1300年的中国科举制最终废除。更为重要的是，传统的"经世济民"之学有其较为规范的学理性范畴，重点考察解析颇具"中国特色"的"经济""本末""义利"等范畴，及其数千年的应用实例与演进流变，诠释其学理功能、行业结构和分配伦理等内涵演化与时代发展，成为中国经济学近代转型不可忽视的"内因"，可见中国经济学并不是简单地"舶来"就能够生根发展的。概括地说，基于汗牛充栋的一手史料文献的考索整理，从学理逻辑的视域梳理出传统经济学术的基本框架，考证其伴随中国社会经济发展不断演进的历史轨迹，并置其于世界经济学术发展的脉系中比较考察——这是研究中国经济学术史的路径，或许也是一条探索、充实和完善中国特色经济学话语体系建设的可行之路！

本文从"重写学术史"入手，以《史纲》为实证考察典案，展现中国"经世济民"之学源远流长，希冀依循中国经济学术史脉络，提示探索和完善中国特色经济学话语体系建设的可能路径。当我们放眼数千载的全球历史发展长河，能够看到中国经济从"领先"世界（但不等于领跑，因为封闭与隔绝使得古代世界并未形成统一体），到"跟随"西方，再到"并行"而向着"领跑"迈进。故而，中国经济学家、经济史家更加任重道远！

（原载《经济学动态》2014年第10期）

寄语新生*

各位老师、各位同学：

下午好！

系里让我代表老师们讲话，自己没有准备；但我很珍惜这个迎新会的机会，改变了原先的计划来参加。那就说说我自己吧！1985年我考上中国社科院研究生院经济系巫宝三先生的博士生，那年中国经济思想史学科在全国首次招收博士生，当时的迎新会也是在这里召开的。屈指算来，距今已经整整30个年头了！真是光阴如梭、物是人非、感触良多啊！那就谈一下自己从考上经济系（所）的博士生，到成为一名研究人员和教师的深切体会吧。

作为教师，我首先祝贺所有新同学考入经济系（所）！祝贺你们战胜了自己，而不是仅仅战胜了竞争对手。我想，这一点你们的体会一定很深。同学们现在能够坐在这里，这是一个标志，也是一个新的人生起点。我说是"起点"，因为获得录取通知书，并不等于拿到了学位证书，而这两个"书"之间的距离，就是你们攻读学位的全过程。记得曾经有一位前辈学者在迎新会上说过，现在年轻人的选择机会比以前多了，大家不去当官，也没有下海经商，而是选择考研、考博，既然考到我们经济所来，那就应该专心学习好好做学问。这些话我一直记得，现在说出来与你们分享。

我们知道，经济学是关于选择的学问，也是研究效益的学科，

---

* 本文系笔者2014年9月在中国社会科学院研究生院经济系2014级迎新会上的讲话，由于事先没有准备，故而语由心出原汁原味。现在稍加修改以成此文，通过《经济学家茶座》寄语所有新生，祈望大家在阅读和体悟中能够有所收获。

并且包括很多专业和门类，算得上是现今的"显学"。考经济学的新生所占考生比例相当可观，竞争也比较激烈，能够考到这里来是不容易的。经济所是众所周知的研究经济学的极好殿堂，然而，大家来了一看，这里并没有豪华的高楼和体面的装潢，办公条件还不如其他科研机构，甚至不如一些地方的大学，与不少人的想象或许有着较大的差距，会不会有点失望呀？建议同学们有空可以去图书馆资料室门口看看，那里凝聚着经济所学术史的厚重。大门两侧悬挂的照片，一侧是本所的历届所长，他们多是国内国际很有影响的经济学家；另一侧是所里的顶级前辈学者，他们的学术业绩铭刻青史，享誉海内外。前辈们留给我们许多宝贵的精神财富，这些才是经济所学术影响的"精髓"所在。可惜的是，你们大概没有机会面聆他们的教诲了，因为他们大多或故去或离退，就连我们这一拨人再过两年也要退休了，希望寄托在你们身上！这就是学术薪火代代相传。

得以相传的、有生命力的、需要不断发扬光大的是我们这个所的学术传统。所谓"传统"并非一般所谓"过去了"的东西，而是逐步积累沉淀、不断充实升华并且历经岁月的磨砺，至今乃至未来都颇具勃勃生机的东西。那就是根植于我们心底的那份对学术的敬畏、对专业的执著、淡泊名利"甘坐冷板凳"潜沉治学和追求真理的精神！一代代学者秉持这样的学术精神，伴随时光的演进而日久弥笃。

回顾一下历史。作为海内外著名的科研机构，经济所自 1928 年中央研究院成立至今，走过了风风雨雨八十多年艰难而光辉的历程，这也正是中国社会沧桑巨变的岁月。给大家讲一个自己曾经亲历的事例：我在做研究中需要查找一套书，发现本所图书馆藏书中不全；后来到台湾访学，竟然在台北南港"中研院"的图书馆藏书中查到了其余的一部分。估计类似的情况还会有，好端端的一套书却被山海分割；不仅是图书，就连北京故宫的无数珍宝，许多如今也是台北故宫的重要藏品。只要有一些中国近代史的基本知识，就足以从这些事例中感悟到经济所伴随国家兴替而赓续前行的史承轨迹。

经济所的学术传统体现在治学方面，凸显"理论"追求的鲜明特色，这也是我们不同于中国社科院经济学部其他研究所的重要科研特点。无论是理论性、应用性还是史学性质的专业，都具有科研方法探究与学术理论创新的明确追求。不过，什么是学术创新？这并非是不言自明的。我曾结合长年的科研与教学写过一篇文章，里面专门阐述"学术创新及其主要标志"，一条条地阐述学术创新的主要标识；同时强调要实现"创新"，首先是要"传承"，即了解、认识和继承前人的研究，然后才可能发展与创新。这不仅仅是治史的同学需要具备的学养，任何专业都是如此，都要在"扎实打好基本功"上下大功夫，若无"根底"，理论追求和学术创新只能是镜花水月。我们有时听人说治学要"入流"，就是自己的研究要能够融入到专业性学术流脉当中并得到承认。这样的"流脉"就是学术的继承与发展的宏大谱系，这大概就是"学术共同体"的共识。我们可以看到某些"创建"出来的时兴的"某某学"，就是因为缺乏学术积淀而"未入流"，得不到学理性承认而昙花一现，受过严格的专业训练者不应如此。

大家来求学，可能会想到治学有什么"捷径"或"诀窍"？其实，答案就是多读书、善读书、读好书！诚然，学海无涯而人生有限，不可能漫无边际什么书都读，"平均地使用力气"为不智。知道应该读什么书、到哪里去找、应该怎么读，这本身就是学问！不能仅仅满足于导师开出的书单，或别人著作后面的参考文献，更不要说连别人用过的文献都抄错了。应当在"一手文献"上下功夫！希望大家注重学习方法和理解问题，才有可能提出需要解决的科研问题。在科学的道路上，有时提出问题比解决问题更难；提不出学术问题，怎么写学位论文？所以要扎扎实实打基础，不断培育和深化做科研的基本功和"问题意识"。

我看到今年的新同学中有不少女生，这和我们读书的时候不同了。作为这里在座的唯一女性教师，我要特别对女生谈点自己的体会。女生治学，刻苦努力者有之，认真严谨者也不乏其人，却有一种大家都知道的说法，即女性大经济学家很少。为什么呢？梁小民教授曾撰文论证"为什么女经济学家不多？"他也肯定了国内几位女经济学家令他"自叹弗如"。我以为，女生治学要特别注重理论素养的培育，在认真严谨的同时，还应当具有广博的视域、敏锐而独到的眼光，以及善用分析工具的智慧，这些需要从学生时代就刻意训练和培养。企盼你们当中多出优秀的女经济学家！当然，这些也同样适用于男生。

我还想对学经济史学专业的同学多说几句。中国经济史和中国经济思想史都是经济所的传统"长项"学科，前辈学者开创了若干领先于国内国际的研究领域和科研业绩。吴承明先生提出"经济史应当成为经济学之源"，这就对我们学史的同学提出了更高的要求。许多年来，同行学者都对一批批新生寄予厚望，希望多出高层次人才；一些学术刊物包括本所的《中国经济史研究》都着力刊登青年才俊的研究成果，以期经济史学研究后继有人。为了经济学术的薪火相传、为了中国经济史学的持续发展，我本人也相当关注相关问题。从2015年起我们将在人大复印报刊资料《经济史》开设"硕博论坛"，专门选载在校学生的研究论文，勉励新人扎实治学、勇于探索，共同推进中国经济学术事业的深进与发展。

前人的经验提示我们，治学的经历同时也是做人的过程，我们的前辈都很重视"道德文章"。我们所从事的尽管是经济学的学习和研究，但要注意经济意义的"投入—产出"在治学的过程中、尤其是在经济学家的人文关怀中都会显现其局限性。常言道，时光飞逝如"白驹过隙"。攻读学位的这几年，也是大家一生中重要而特殊的人生阶段，是能够集中时间"静心修炼"的难得机会，需要好好把握、专心致志和不断自省。"敬畏学术"这四个字非常重要，相信大家能够在不断的体悟与践行之中受益无穷。

希望同学们珍惜宝贵的光阴和来之不易的机会，祝愿大家健康、快乐、顺利！

谢谢大家！

（原载《经济学家茶座》第68辑，2015年2月）

中国经济史学的演进与走向

所谓"经济史学",概括地说主要包括经济史和经济思想史两大基础学科,两者的研究对象不同,却也存在相互依存的特殊学理关联。诚然,"学科"是近代以来知识专门化、学术系统化的分科产物,但不可能"从天而降",尤其是具有悠久历史和灿烂文明的国度。试想,一个千年古国要维系其广袤而亘远的社会经济运营、并创造出远早于西方且领先于世界的物质文明,离开"经济"不可想象!更非以儒家"讳言财利"之说就能"一言以蔽之"的。

一 中国经济史学的形态演进与学理功能

可以认为,中国经济史学具有传统和现代两种形态。前者不可能蕴涵现代分科或研究范式,却与庞大帝国的经济发展伴随始终,经历了漫长的发展、演进历程。自"二十四史"之首《史记·货殖列传》到历代《食货志》,再到卷帙浩繁的"政书"、"经世文编"等中的经济类文献,采用较为定型的编撰体例和大抵衔接的记述方式,汇聚而成传统经济史学的千载流脉,并伴随"西学东渐"和中国现代化进程,逐步转型成为现代中国经济史学,其典型标志就是现代学科的形成。

自 20 世纪以来渐趋形成的中国经济史学现代学科,经过百年来的艰难发展,特别是 1949 年和 1978 年之后的长足发展,取得了相当大的学术突破。研究队伍不断充实,分门别类的科研成果"汗牛充栋",研究的深度、广度都在不断拓进。与此同时,国外学者对中国经济史学的研究，也经历了不断发展的若干阶段，积累了丰赡的研究业绩。随着中国经济近 30 多年来的持续高速增长，中国已成为世界第一大贸易国、第二大经济体，引发世界对中国越来越关注，并且需要重新认识中国。故而，中国经济发展的机制、动力、理论、道路、模式及其历史演进等，愈发成为国际学界的科研热点。同时，中国经济学的发展，为中国问鼎世界学术"话语权"积聚实力，也迫切需要得到经济史学的有力支撑，这些都成为中国经济史学创新发展的重要契机。

然而也应看到，与日新月异的当今"显学"经济学其他学科相比，经济史学相对还是"冷门"。究其原因，除了经济史学的研究有其特殊难度等外，关键在于其学理价值和特有功能还没有得到充分认识，甚至出现经济学的"贫史症"。譬如，熊彼特的"创新理论"众所周知，而其反复强调经济史学重要性的告诫却往往被忽略——"经济学的内容，实质上是历史长河中的一个独特的过程。如果一个人不掌握历史事实，不具备适当的历史感或所谓历史经验，他就不可能指望理解任何时代（包括当前）的经济现象"。吴承明直接指出："经济史应当成为经济学的源，而不是它的流"，这就是著名的"源流之说"。他提出"经济学是一门历史科学，即使是最一般的经济规律，如价值规律，也不能无条件地适用于任何时代或地区"。任何伟大的经济学说，在历史的长河中都会变成经济分析的一种方法，也是研究经济史的方法，而不是推导历史的模式。

那么，什么是"史"？今天的一切到明天就成了"史"。世间万事万物均不过是时空坐标中之"一点"，都会随着时光演进而成为"史"！经济现象也好，经济学也罢，同样都会成为"史"的一部分。熊彼特给出了经典诠释："经济史——是它造成了当前的事实，它也包括当前的事实——乃是最重要的。"研究不断"层累"的经济史实与发展规律就是经济史学，主要体现为两大功能：一是记述、稽核经济现象和发展史实及其轨迹，二是研究经济发展的动能、理论与规律。前者研究"是什么"，后者则诠释"为什么"。"史"不仅使人明智,"史"还是不断积累和不断添新的"根",无根就会失去生命力,经济史学就是经济学的"根"。中国的现代化发展不仅需要经济史学的有力支撑,反过来也要求不断总结、提炼经济发展的理论,不断充实和完善经济史学本身,这两个过程"双向互动",反映在学术中就是"学史互通"、相互促进。

二 中国经济史学的研究价值与现状分析

作为世界最大、人口最多的发展中国家,中国是"非西方"发展经济学的首要典案,对于丰富和发展理论经济学同样具有重要价值。伴随中国从经济大国走向强国的步伐,理论方法也从借鉴西方市场经济基础之上发展起来的经济学原理,逐步深入到立足本国社会经济发展实践,不断探索和总结"中国特色"的发展经验和经济理论。中国经济史学的研究价值相当重大,基于充分发掘和把握历史资源,借鉴布罗代尔的"长时段"分析方法、新制度学派的"制度变迁理论",进而在"加州学派"等理论方法中,探寻从"西方中心论"到"中国中心论"的转轨与自身的学术"自信"。其独有的深厚积淀和学脉传承,成为创新经济学"话语体系"和建构中国风格、中国气派学术理论体系的重要基石。

就研究现状来看,最为突出的特点是中国经济史学伴随社会经济发展而前行,同时紧跟经济改革和制度变迁的热点,为重大现实问题的深入研究提供史实追踪和分析参照。例如三农问题、财税改革、产权制度、金融危机、国企改革、生态保护、政府职能转变、可持续发展、医疗改革、养老保障、转方式调结构、"一带一路"倡议等等,无不成为中国经济史学溯源与考察的热点。

就研究风格来看,中国经济史学除了学科研究对象有偏重外,治学风格大致有三类侧重,即历史学、经济学和社会学,也可视为各有千秋的"三派"。历史学派注重史料、精于考据;经济学派强调经济方法、长于理论分析;社会学派重视经济的社会关联,着力于综合考察。这些是经济史学具有交叉学科性质的体现，应取长补短互相促进。

就研究成果来看，大抵可以看到"三多三少"的学术倾向。首先，研究成果多而基础理论创新相对少。随着经济的发展，经济史学的研究内容也有较大扩展，加之对研究者科研考核等"刚性"要求，促使研究成果明显增加，但"源头创新"或基础理论创新的研究相对还较少。其次，具体针对性或专门性的科研多而有深度的原创性综合研究少。概言之，专门性科研以特定对象为基础逐步深入，这是经济史学深化的标识，但有深度的综合性、交叉性、跨学科原创成果还不太多，故也不无"肢解化"或"碎片化"之虞。最后是，紧跟"热点"或浅尝辄止，科研理路"借鉴"或"模仿"的多，而"甘坐冷板凳"、"十年磨一剑"，经得起检验、有生命力的传世之作还较少。

造成这样的学术状况除了有研究者个体或科研评价体系等因素外，更深层的要因在于原有的学科划分遭遇新世纪学术发展的挑战，且非中国经济史学所专有。可以看到，现今若干重大问题如"现代化"、"可持续发展"等等，均非某一个学科能够独自胜任。这是学术走向的一种反映，较完整的表述是——学术发展在越来越专门化、细密化、精确化的同时，交叉性、综合性、贯通性的跨学科研究越来越成为鲜明的学术走向。

三 "深化"与"打通"——中国经济史学的发展走向

上述两方面的走向在中国经济史学近年的发展中尤为明显。诸如将经济史学进行"量化"的努力接踵而至，如对中国经济发展史进行 GDP 量化分析，举办"量化历史讲习班"，建立"长时段"数据库以弥补传统时代连续性、可靠性数据不足等。这些利用定量方法和技术手段开展的工作，对于中国经济史学的精密化、深入化均有不同程度的促进作用，也有利于推动经济史学研究的本土化和国际化。再一个科研走向是中国经济史学研究对象、内容和体系的拓进,主要表现为三个方面。一是简牍契约、方志笔记、诗词民谣、口述私记等的史料价值愈发受到重视,从而丰富和发展了中国经济史学的"史料学"基础。二是一些研究领域不断深入和拓展,如法制经济史、民族经济史、区域经济史、海洋经济史、比较经济思想史、民国经济思想史等等。三是中国经济学术史、中国经济学史、中国经济理论史等新领域的开拓,以及中国经济史学基础理论的创新研究等等,标志着科研发展到一个新阶段。此外,基于"世界视域"来研究中国,通过比较以彰显"特色",置中国经济演进于世界发展长河中考察,而非仅仅驻足于重视域外的中国研究,成为中国经济史学的重要走向。尤为值得注意的是一些经济学大家的"学史兼治"走向。从厉以宁、张卓元、汪海波到林毅夫、陈志武等,不同学科背景的学者深入经济史学领域,考察中国特有的经济发展方式与道路,探究蕴含其中的基础理论和话语体系,成为中国经济史学的鲜明走向。

钱穆在《如何研究经济史》中说:"我们治中国经济史,须不忘其在全部文化体系中来此表现。若专从经济看经济,则至少不足了解中国的经济发展史。"实际上,经济思想史恰是"打通"经济与文化最直接而独具优势的学科,而中国经济思想史唯独在中国大陆是理论经济学的独立学科,涉及经济、历史、文化等领域,研究千年古国直至现今的经济思想与理论,也是国际领先的"国学"长项。事实证明,中国经济学走向世界的最初始步、产生很大影响的正是中国经济思想史!1911年清进士陈焕章在哥伦比亚大学出版博士论文 *The Economic Principles of Confucius and His School*(自译《孔门理财学》,共756页),而此前约一个半世纪的法国重农学派学说中已不乏中国因素。可惜这些在西方很有影响甚至持续至今的史实并不大为国人所知,似乎我们如今的学术目标不过是与西方"接轨"。因此,"打通"古今、中西以及经济学与经济史学,成为突破学术发展"瓶颈"的关键走向。

有必要再从学理层面解读中国经济史学的"打通"。一般说来，经济史主要研究各历史时期的经济是怎样运行的，以及运行的机制和绩效；经济思想史则主要研究人类进行经济活动的思想、学说和理论，研究它们的产生、发展及其规律性。但经济史研究并非简单地"描述"或"还原"经济现象，研究经济运行的机制、绩效和规律就离不开理论方法，而理论方法正是经济思想史的学科特质，离开经济思想史的经济史可能是"无光之星"；而经济思想是经济现象与经济活动的能动反映，离开经济史就成了"无本之木"。两者在传统时代是不分的，近代以来因学术专门化而分科，如今则遭遇新的挑战——在愈发精细和深化的同时，要求打破分割实现贯通。因此"打通"昭示原有学科划分的局限，要求经济学理论体系发展创新，标志未来学术发展的一个鲜明走向——"新的综合"。

正如连接1700年前的中草药与诺贝尔奖的关键是"提取"，中国经济史学发展走向的核心或许就是"深化"基础上的"打通"！

[原载《人民日报》（理论版）2015年12月6日]

调查研究的传统与学术创新[*]

——经济史学研究方法之反思

引言

现今,谈学术创新的很多,许多论点颇有见地,而调查研究并非新的研究方法,在学术领域中社会学研究运用较为广泛。作为理论经济学重要分支的经济史学,一般认为其发展创新的关键在于理论探索,似乎与调查研究、躬行践履等并无直接关系,将调查研究与学术创新相联系进行深入考察的不多。

其实不然。大家一定不陌生"读万卷书,行万里路"之说,古人治学论画都强调"行路"之必要,连文豪陆游在《冬夜读书示子聿》中也说"纸上得来终觉浅,绝知此事要躬行"。的确,"死文字"总没有"活材料"更生动、更真实、更全面。众所周知"实践出真知",调查研究要求深入社会经济或客观现实中进行现场考察,以求搞清楚事物或现象的真相、性质和发展规律。那么,这样的方法与"象牙塔"中的经济史学有什么关系呢?

本文试图从经济史学的方法论视域出发,结合笔者开展国情调研工作的切实体悟,反思经济史学的研究方法,提示中国经济史学发展的一条创新路径。

---

[*] 本文为笔者主持的中国社会科学院创新工程"长城学者资助计划"和国家社科基金重大项目《中国经济史学发展的基础理论研究》(15ZDB131)的阶段性成果,是笔者在主持完成中国社会科学院国情调研重大课题《专业化种植基地建设与乡镇现代化转型》的实地调查基础上,进而深入反思经济史学的研究方法,希冀有助于相关领域的研究发展。

一 经济史学与调查研究

科研工作的前提是概念的厘清。对于我们经常使用的"经济史学"这一基本概念,学术界对其内涵和外延却有着不同的看法,也有在"经济史学就是经济史"的意义上使用此概念的。不过,一般认同"经济史学"属于理论经济学的分支学科,主要包括经济史和经济思想史两大基础学科。此外,同经济相关的各类史学研究也可归入经济史学的范畴。概言之,经济史和经济思想史学科是经济史学的主干,尽管两者可能分属不同的一级学科;[①] 却有着不同于其他学科之间的特殊学术关联,蕴含着内在的学理逻辑联系。

就经济史学的研究对象而言,"经济史"主要研究经济现象与人类的经济活动、经济关系以及社会经济制度、资源配置和经济形态的发生、发展、演变的过程及其规律;"经济思想史"则主要研究人类进行经济活动(包括制定经济政策、解决经济问题等)的思想、主张、学说、观念和理论。换言之,经济史着重研究各历史时期的经济是怎样运行的,以及运行的机制和绩效;经济思想史重在研究规范或制约人类经济行为的思想、学说和理论,研究它们的产生、发展及其规律。[②] 不难看出,社会经济的真实状况无疑成为经济史学研究的基础。

由于经济史学研究的是"史",一般认为是"过去了的"事物,那么作为研究基础的"社会经济的真实状况",似乎只能从历史记载、文献传承等中发掘整理、考察研究而来,诚如史学大家傅斯年先生的"史学就是史料学"之论。但是,什么是"史料"有必要厘

[①] 就学科而言,中国经济史除了隶属理论经济学以外,也有历史学的专门史;但中国经济思想史则归理论经济学,仅有极特殊的例外,如云南大学历史学的专门史中也曾有中国经济思想史研究方向。

[②] 叶坦:《经济史学及其学理关联——基于史实与逻辑的视域》,《经济学动态》2013年第10期。

清。首先要弄清到底什么是"史"？其实，今天的一切到明天就成了"史"。世间万事万物均不过是时空坐标中之"一点"，都会随着时光的演进而成为"史"。经济现象也好，经济研究也罢，同样都会成为"史"的一部分。熊彼特（Joseph A. Schumpeter）给出了这样的经典性诠释："经济史——是它造成了当前的事实，它也包括当前的事实——乃是最重要的。"[1]经济史学就是研究不断"层累"的经济史实与发展规律，主要体现为两大功能：一是记述、稽核经济现象和发展史实及其轨迹，再一则是研究经济发展的动能、理论与规律。前者研究"是什么"，后者则诠释"为什么"。应当说，"史"不仅仅使人明智，"史"还是不断积累和不断添新的"根"，无根就会失去生命力。[2] 值得注意的是，这"根"并非沉潜于时光隧道的故旧，而是不断增新的流脉。当我们将时空坐标进行与时俱进的调整"定位"时，就会发现"史料"不一定只是秦砖汉瓦，而很可能就是昨天发生的事况现象——当这个意义的"史料"还未"载入史册"的时候，调查研究的方法便有其无可替代的作用！当然，调查研究之益并非仅限于此。

西方制度学派的理论对我国经济学术研究影响很大，其代表人物1993年诺贝尔经济学奖得主道格拉斯·诺斯（Douglass C. North）的重大贡献，与其以"路径依赖"理论成功地阐释了经济制度的演进分不开，这也提示我们进行经济史学研究，不仅要注重制度演进的"路径"，而且可能循沿"路径依赖"追溯"现实"的来龙去脉。同理，对"现实"的深入调查研究，或许可以探究或印证其发展演化轨迹。再如乡规民俗、谚语民谣、消费偏好、伦理规范等，不一定都能够记入史籍，却是千百年传承积淀而成的经

---

[1] ［美］J. A. 熊彼特：《经济分析史》第1卷，朱泱等译，商务印书馆1991年版，第29页。

[2] 在叶坦《中国经济史学的演进与走向》（《人民日报》2015年12月6日）一文中有较为详细的论述，有媒体以《学者谈中国经济史学：是中国经济学的"根"》为题转载此项研究，参见中国社会科学网（http://www.cssn.cn/gx/gx_gxms/201512/t20151206_2749769_1.shtml）。

济文化和思想观念的真实体现，作为"非正式约束"在经济史学研究中不容忽视。故此，应当注意经济与社会是密不可分的，单纯"以经济论经济"有其局限性，深入社会是研究经济问题的重要途径，而社会调查也是经济史学研究深进的另一条无法替代的创新路径。

如前所述，调查研究并非新的研究方法，也并非仅限于学术研究领域。一般说来，调查（survey）是指搞清事物的真实情况；而研究（research）则是对调查材料进行研究分析，以求获得对客观情况本质和规律的认识。调查研究包括"调查"与"研究"两个环节，调查是研究的前提和基础，研究是调查的发展和深化。调查研究就是要在掌握真相和全貌的基础上，实事求是地解决问题。正因此，党在各个历史时期都强调要重视调查研究，凸显实事求是的思想路线和深入群众的工作路线，要求一切从实际出发、理论联系实际，具体问题具体分析。早在1930年，毛泽东在《反对本本主义》中就提出"没有调查，就没有发言权"；此后，从邓小平、江泽民、胡锦涛到习近平，都不断强调调查研究的重要性，指出领导干部要以身作则，要"从实际出发，分析问题、解决问题"，强调"没有调查，就没有决策权"、"调查研究是我们的'谋事之基，成事之道'"、坚持"调查研究不能走过场"，等等。同时还要求掌握正确的调研方法，建立和完善调查研究的相关制度。

中国社会科学院组织开展系列"国情调研"工作，也是上述传统在新时期的具体体现，"中国乡镇调研"不仅是国情调研项目的重要组成部分，而且有其特殊的意义。我国有近两万个建制镇，聚集了全国近60%的人口。"乡镇"作为我国最基层的政府机构和行政区划，在社会经济发展尤其是城镇化和新农村建设中起着十分重要的作用。乡镇经济的发展直接影响到全国经济的发展水平与速度，更直接关系到和谐社会的建构，乡镇的发展与转型是中国现代化进程中基础而关键的环节。选取具有代表性的乡镇进行深入的调查研究，通过个案探索整体，摸清和掌握我国乡镇的现实状况，为新型城镇化建设提供借鉴和参考。① 更为重要的是，通过调研提高科研人员对国情的认识水平和学术研究水准，促进科研工作的理论创新。中国经济史学研究同样必须以"国情"为基础，当然是从古到今的国情，因此实地调研能够启发经济史学研究者进行深入的专业研究方法反思。

二 调查研究的学术传统

谈调查研究的学术传统，很有必要回顾调查研究的学术史，只有在学术史的梳理中，才能显现学术传统的积淀与传承。应当指出，调查研究形式多样、内容繁杂，涉及方方面面，在我国学术领域较早期的调查研究突出体现为系统性的社会调查。

近代以来，我国较早开展的社会调查，如1914—1915年由北京社会实进会开展对北京302个人力车夫生活情形的调查，一般认为这是首次采用近代社会学方法开展的社会调查，拉开了中国社会调查运动的序幕。近代的社会调查关键是采用西方社会学的调查方法，因此西学方法何时传入中国成为受重视的问题，学术界对此有不同的看法。近期的研究表明西方社会学方法大致在19世纪60年代传入我国，早于前述社会调查约半个世纪。② 接下来，影响较大的社会调查如1917年清华学堂教师狄德莫（C. G. Dittmer）指导学生在北京西郊调查195家居民（100家为汉族人、95家为满族人）的生活费用；1918—1919年，美籍教士甘博（S. D. Gamble）在燕京大学的步济时教授（John S. Burgess，也译"伯杰斯"）等人的协作下，全面调查北京的社会状况，此前的北京人力车夫调查也是他指导的。该项调查的成果，于1921年在纽约出版了图文并茂的大部头书《北

---

① 由笔者主持的典型乡镇调研工作已经完成。参见叶坦、李传桐、赵学军《仙境·酒都·新乡镇——山东蓬莱刘家沟镇调研报告》，中国社会科学出版社2015年版。
② 参见水延凯《论西方近代社会调查方法之传入》，社会学视野网（http://www.sociologyol.org/yanjiubankuai/tuijianyuedu/tuijianyueduliebiao/2015-08-08/20525.html）。

京的社会调查》(Peking, A Social Survey),书中记载 1917 年北京有 811556 人,户均 4.8 人。此项调查产生很大影响,被视作"首次对一座东方城市的社会调查",面世的调研报告被称作"世界上唯一的一本关于中国一个大都市的实况调查"等,① 直到 90 年后的今天,我国才出版了中译本。②

那时候,开展专门性的经济调查值得注意。1920 年由北洋政府创办的经济讨论处③专门从事经济情况调查和经济信息的搜集、整理和编报等工作,先后进行了中国经济行业数百项调查。何廉指出:"总的来讲,由这个局的人员搞的研究项目,质量平平。在实地考察中没有一个中心主题。1928 年这个局改名为国家工商情报局,后来又改为实业部的外贸局。这样一来它就把力量用来为许多省份,如江苏、浙江、湖南、山东和山西编辑《工业手册丛书》去了。"④ 同时,在上海也成立了由盛成负责的市场局,负责编辑上海进出口的最初批发物价指数,这些都是官方的机构,也主要为政府服务。

与专门性的官方经济调查不同,社会调查在我国南方也蓬勃开展。影响较大的主要如卜凯(J. L. Buck) 1921—1925 年组织金陵大学农业经济系学生开展大规模调查,通过抽样调查的方法,对我国南北方 7 省 17 县的 2866 个田场进行调查。内容相当广泛,从农家

---

① 燕京大学 1922 年成立社会学系,因此一些研究称 1918—1919 年步济时为"燕京大学社会学系主任"是不正确的,尽管该系的成立与之分不开。甘博在中国社会调查中的贡献颇值重视,他不仅刊出北京、定县以及华北等多部社会调查成果,而且其《北京的社会调查》(1921)由中国书店出版社 2010 年出版上、下册中译本,以上引言均出自该版的"中译本引言"。甘博还摄下了五千多幅中国 20 世纪初期的珍贵照片和数小时电影胶片,并与我国许多著名学者有深入交往或合作研究。

② 西尼尔·D. 甘博:《北京的社会调查》(上下册),邢文军等译,中国书店出版社 2010 年版。

③ 其实,这个机构的名称是 The Chinese Government Economic Information Bureau(中国政府经济信息局),何廉称为"国家经济情报局",因主持者澳大利亚人端纳(William H. Donald, 1875—1946)在其主办的《中国经济月刊》上使用"经济讨论处"名称并被沿用。端纳不仅是北洋政府顾问,也是张学良私人顾问、蒋介石的顾问等,在"西安事变"中发挥作用,在近代中国颇具影响。经济讨论处的经济调查主任是著名的民国四大经济学家之一刘大钧先生。

④ 何廉:《何廉回忆录》,朱佑慈、杨大宁等译,中国文史出版社 1988 年版,第 67 页。

经营到土地利用,从家庭人口到食物消费以及生活程度等方面到1930年出版了英文版《中国农家经济》(Chinese Farm Economy),后有商务印书馆刊出的中译本,并列入影响很大的"大学丛书"①。1929—1933年也是在太平洋国际学会等资助下,卜凯再度主持开展了对22省168地区16786个田场及38256户农家的土地利用调查,1937年完成的《中国土地利用》影响深远。② 卜凯还主持了芜湖、河北等地的农家调查以及专门写的《调查方法》等,都有中文版问世。卜凯主持的调查被公认是中国历时最久、调查项目最详、调查地域最广、比较而言最具科学性的农村调查之一,为农业经济的深入研究提供了翔实的资料。③

诚然,上述调查除了中国官方的经济调查外主持者主要是"洋人",而且开展的社会调查除了农村调查外还有一些,主要的有十多项,中外学者对此有一些研究,如李铮金进行的梳理和分析。④ 应当看到,当时国人主导开展的社会调查工作虽然较"洋人"的调研晚约十年,却亦蔚为大观。著名社会学大家费孝通先生在《留英记》中谈到那时的情景,指出国人并不满意甘博、步济时等人的社会调查,认为"太肤浅,解决不了问题,想另求出路"⑤。而且那时中国的社会学已经有了较大发展,相应建立起各种调查研究机构,国人主导的大规模社会调查相继展开。以下就集中回溯我们最为直接的调查研究学术传统及其传承脉络。

笔者供职的中国社会科学院经济研究所的前身是"中研院"社

---

① [美] J. L. 卜凯:《中国农家经济》,张履鸾译,商务印书馆1936年版。

② [美] J. L. 卜凯:《中国土地利用统计资料》,乔启明等译,南京金陵大学1937年出版。

③ 这些资料至今还有参考价值,也有一些学者对卜凯调查进行分析研究。卜凯调查资料的中文版参见卜凯《中国农家经济》,张履鸾译,商务印书馆1936年版,此书次年便再版;卜凯主编《中国土地利用统计资料》,乔启明等译,南京金陵大学1937年出版、成城出版社1941年版、台湾学生书局1971年版。

④ 李铮金:《传统与变迁:近代华北乡村的经济与社会》,人民出版社2014年版,第53—58页。

⑤ 费孝通:《费孝通域外随笔》,群言出版社2000年版,第259页。

会科学研究所，1934年陶孟和（1887—1960年）任所长的北平社会调查所与该所合并。北平社会调查所原是中华教育文化基金董事会的社会调查部，1926年接受美国纽约社会宗教研究院捐助的专款作社会调查费用，由陶孟和、李景汉（1895—1986年）主持，1929年7月1日更名为北平社会调查所，主要工作是用科学方法开展社会调研，尤其注重关系到国计民生问题的调查研究。调查所的主要调研项目包括：搜集整理和系统研究近200年来的经济发展状况，调查全国重要工业及工人生计和河北、山东等地的棉花生产贩运以及华北粮食调查，调查北平近郊乡村家庭和河北农村信用合作放款等情况。另外，研究劳动、外贸与税收等问题。先后编辑《中国劳动年鉴》《北平生活费指数》《中国统计年鉴》以及《中国经济发展问题》丛书等。研究科目涵括经济史、工业经济、农业经济、劳动问题、对外贸易、财政金融、人口、统计等。显然，这些均为社会经济的内容。该所在民国时期的专业性社会调查研究机构中成果多、影响大，开展了许多著名的调查研究工作，产生了重要的影响。与"中研院"社会科学研究所合并以后，陶孟和继续担任所长，调查研究工作仍然按原计划进行。

陶孟和所长本人就是近代中国倡导和开展社会调查的典范之一。他在英国留学时深受伦敦经济学院创始人韦伯（Sidney Webb）教授夫妇的影响，韦伯对于劳工、失业、贫困等方面的社会调查对他的影响很大。1912年，他决心与同学梁宇皋用英文合写《中国乡村与城镇生活》一书，该书是首次尝试运用社会调查方法研究中国社会组织和思想的第一部著作，也是国人研究社会学的开山之作，至今还有影响。[①] 名家霍布豪斯（L. T. Hobhouse）为此书作序，评价甚高。笔者的博士生导师巫宝三先生谈到此书1915年在伦敦出版，1923年再版，论及此书"是由陶先生在1913年发表的一篇论文《中国的家族制度》（*The Family in China*）扩展而成"。他指出"此

[①] Y. K. Leong, L. K. Tao（梁宇皋、陶孟和）：《中国乡村与城镇生活》（*Village and Town Life in China*），商务印书馆2015年版。

书是陶先生论述我国社会组织和社会思想的第一部著作，也是我国研究社会学的最早的一部著作"。巫先生一直对陶先生恭执弟子之礼，他说："实际上他是我受业最久的老师。在此长时期中，我是在他培养、奖掖、赞助下进行研究工作的。我不是最早参加他创办的社会所的工作人员，但是我是在他领导下工作时间最长的人之一。"[①] 他多次讲述陶先生的学术业绩和高尚情操，至今铭记在笔者心中！

1913 年陶先生回国后，立志开展社会调查研究活动，决心要"编写中国社会生活的书给外国人看"，在其《社会调查》中谈道，"我向来抱着一种宏愿，要把中国社会的各方面全调查一番"。到 1928 年问世的《北平生活费之分析》（初为英文版），可以视为其调查研究的代表作，体现了他"在平民生活里探索社会问题"的学术理念。这是 1926 年他主要依据日用记账法的调查方式，对北平人力车夫和小学教员等的家庭生活状况进行调查而撰写的研究报告。他指出："社会调查部初成立时，所进行之研究为北平手工业家庭。后以此项研究系用访问法，深恐所询问之生活情形，未能深切，乃选家庭若干，试用记账法，以求获得关于手工业家庭生活程度精确之知识。"[②] 体现了他关注基层社会、重视社会经济问题的学术理念，力图通过社会调查来推动社会改良，其思想方法为北平社会调查所及社会科学研究所的调查工作所沿用和发扬。此书直到近年还入选商务印书馆"中华现代学术名著丛书"，足以证明其深远价值。此版分为上、下两篇，上篇是"北平生活费之分析"，下篇是"社会研究与评论补编"，值得认真参考。[③] 这些调查研究不仅具有学术价值，还带来了深刻的社会影响。据燕京大学社会学系学生的统计，仅在 1927—1935 年，全国各类大小社会调查报告就有 9027 件之多。[④]

---

① 巫宝三：《纪念我国著名社会学家和社会经济研究事业的开拓者陶孟和先生》，《近代中国》，1995 年。
② 陶孟和：《北平生活费之分析》，商务印书馆 2011 年版，第 4 页。
③ 参见陶孟和《北平生活费之分析》，商务印书馆 2011 年版。
④ 各种数据不尽相同，此处参考陈映芳《中国城市下层研究的经纬和课题》，《江苏行政学院学报》2004 年第 3 期。

谈社会调查不能不提到著名社会调查专家、陶孟和的同事李景汉。他早年留美主修社会学及社会调查研究方法，1924年受甘博之邀回国，此后积极投身社会调查和社会学教育，做出了相当不易的贡献。半个多世纪以来，他开展了大量的社会调查，问世的成果主要有《北京人力车夫现状的调查》（1925）、《北京无产阶级的调查》（1926）、《北平郊外之乡村家庭》（1929）、《实地社会调查方法》（1933）、《定县社会概况调查》（1933）、《北京郊区乡村家庭生活调查札记》（1981）等，其中的定县调查最具里程碑意义。这是我国运用西方社会学方法进行社会调查的典型案例，也是首次以"县"为单位进行的系统性实地调查。刊出的调查资料非常翔实而全面，定县调查共17章80余万言，这17章分别是地理、历史、县政府及其他地方团体、人口、教育、健康与卫生、农民生活费、乡村娱乐、乡村的风俗与习惯、信仰、赋税、县财政、农业、工商业、农村借贷、灾荒、兵灾等，作为一部厚重的大型调查报告，是我国迄20世纪30年代中期社会调查研究发展的一个阶段性标志，在国内外产生深远的影响，直至近年该书还在再版。当时中华平民教育促进会干事长晏阳初在为该书所写"序言"中，指出社会调查具有重要的"社会科学的意义"，因为社会科学和自然科学不同，"必须先知道中国社会是什么样，然后始能着手于科学的系统之建设……以中国的社会事实，一般的学理原则，促立中国化的社会科学。"① 这里的"中国化的社会科学"，不正是我们今天的奋斗目标吗？陶孟和所长也为该书写序，他指出"定县实验的目标是要在农民生活里去探索问题"，不应当"盲目照搬西洋的主义和制度"；他肯定有识之士用科学方法调查研究现实社会，必须认识社会才能"规定改进社会的计划"。此外，陈达、何廉等均为此书作序。定县调查奠定了我国社会调查的一个"范式"，李景汉还专门写了《实地社会调查方法》一书，1933年

---

① 李景汉：《定县社会概况调查》，上海人民出版社2005年版，第4页。

刊出后，还被收入后来的"民国丛书"。① 他在"自序"中说自己在美国留学时，"因受种种刺激，就已抱定从事中国社会调查的决定"。希望写此书之后，还要"试一试为中国社会调查的技术，另辟一条途径，根本不管以往作家之先例"。在此书正文的开篇，则强调"社会调查能促进产生建设国家的具体办法，能帮助寻出民族自救的出路"②。尽管时光荏苒，但这些成果至今也都有重要的参考价值。

那时，中华平民教育促进会和中央研究院社会科学研究所的一系列调查研究都相当重要，还有一项赓续 80 余年迄今依然延续的著名"无（锡）保（定）调查"，应当引起特别的重视。此项调查被称为"中国近、现代农村调查史上绝无仅有的对同一地域的农户经济实况长时段的连续追踪调查，是可供观察中国近现代农村和农户经济发展演变历史的极为珍贵的第一手资料"③。直到现今还为中国社会科学院经济研究所的学者所继续。该调查始于 1929—1930 年，中央研究院社会科学研究所在马克思主义经济学家陈翰笙（1897—2004 年）主持下，为实地考察研究农村经济、揭示中国农村的社会性质和农民贫困的根源，"用马克思主义的观点从事农村经济调查"，选择了当时我国南、北方商品经济较发达的江苏无锡 11 个村和河北保定 11 个村作为调研对象，进行了中国近现代史上同一地域农户经济长时段的连续调查。尽管调查资料当时因故未能整理发表，但陈翰笙等先后写出了《亩的差异 无锡 22 村稻田的 173 种大小不同的亩》（1929）、《中国农村经济研究之发轫》（1930）以及《封建社会

---

① 以上内容参见李景汉《定县社会概况调查》，晏阳初、陶孟和、陈达、何廉、陈翰笙等"序言"，该书由中华平民教育促进会出版发行 1933 年出版。此后再版多次，主要如中国人民大学出版社 1986 年重印本、上海人民出版社"世纪人文系列丛书" 2005 年版等。李景汉的《实地社会调查方法》一书，则由星云堂书店 1933 年出版，收入上海书店的"民国丛书"第三编。
② 李景汉：《实地社会调查方法》，星云堂书店 1933 年版，"自序"第 1、8 页；正文第 1 页。
③ 史志宏：《无锡、保定农村调查的历史及现存无、保资料概况》，《中国经济史研究》2007 年第 3 期。

的农村生产关系》（1930）等农经研究成果。当时，薛暮桥（1904—2005年）等学者则主要对广西农村及上海宝山、河南、陕西等地进行调查，写出了一批调查报告和有关中国农村经济问题的研究论著。那时的一些著名学者也参与"无保调查"，如王寅生、钱俊瑞、张培刚等，张培刚还将其基于河北清苑的调查资料写成《清苑的农家经济》一书，于1936年刊出。后来，陈翰笙、薛暮桥、冯和法合编3卷本《解放前的中国农村》（中国展望出版社1985—1989年版），这是保存了许多重要文献颇具价值的大型资料集。民国年间的一项调研，到1949年之后得到了承续——"无保调查"一直没有中断，1958年、1987年、1998年又先后进行过3次大规模调查。尽管行政区划等发生一些变化，但这种长时段的连续追踪调查方法得以延续，积累了我国南、北方两地数千农户长达近70年的家庭经济数据，这的确是难能可贵的，历次调查的原始资料直接成为经济史学研究的素材，也成为调查研究学术传统继承与拓扬的典案。

三 调查研究与学术创新

通过上述调查研究的学术史梳理，一条鲜明的学术传承脉络跃然纸上。身为有着调查研究优良传统的中国社会科学院经济研究所的学者，有责任也有义务将调查研究的学术传统发扬光大。要认识调查研究与学术创新尤其是经济史学研究创新的价值，还需要进一步从学理逻辑和学术研究史实等角度来深入考察。

毋庸讳言，上述调查研究主要是城乡社会调查，但不难看出其内容多与经济直接相关，有必要从学术史视域再度审视经济与社会之密不可分。深入到学理逻辑层面来看，"经济"必然植根于"社会"的土壤，而"社会"构成中"经济"不仅重要，而且是基础，两者是密不可分的。研究经济问题离不开社会研究，反之亦然。研究经济史学同样离不开社会学和社会史，即使在特殊的历史时期，取缔或限制社会学和社会史研究，当"科学的春天"到来之际，经济学、经济史学都迫不及待地向它们招手,因为经济改革与社会转型密不可分。随着改革开放与学术研究的深化,"以经济论经济"的局限性愈加显现,要深入社会研究经济,现代化发展同样呼唤社会学的方法和理论。可以认为,资源禀赋、生态环境、制度建设、政策制定以及经济社会结构、经济运行效率等研究都离不开"社会",而深入社会、了解社会的主要方法就是社会调查。通过社会调查取得的一手资料,极大地丰富和完善了经济研究,同时也为经济史学研究的发展奠定了基础。我们认同经济史学即社会经济史学之论,吴承明先生明确指出"研究经济史必须研究社会"[1],他说自己赞成"社会经济史"的提法,认为经济史历来是社会经济史,主张从自然条件、政治制度、社会结构、思想文化诸方面研究经济发展与演进。[2]

学术研究史上,无论中外的经济史学研究都具有"社会经济史"传统。西方的经济史学研究也蕴含鲜明的"社会"特色,笔者曾经进行过一些梳理,1926年在牛津大学成立"经济史学会",由鲍尔(Eileen Power)、托尼(R. H. Tawney)和李普森(E. Lipson)等人所倡导,就在这一年,托尼的大作《宗教与资本主义的兴起》问世。此书并不输韦伯的名著《新教伦理与资本主义精神》,托尼还有《中国的土地和劳工》(1932),可惜不大为国人所知。而大名鼎鼎的德国人马克斯·韦伯(Max Weber),本身就是社会经济学家,其皇皇巨著《经济与社会》的中文本就达1100页!再看,经济与社会的关联也体现在学术建制方面,如1957年格拉斯哥大学经济社会史系成立,这是"经济"与"社会"的制度化融合趋向的一个标志。两者的关联更多地反映在研究成果中,迄今西方经济史学不乏以"社会经济史"或"经济社会史"为名的大部头,如罗斯托夫采夫(M. Rostovtzeff)的《罗马帝国社会经济史》,汤普逊(James W.

---

[1] 吴承明:《经济史:历史观与方法论》,商务印书馆2014年版,第372页。
[2] 吴先生的许多论著都体现了这样的学术理念,可参考《吴承明集》(中国社会科学出版社2002年版)中的多篇论文。另外,笔者较为系统地总结阐释了他的学术生平和主要观点,可参考叶坦《史实·史法·史观——吴承明先生的生平与学术》,载吴承明《经济史:历史观与方法论》,商务印书馆2014年版,第388—417页。

Thompson)的《中世纪经济社会史300—1300年》以及《中世纪晚期欧洲经济社会史》，等等。日本学者的相关研究也是如此，从20世纪30年代内田繁隆的《日本社会经济史》、到50年代宇都宫清吉的《汉代社会经济史研究》，直到晚近山本进的《清代社会经济史》等均是体现。美国学者施坚雅（G. William Skinner）将经济学、地理学等领域的理论方法引入社会经济史研究，建立起用以解剖中国区域社会结构与变迁的分析模式，被称为"施坚雅模式"（Skinnerian Model）；而影响颇大的"加州学派"，大多以研究中国社会经济史各类问题为学术旨趣，如黄宗智的《华北的小农经济与社会变迁》和《长江三角洲的农民家庭和乡村发展》，分获美国历史学会颁发的"费正清奖"（John K. Fairbank Prize）和美国亚洲研究协会的"列文森奖"（Joseph Levenson Book Prize），学术影响很大。

在国内，经济史学研究也形成了社会经济史的厚重传统。当时的中央研究院社会科学研究所不仅如上所述是开展社会调查的重要机构，更是声望卓著的经济史学研究重镇。早在1932年，北平社会调查所成立了以汤象龙为首的中国近代经济史研究组，并创刊"中国第一份经济史研究的专业刊物"——《中国近代经济史研究集刊》，陶孟和、汤象龙、梁方仲、吴晗等先后任主编。集刊的"发刊词"强调研究经济史的重要性——"在我们认识经济在人类生活上的支配力，并且现代经济生活占据个人、民族、国际的重要地位的时候，我们便不得不说历史的大部分应为经济史的领域……本所自开始工作以来，无论研究任何问题，时时感到经济史的研究的不可少"。这里的"经济史"指的是"历史的大部分"，亦即社会经济史，发刊词中强调的"社会科学"，为集刊后来改名"社会经济史研究"作了铺垫。1934年调查所合并到"中研院"后，刊物自1935年起也由社科所出版，从1937年3月改名为《中国社会经济史研究集刊》。[①] 社会调查与经济史研究在这里自始至终都是并重的——佐

---

① 《中国近代经济史研究集刊》至1949年共出8卷14期，作为"民国文献资料丛编"，由国家图书馆出版社于2008年出版了全4册的合订本，可资参考。

证调查研究之于经济史学的密切关联。

这样的学术传统到1949年之后得到光大拓扬。同为"中研院"社会科学研究所的梁方仲先生，回到广州尤其是1952年执教于中山大学之后，不仅承继了"中研院"的学术传统，而且不断深入发展。其后学总结梁先生治学特色是"从中国传统社会经济结构的大处着眼，从具体问题的深入考释入手，以'一条鞭法'研究为中心，对中国社会经济史的多个领域进行了深入的研究，提出了许多独到的见解，构筑起关于中国传统经济运行的解释框架，为中国社会经济史研究范式的建立奠定了基础。"① 他的许多研究成果都体现了社会经济史的科研理念，其名为《中国社会经济史论》的文集，可谓画龙点睛之作。他的社会经济史研究成果，迄今仍是相关研究领域的经典，其《一条鞭法》被翻译成多国文字，公认是此领域最高成就；《明代粮长制度》《中国历代户口、田地、田赋统计》等书，至今都是相关研究的必用资料。这一传统，从"中研院"到社科院同样得到继承和发展。直至今天，经济研究所的调查研究工作除了特殊历史时期外从未间断，笔者承担的国情调研中的"乡镇调研"就是本所牵头的，而经济史学者的调研工作更是颇具特色。

注重调查研究、强调深入社会进行经济史学研究的另一位典范是厦门大学的傅衣凌先生。其学术传人指出他作为中国社会经济史学的主要开创者"开风气之先"，与法国年鉴学派几乎同时开始进行跨学科的中国社会经济史研究，"他力图通过深化地域性的细部考察和比较研究，从特殊的社会经济生活现象中寻找经济发展的共同规律"。其研究方法的基本特点是"在搜集史料时，除正史、官书之外，注重于民间记录的搜集，以民间文献证史；广泛利用其他人文社会科学学科的理论、知识和研究方法，进行社会调查，把活材料与死文字结合起来，以民俗乡例证史，以实物碑刻证史。在探讨经济史中，特别注意区域性的局部分析，以小见大，从微观到宏观，

---

① 刘志伟、陈春声：《梁方仲先生的中国社会经济史研究》，《中山大学学报》2008年第6期。

又从宏观审视微观的研究理念。"① 傅先生治学注重调查研究，广辟史料来源，"凡土地契约文书、家谱族规、私人账簿、书信、字书、辞书、碑刻、方言书乃至遗存的社会习俗等都加以留心，以补充正史史料的局限。"② 社会调查同样成为其治经济史学的典型方法，而且是取得突破性学术成就的方法。傅先生的《明清时代商人及商业资本》《明代江南市民经济初探》《明清农村社会经济》《明清社会经济变迁论》等都是治社会经济史学者的必读书。

傅先生的学术成就有力地证明了调查研究方法对于经济史学研究创新具有特别重大的意义，也为我们留下了宝贵的学术财富。可喜的是，厦门大学和中国社科院两大经济史学流脉至今依然薪火相传，成为南北相望的两大学术基地，而且相互交流协同攻关，为促进中国经济史学的发展共同努力。③ "打通"经济史与经济思想史、"深化"社会经济史研究，正是我们的努力方向，笔者提出"深化"与"打通"是中国经济史学的发展走向。④

进而，我们还要问：为什么调查研究方法可以促进经济史学研究的发展创新？

经济史学的发展创新，基础在于新的史料或数据的发现、诠释、新解与运用。久远的史实文献记载，不仅受到记述、材质、印刷、保存和传播等局限，而且许多内容没有被记载下来或少有流传。特别是下层民众的真实经济生活状况，不仅"正史"中十分有限，而且稗官野史、方志笔记中也不够详尽；至于民俗、习惯、观念、偏好、实物以及相当多的口耳相传的"非正式约束"内容，都需要通过深入的考察，包括实地调查等方法，查访家谱族规、文书账簿、

---

① 陈支平：《傅衣凌与中国社会经济史学派》，《光明日报》2008年8月10日。
② 王日根：《傅衣凌先生对中国社会史史料的挖掘与研究》，《大连大学学报》2010年第3期。
③ 叶坦邀请这两个单位的经济史学者组成的课题组参加国家社科基金重大项目《中国经济史学发展的基础理论研究》(15ZDB131)，他们分别负责其中一个子课题研究；重大项目中其余三个子课题则由北京大学、上海财经大学和复旦大学的中国经济思想史学者承担，力求打通中国经济史学两大基础学科。
④ 叶坦：《中国经济史学的演进与走向》，《人民日报》2015年12月6日。

碑刻书信等，来弥补史书记载的不足。再者，与久远的情形不同，晚近的史实同样会有记述不全、数据不确之虞。这不仅与文献记载人的身份、阶层、技能以及利害关系等主观因素有关，而且受到客观环境以及时代局限等制约，很有必要通过调查研究包括田野调查以及对相关人员的访谈等形式来稽核修正，使之更加准确、全面和真实。

这些情况并非现今才有，也不是经济史学所特有的现象，前辈学者早有认识，也做过多种努力。譬如，治史方法中颇受重视的"二重证据法""三重证据法"乃至多重证据的方法，无不是要通过其他素材或方式来"证史"，也说明单纯埋头故纸堆是有局限性的。这些年来"口述史"方兴未艾，不但"抢救"到一些难得的"活史料"，有效地丰富了史料的来源，而且由于是当事人的经历记述，也可以视为调查研究促进史学发展创新的另一方面论据。无论如何，"史料"无疑都是史学研究最基本的研究前提和基础，经济史学更是如此，"实证"永远是治学最基本的方法，也是学术创新的前提。经济史学要发展创新就要从最基本的史料出发，不断丰富、不断完善、不断拓新、不断提高。离开了可靠的数据或史料等"根基"进行的经济史学研究，可能只是"炒冷饭"或"尚清谈"。不过，无论以何种方式"调查"来的材料，并不可以原封不动地使用，必须经过严格的科学甄别、专业整理、考辨并与文献记载对比分析，才能够成为可用的史料，这也是需要特别注意的。

常言道"百闻不如一见"，调查研究之"见"还可以弥补文献记载之"闻"无法带来的"直观史感"，促发研究者的思维直感，使得研究者与研究对象的距离更近，感受更真切、更直接。治经济史学更要重视"见"，这也是我们置身乡土、深入乡镇进行调研时最真实的感受。因为经济是社会的基础，经济的史料不仅存于典籍，也散见、沉积于广阔的社会生活之中，甚至就是"无字书"。要读懂它，就要接触它，故而治经济史学仅仅坐在书斋中，可能会有"坐而论道"的局限。封闭在"象牙塔"中闷头于学问不"接地气"，研究不联系实际的"理论",也难有鲜活的生命力,因而更需要重视调查研究的方法。因为它不仅能够填补文献记载之阙,也能"史实互证"稽核数据记录之实,还可以从所"见"之中追溯其来龙去脉,警示驻足书斋的研究可能出现的局限性。我们的学术重心是"治史",却不可"囿史"而不"知今"。① 调查研究既是要发扬光大的学术传统,也是中国经济史学发展值得重视的一条创新路径。

(原载《学术研究》2016 年第 7 期)

---

① 叶坦、李传桐、赵学军:《仙境·酒都·新乡镇——山东蓬莱刘家沟镇调研报告》,中国社会科学出版社 2015 年版,第 1 页。

中国经济史学的新发展[*]

——以 1896 年的经济学术公案为中心

1896 年,大清光绪二十二年,离现在已经整整 120 年了。翻开历史记载可以看到,这一年希腊雅典举行世界首届奥运会,德国法兰克福市立医院进行了世界上最早的心脏外科手术,而德国人伦琴(Wilhelm K. Röntgen)发现了 X 射线一事于这年年初正式公之于世,美国人亨利·福特(Henry Ford)制造出了第一辆汽车——福特一号,称为"四轮车"(Quadricycle),等等。而这年发生在中国的有影响的事,如盛宣怀创办南洋公学、严复译出其系列译著的第一部——《天演论》、梁启超等人在上海创办当时首次由国人主办的刊物《时务报》、上海徐园的茶楼"又一村"放映"西洋影戏",这是在中国第一次放映电影,如此等等,可以说虽然算不上惊天动地的大事件,却是许许多多的"第一次",颇值注重。

诚然,对于有着数千年悠久历史的东方文明古国来说,1896 年并没有山呼海啸、天崩地裂的大事件发生;在中国历史长河中,很难以这一年作为某段历史的分界线或者承前启后的里程碑。因为历史总是以重大政治事件为主要标识的,故而这一年也并未得到中外史学家应有的重视和深入的研究。

然而,恰是上述这些"第一次"汇聚成为开启新的历史阶段之滥觞,成为中国社会转型尤其是经济学术从传统形态迈向现代历程的新起点。众所周知,经济是社会的基础,经济学术的转型是社会

---

[*] 国家社科基金重大项目"中国经济史学发展的基础理论研究"(15ZDB131);中国社会科学院"长城学者资助计划"项目"中国经济思想史学科创新研究"。

变迁的能动反映。换言之，1896 年是中国经济学术史上非常重要的一年。中国经济史学具有传统与现代两种形态，前者植根于华夏悠久的传统经济文化沃土而源远流长，后者则伴随近代化大潮的"西学东渐"而逐步转型发展。1896 年可以视为这两种形态的一个重要转折点，其突出标志就是围绕陈炽的《续富国策》等引发的经济学术公案。

一　中国传统的"经世济民"之学源远流长

　　1896 年的中国出现经济学术公案？这大概对于绝大多数国人包括经济学家的知识体系都构成震撼。略有中国经济史学常识者，估计能够举出严复翻译《原富》为中国"引入"西方经济学之开端，但不容否认那是 20 世纪以后的事了。或许还有人知道大清的京师同文馆曾经开设经济学课程"富国策"，并出版相关的中译教材，不过那也只是传授和译介西方经济学，距离国人自撰的经济学著述还相差很远。

　　更为重要的是，这样的"原命题"值得质疑——难道谈中国经济学肇端就只是探讨或考证西方经济学何时传入？难道有着悠久历史、创造出辉煌的物质文明和精神文明且曾领先于世界的中国，其学术中却没有"经济"，其经济学完全是"舶来品"？就算中国的经济学是近代以后"舶来"的，却不可能前不着边、后不接地存活，总得"与中国的实际相结合"，即使"移植"也离不开这块栽植的土壤。注重西学引进的同时，也不能忽视本国学术发展之"内生因素"，否则"从天而降"的西学也难免"橘逾淮为枳"。如今经济学强调"路径依赖"，"突生"或"断裂"不能够诠释经济学术发展的事实，这就需要依循中国经济史学尤其是学术史的轨迹去寻找答案。

　　毋庸置疑，在远早于西方若干个世纪的中国，就有发达得多、丰富得多的经济现象、经济实践与经济制度存在，蕴含着丰富的相关经验和有别于西方且领先于别国的经济学说与理论，包括儒家代表人物大多都有丰富的经济思想和学说①，中国几千年的学术史辞典里面岂能没有"经济"？② 中国历史上不但有沿用千载的若干经济语词、概念、范畴，而且世界经济学说史上的许多新发现也是中国人的贡献。譬如世界货币理论史上的"货币流通速度""格雷欣法则"等实际都是宋人最先发现的③。直到清代，徽州人王茂荫有关货币问题的见解独到，其在《条议钞法折》中阐述了十分珍贵的行钞原则——"先求无累于民，而后求有益于国"④。他成为马克思《资本论》中唯一提到的中国人，笔者曾经从中国古代货币理论的特殊贡献与徽州经济文化的世界走向角度，对此进行较为系统的考察⑤。中国人的相关贡献不胜枚举，这是我们宝贵的财富，也是无法割裂的学术流脉，一部中国经济思想史足以为证，无须赘述。

中国经济史学新发展的一个重要方面，就是将中国经济思想史研究发展到经济学术史新阶段，这不仅要从本学科的"内史"（internal history）研究拓展到"外史"（external history）研究层面，还必须深入到中国经济学术发展的史实考察与学理内涵研究的新领域。笔者首倡开展中国经济学术史研究。十几年来，通过对汗牛充栋的相关文献进行深入发掘、梳理与分析、研究，逐步完成并陆续刊出

---

① Chen Huan-Chang, *The Economic Principles of Confucius and His School*, Columbia University, Longmans Green & Co., Agents, London: P. S. King & Son, 1911.
② 叶坦曾历时多年系统考证相关问题，发表了一些研究成果，受到中外学界的重视和肯定，代表作《"中国经济学"寻根》获第四届"孙冶方经济科学奖"（1998）。该文载《中国社会科学》1998 年第 4 期，收入《叶坦文集——儒学与经济》，广西人民出版社 2005 年版，第 24—43 页。英文版 Ye Tan, *Etymological Studies of "Chinese Economics"*, Social Sciences in China, No. 4, 1999, pp. 36 - 49; 收入 Cheng Lin, Terry Peach and Wang Fang（eds.），*The History of Ancient Chinese Economic Thought*, London and New York: Routledge, 2014, pp. 166 - 180.
③ 叶坦：《叶坦文集——儒学与经济》，广西人民出版社 2005 年版，第 237—258 页。
④ （清）王茂荫：《王侍郎奏议》（卷一），黄山书社 2015 年版。
⑤ 叶坦：《徽州经济文化的世界走向——〈资本论〉中的王茂荫》，《学术界》2004 年第 5 期。

了一些研究成果，在海内外产生了一定的学术影响。①

经过长年的发掘、梳理与科研探索，能够肯定中国经济学术史中传统的"经世济民"之学源远流长，其发展不仅是中国经济学术从传统到现代转型的重要"内生因素"，而且是建构中国特色经济学"话语体系"的充足素材与重要基础。② 概括地说，中国传统的"经世济民"之学虽然不同于现代意义的"学科"，但也形成了较为系统且相对稳定的学术架构。其主要构件包括：

（1）"经世济民"之学的学术性称谓——从"实学"到"经济之学"。古人云"名不正，则言不顺"，"经世济民"之学自宋代以降即有其相对稳定的学术性称谓，即"经济之学"，而且内涵明晰、运用广泛，凸显传统学术中的"经世致用"特色。

（2）"经世济民"之学的文献学基础——从"食货志"到"经世文编"。自汉代以来即形成"经世济民"之学的文献学基础，以基本固定的记述体例分门别类地记载经济事物、典章制度与思想主张，从历代"正史"中的"食货志"、政书"十通"中经济类典志，直到洋洋大观的历朝"经世文编"中经济性文献的系统性编纂与发展。诚然，传统时代的"经济"从属于政治，寓有"经邦治国""经国济世"等含义；其实西方也很类似，直到1890年才有独立的"经济学"，岂能苛求古代中国就有现代经济学存在？

（3）"经世济民"之学的分析性论作——从"富国策"到"钞币论"。历朝历代具有鲜明的针对性或具体要求解决实际经济问题的分析性经济著述——从单篇奏议、时论到系统性论著浩如烟海。勾勒出历代朝臣、思想家针对当时的各种经济问题，分析产生的原因

---

① 叶坦主持完成国家社科基金课题"中国经济学术史"（00BJL033），相关成果陆续刊出。特别说明："经济学术史"是以经济学术的发展为其主要研究对象，包括经济文献学、学术研究史以及经济学教育、经济学术团体的发展史等，不同于一般意义的经济思想史或经济学说史。可参考叶坦《中国经济学术史的重点考察——中国经济思想史学科创始与发展优势论析》，《中国经济史研究》2003年第4期；冬明《中国经济学术史研究取得重要进展》，《学术动态》2005年第30期等。

② 叶坦：《重写学术史与"话语体系"创新——中国特色经济学话语体系创新及其典型案例考察》，《经济学动态》2014年第10期。

和提出解决的办法等多种主张、论点、学说和理论，汇聚成为中国"经世济民"之学的厚重文献积淀与发展演进流脉。

（4）"经世济民"之学的学理性范畴——从"货殖""经济"到"本末""义利"。范畴是学理的核心，传统的"经世济民"之学有其较为规范的学理性范畴，重点考察解析颇具"中国特色"的这些经济范畴，及其数千年的应用实例与演进流变，诠释其学理功能、行业结构和分配伦理等内涵演化与时代发展，成为中国经济学术现代转型不可忽视的"内因"，可见中国经济学并不是简单地"舶来"就能够"生根"与发展的。

（5）"经世济民"之学的制度性实践——从"取经济之才"到"经济特科"。尤为值得注意的是，中国传统的"经世济民"之学不仅有其"名"，还有其"实"，即制度性实践。宋代选拔管理经济事务的官员要求懂经济并具有管理才干，成为清代"经济特科"的先导。到晚清变法图强设立"经济特科"选拔经济人才，推动施行了1300年的中国科举制的最终废除。

还应当看到，中国传统的"经世济民"之学并非"坐而论道"，也不是"闭门造车"，其还对西方经济学尤其是西方经济学说史上最具代表性的流派产生影响。例如，法国重农学派就可能受中国农业思想的影响，其创始人弗朗斯瓦·魁奈（Francois Quesnay，1694—1774年）标志性成果《经济表》或许就富含中国因素，其被称为"欧洲的孔子"。[①] 再有，"经济学之父"亚当·斯密（Adam Smith，1723—1790年）在《国富论》中将中国作为与欧洲不同的经济类型来比较阐述，不少中外研究将司马迁的"善因论"视为"看不见的手"的渊源之一。另外，前述马克思（Karl Marx，1818—1883年）在《资本论》研究"货币或商品流通"的注释83中，提到唯一的中国人王茂荫，他不仅曾是懂经营的徽商，而且主管清廷财政事务，还深谙中国源远流长的货币理论。同样是在德国，中国货币思想学

---

① 谈敏：《法国重农学派学说的中国渊源》，上海人民出版社1992年版。

说在马克斯·韦伯（Max Weber，1864—1920年）的社会经济学中也有呈现，且是其理论架构的组成部分。韦伯的名著《儒教与道教》开篇就谈货币制度问题，还专门指出《史记·平准书》是"典型的中国王室财政学"，也是保存下来的"中国国民经济学的最古老的文献"①。笔者反复强调，经济学也同人类文明一样是世界各国的共同创造，经济学术也是中西互动、共同发展的。即使在今天，我们绝不是只能被动地争取实现与国际学术的"接轨"。中国经济学术史证明，我们不仅有领先世界的"长项"，而且"改革开放"之后经济持续高速增长，奠定了建构中国特色"话语体系"的基础，也具备了问鼎世界经济学话语权的资格。②

二 "西学东渐"与中国经济学术转型

回到本文开始讨论的问题——"中国经济学是从哪来的？"传统的"经世济民"之学与现代经济学不能画等号，因而"从西方传来"的说法也并非完全不对。其实，不仅仅是经济学，无论什么"学"，除了老祖宗留下来的算学、史学、天文历法等（也都经历了历史发展的学术转型，医学比较特殊，直至今天中医还与西医并存，其虽有发展，但基础理论依旧），可以说差不多都是"传来的"。深入研究可以看到，如今所谓"科学"大抵都是以"西方"和"近代"为前提或基础发展而来的，而"学科"则更多的是近现代产物，要求古代中国产生现代学科不仅是苛求，也是违背史实和非科学的。当然，这不等于说传统时代就没有科学，看看李约瑟（Joseph Needham，1900—1995年）那卷帙浩繁的皇皇巨著《中国科学技术史》即为力证，上述有关中国传统"经世济民"之学的考察也可佐证。因此，学者们会加上"古典""传统"等词语前置，用以区别

---

① ［德］马克斯·韦伯：《儒教与道教》，王容芬译，商务印书馆2002年版，第187页注释。
② 叶坦：《中国特色经济学话语体系建设的路径》，张卓元主编：《中国经济学成长之路》，中国社会科学出版社2015年版，第84—101页。

传统学术不同于现代科学或学科。不过这样一来，"传统"与"现代"似乎就变成了"不搭界"的两者，这就又回到了前述"断裂"的状态。的确，一部中国经济学术史上的两种学术形态，即使能划分出"传统"与"现代"之有别，却无法证明两者完全割裂无关。

笔者认同没有"外力"的促发，中国传统的"经世济民"之学尽管自身也在不断发展，却无法完成学术形态的时代转型，所谓"外力"就是西方经济学的传入。西方经济学是在近代"西学东渐"的大潮中与西方宗教、科技、法学等一起被介绍进来的，但时间上比一般所知的严复译出《原富》（1901年）、甚至同文馆译刊《富国策》（1880年）都还要早些。需要特别说明的是，即便在20世纪之前，国人在译介西学的同时，已经逐步开始了本国经济学的新探索——以下的"公案"就是发生在这样的背景之下的。

补充概述严译之前的西方经济学中译情况，主要有：1818年米怜（William Milne，1785—1822年）的《生意公平聚散法》，1839年郭实腊（Karl Friedrich August Gützlaff，1803—1851年）的《制国用之大略》，1840年郭实腊的《贸易通志》，1847年鲍留云（布朗）（Samuel Robbins Brown，1810—1880年）的《致富新书》，1857年王韬（1828—1897年）与伟烈亚力（Alexander Wylie，1815—1887年）的《华英通商事略》，1880年汪凤藻（1851—1918年）与丁韪良（W. A. P. Martin，1827—1916年）的《富国策》，1886年艾约瑟（Joseph Edkins，1823—1905年）的《富国养民策》，等等。虽然这些都早于严译，发生在20世纪之前，但是严复的系统性西学中译，尤其是翻译《原富》的历史贡献是无可替代的。

西方经济学的传入，不仅仅是西书的中译，也鲜明地体现在开设经济学课程方面。经考证，目前所知在中国较早开设经济学课程的主要有：1864年狄考文（Calvin Wilson Mateer，1836—1908年）在山东登州文会馆的正斋第6年开设"富国策"，1867年丁韪良在京师同文馆（5年制和8年制都在最后一年）开设"富国策"，1881年林乐知（Young John Allen，1836—1907年）在上海中西书院第8

年开设"富国策",1895 年盛宣怀(1844—1916 年)在天津中西学堂(1903 年改为"北洋大学堂")本科开设"理财学"——这些都是今天意义的经济学,教材也主要是从西方经济学翻译的。如登州文会馆与京师同文馆开设"富国策"课程的教材,都是翻译剑桥大学盲人经济学家亨利·福西特(Henry Fawcett,即法思德)的 *Manual of Political Economy*(《政治经济学指南》)的中译本《富国策》①。

如上所述,国人在译介西学的同时,也开始了撰著中国经济学著述的艰难探索。如果说,1837 年王鎏的《钱币刍言》、1846 年许楣、许梿的《钞币论》以及马建忠 1879 年的《铁道论》、1890 年的《富民说》等都还带有"传统"的味道,却也依稀可辨中国经济学术向近代转型的渐趋鲜明的轨迹。例如马建忠,他不仅是颇具影响的《马氏文通》的作者,更是用心"专究西学"的学者,还到欧洲诸国去学习,并成为最早在法国获得学位的东方人。《清史稿·马建忠传》称"建忠博学,善古文辞;尤精欧文,自英、法现行文字以至希腊、拉丁古文,无不兼通。"他很得李鸿章赏识,还有出任轮船招商局、上海织布局总办等经历。当时有识之士将西学理论方法同中国传统的经济概念与思维方式相结合,试图诠释或改新当时社会经济状况,并逐步展开对本国经济学说和理论的探究著述,这是中国经济学术从传统向现代转型的特征,也是抵御西方列强与发展本国经济的时代需要。

就在甲午战后不久的 1896 年——也是本文着重提出的重要年份,本土的确出现了好几桩"经济学"之事。这年,康有为撰《日本书目志》,记载经济学书达百数十种,动机就是想让国人了解"泰西从政者,非从经济学出不得任官,理财富国,尤为经济之要"②。这里的"经济学"是西方经济学无疑。同是 1896 年,维新派的喉舌《时务报》发表古城贞吉的《日本名士论经济学》,他时任该报社的

---

① (清)汪凤藻译,丁韪良校:《富国策》,清光绪六年(1880 年)京师同文馆聚珍版。
② (清)康有为:《日本书目志》,姜义华编校:《康有为全集》(第 3 集),上海古籍出版社 1992 年版,第 771 页。

东文翻译。更重要的如梁启超的《论加税》《论金银涨落》《西学书目表》等，都在这一年问世，国人已开始运用经济学方法来分析问题。这些的确能够作为中国经济学术近代转型的重要标志，并非偶然出现，而是经历了一个发展的过程。笔者先后考证西方经济学传入的一些情况，一般认为这多是西人所为，其实不尽然，国人的作用同样不容忽视。像本文反复提及的同文馆《富国策》，就是国人汪凤藻译、丁韪良校定的，另外如王韬、蔡尔康、张坤德等人也都在翻译西书方面很有贡献。再举个例子，我国早期的著名外交官郭嵩焘，19世纪70年代出使英国，在其日记中不仅记述他得知斯密、穆勒等人，而且谈到"英国凡学皆有会，曰'奇温斯'，善言经济之学。洋语曰'波里地科尔'[Political，政治的；Political economy 经济学]。"[1] 这比严复《原富·译事例言》谈怎样翻译经济学要早20多年。

与上述事例相比，这一年在中国经济学术史上最具典型意义的，就是陈炽刊出《续富国策》和《重译富国策》。近代中国鼎鼎大名的陈炽算得上是才子，翁同龢称之为"奇士"，梁启超说他是"异才"，其20岁朝考就被录为第一等，他还有出任地方官和国家主管经济部门——户部的长期工作经历。《续富国策》很受中国经济史学家的重视，被称为"国人自撰的专门探索经济问题而又旨在仿效西方经济学的第一部著作"（胡寄窗语），或称其为"中国的《国富论》"（赵靖语），也由之产生了一桩迄今未了的学术公案。此事之所以不同寻常，是因其恰恰反映了国人如何认识西方经济学的传入、如何面对经济学术转型的一些关键问题，并产生深远的历史影响。

三 围绕《续富国策》引发的经济学术"公案"

陈炽（1855—1900年），原名家瑶，改名炽，字克昌，号次亮，

---

[1] （清）郭嵩焘：《郭嵩焘日记》（第三卷）（光绪时期上），湖南人民出版社1982年版，第173页。

又号瑶林馆主，自称通正斋生，江西瑞金人。他20岁朝考，录为一等第四名，钦点七品京官，签分户部山东清吏司任职，次年南归。他28岁中举，仍就职户部，后迁户部主事、户部员外郎、户部郎中等，兼军机章京等职。其掌管经济事务，深感民族危机，力倡"救亡当以富国"为先。他先后深入沿海各地，考察民情实况，重视西学，颇多心得。他多次上书李鸿章等朝廷大员，发表对时政的看法和意见。1894年撰成《庸书》百篇，提出发展近代工商业，主张开设议院等。此书影响很大，经翁同龢推荐，呈光绪皇帝御览，对维新运动实有助益。陈炽活跃于维新人士之间，还出任强学会提调，支持办《时务报》，并协助拟定京师大学堂章程等。1895年陈炽撰写经济专著《续富国策》60篇，以求中国能够"踵英之后，富强寰宇"，并于次年出版。书甫一出，反响极大，一版再版，颇受时人重视。同在1896年，他不满前人的译本又撰写《重译富国策》，交《时务报》连载（未完）。1898年戊戌变法失败后，他高歌痛哭，深忧国事，1900年病逝于京城，享年仅46岁。其主要著述经今人搜集整理编成《陈炽集》。[1]

所谓"公案"，主要就是围绕陈炽的经济学著、译之书存在好几个谜团。例如，《续富国策》写于何时？与其《重译富国策》的问世孰先孰后？《续富国策》要"续"的到底是不是斯密的《国富论》？其重译的又是什么书？《续富国策》与《富国策》是什么关系？如此等等，若干年来学界论点各异、莫衷一是，形成延续至今的经济学术公案。

包括《陈炽集》编者在内的一般观点，认为陈炽是在《重译富国策》的基础上（或在同时）撰写了《续富国策》，其主要依据来自该书的"自叙"。的确，陈炽的"自叙"确实写于1896年（丙申

---

[1] 赵树贵、曾丽雅编：《陈炽集》，中华书局1997年版。此集经编者修订、勘误并参考了京、沪、赣等地一些珍贵资料，较其他版本为佳。近年"中国近代思想家文库"收张登德编《陈炽卷》，中国人民大学出版社2015年版，在《陈炽集》基础上考订修正、增补拾遗，此外编者还进行了许多相关研究，均颇值参考。

年），初版也是在这一年。① 故而，持这样的观点的学者不少。不过，也有一些学者持论不同，如张登德概述了一些论点并进行了分析考察，提出"先著后译"的观点。② 笔者赞同著作在译作之先的论点，实际上陈炽在1895年就在写《续富国策》了。关键证据如《陈炽集》卷三《工书·军械之工说》③记载"上年中倭之役，北洋短炮过多"……又有"上年大东沟之战，中国有铁舰，日本多快船。"卷四《商书·急修铁路说》也说"去岁中倭一役"，这里说的都是1895年的"上年"，即1894年中日甲午战争之事。从陈炽其他论述中也还有一些论据，证明他是著书在先，并且是深受甲午战败的刺激为救中国发愤而作。弄清写作时间，与后续问题有直接关系。

"公案"的关键是《续富国策》到底"续"什么？陈炽在"自叙"中申明此书是"为救中国之贫弱而作也"。他说："嘉道间，英与法战，擒拿破仑，流诸海岛，虽自矜战胜，而本国之商务顿衰。"政府政策不利，于是英国"有贤士某，著《富国策》，极论通商之理……而近今八十载，商务之盛，遂冠全球"。他认为英国的富强"归功于《富国策》一书"。所以，他著《续富国策》，就是要使得中国"踵英而起"，证明接在英国之后富强的一定是中国！"他日富甲环瀛，踵英而起者，非中国四百兆之人民莫与属也。"注意：陈炽说得很清楚，这本英人的《富国策》，是在拿破仑流放之后写的。1815年6月滑铁卢战役法军大败，拿破仑被流放到大西洋南部的圣赫勒拿岛，此事距离陈炽写书的1895年正好"八十载"。那么，这样一本《富国策》怎么会是亚当·斯密的《国富论》呢？

众所周知，斯密的《国富论》是1776年首次出版的，如上所述

---

① 《陈炽集》中华书局1997年版是以朱益藩署检并题签的光绪二十二年（1896年）本为蓝本，经编者修订、勘误并参校光绪丁酉年（1897年）孟夏桂垣书局重刊本和豫宁余氏重校本等整理修订而成，笔者采用的即是此本，并参核了《西政丛书》第15册所收陈炽《续富国策》，光绪丁酉仲夏慎记书庄石印本等。

② 张登德：《〈重译富国策〉与〈续富国策〉出版先后问题析》，《安徽史学》2003年第6期。

③ 赵树贵、曾丽雅编：《陈炽集》，中华书局1997年版。

国人知道斯密早于严译。如上述郭嵩焘在 19 世纪 70 年代的日记中就记载"询其所读洋书,一种曰阿达格斯密斯（Adam Smith,亚当·斯密）,一种曰斯觉尔密罗（John Stuart Mill,约翰·穆勒）,所言经国事宜,多可听者。"① 此外,《万国公报》光绪二十年（1894 年）所登卜舫济《税敛要例》中说"英国人师米德雅堂著有《富国策解》,所论税敛,其理有四……"极为重要的是,英人麦肯齐（Robert Mackenzie）著、李提摩太与蔡尔康所译《泰西新史揽要》② "第六卷上"大段介绍斯密,"一千七百七十六年（乾隆四十一年）,英国苏格兰省之嘎斯哥海口,有掌教大书院之山长姓师米德名雅堂者,特创一书,名曰《富国策》,家弦户诵,名震一时。"同书"第九卷上"又提到英国以前的政策不利于通商,"幸而一千七百七十六年英人斯米德雅堂著《富国策》一书,镂版通行,立通商之根本。……至是,始大用之而大效矣。"1894 年 3 月到 9 月,李提摩太先将其部分译稿在《万国公报》上连载,名为《泰西近百年来大事记》,刊登之后反响强烈。1895 年广学会出版全本,改为上述书名,据说出版之后一时洛阳纸贵。

既然"斯米德雅堂"（即亚当·斯密）的《国富论》明明白白是 1776 年出版的,距陈炽写"续"应该是 120 年才对!怎么成了滑铁卢战役后"八十载"呢?对此,持陈炽"续斯密"之说的学者认为"陈炽把亚当·斯密《国富论》出现的时间弄错了"③。而持不同观点的学者则认为陈炽要"续"的不是斯密的《富国策》,而是同文馆那本!问题更复杂了——前述同文馆所译是亨利·福西特（即法思德,1833—1884 年）1863 年出版的 *Manual of Political Economy*,1880 年译成中文书名为《富国策》,此书距离陈炽所说"八十载"差得更远了,才十几年而已。再一种论点认为,陈炽要"续"的《富国策》是泛指一般经济学,并不是特定的某部西人著作,因为那

---

① （清）郭嵩焘：《郭嵩焘日记》（第三卷）（光绪时期上）,湖南人民出版社 1982 年版,第 169 页。
② ［英］麦肯齐：《泰西新史揽要》,李提摩太、蔡尔康译,上海书店出版社 2002 年版。
③ 赵靖、易梦虹主编：《中国近代经济思想史（修订本）》（下）,中华书局 1980 年版,第 288 页,注释 3。

时的经济学书籍多称为《富国策》。如胡寄窗先生提出，说陈炽"续"亚当·斯密之书"亦无不可"，没有人能说《国富论》不是一本经济学著作；但《富国策》是泛指一般经济学，"决非专指《国富论》一书"，说陈炽要"续"的是一般经济学"恐怕更为符合当时情况"[①]。他特别提到梁启超《〈史记·货殖列传〉今译》中说的"西人言富国学者，以农、矿、工、商（分）为四门"[②]。不错，陈炽的《续富国策》正是这样划分的。然而，说按这四部来划分的著述就都是一般经济学也不尽然，当时类似的也还有。然而，一般说以《富国策》为那时的经济学是有道理的，比如马林、李玉书论及各家的"富国策辨"，内容主要是谈西方各经济流派；还有吴汝伦为他人写序，也称《富国策》。但具体到以之论证陈炽之"续"，则尚显论据不足，至少有一点比较难解释，那就是陈炽很肯定地说"《富国策》一书"，李提摩太也是说"斯米德雅堂著《富国策》一书"，都是十分明确地专指"一书"，而不是泛指经济学。

笔者注意到，当时中文译著中论及斯密《国富论》有各种名称，如《万国财用》《邦国财用论》《富国探源》《富国策》等；斯密的中译名也很多，如斯美氏、师米德雅堂、挨登思蔑士、阿荡司等不一而足，的确令人眼花缭乱、难免搞错。再来看一下同文馆的《富国策》，此书是在吸收了约翰·穆勒、亚当·斯密、大卫·李嘉图等人理论的基础上写成的，它所包含的内容是生产、交换、分配、消费四部分，中文译本包括生财、用财、交易三卷，而陈炽并没有按此种分法，他的《续富国策》如上所述是分为农书、矿书、工书、商书四个部分的。换言之，虽然以上各种说法各有道理，但陈炽到底"续"什么还是不很清楚。

那就来看看陈炽的《续富国策》，这是国人自撰的有系统的、仿效西学研究中国经济的专书，其"着眼于西方经济制度与政策以求

---

① 胡寄窗：《中国近代经济思想史大纲》，中国社会科学出版社1984年版，第160—161页长注。
② 原文漏"分"字，笔者据《饮冰室合集·文集》之二补。

西法图富强",在中国经济学术史上有其重要地位,而且是典型的中国经济思想史重要文献,作者将全部内容均冠以某某"说"来阐述。全书共4卷60篇,分为《农书》16篇、《矿书》12篇、《工书》14篇、《商书》18篇,论述内容广泛,包括农、矿、工、商各业在内的中国经济诸问题,主旨就是"富国"。尤其在矿政、工艺、通商、邮电、银行、保险、公司税则等方面予以重点阐释;即使谈"农",也偏重商业性大农业,如茶、烟、糖、葡萄酒、橡胶、渔牧等,研究这些如何富国。更重要的是,陈炽还提出了许多经济政策性建议和制度变革性主张,如"大兴铁政说""创立商部说""纠集公司说""创开银行说""保险集资说""商改税则说",等等。其论说都是以中西比较的方式展开的,他主张学习西方振兴经济富强国家,谋求一条中国富强之路。这样全方位论述经济发展的方方面面,并力求在中西比较中找出中国应当迎头赶上的方式与途径,在当时还是相当难能可贵的。陈炽的确是希望他的书能起到《富国策》促使英国富强那样的作用,可他是怎么知道英国"某贤士"著《富国策》的呢?

四 与"公案"相关的陈炽《重译富国策》

陈炽著《续富国策》的目的很明确,就是要像英国那位著《富国策》的"贤士"那样,振兴本国经济促进国家富强。要弄清楚上述那些莫衷一是的论题,不仅需要分析陈著,也需要论及与"公案"相关的他的译著《重译富国策》。

同是在1896年,陈炽在其《重译富国策》[①]的"叙"中说:"英人斯密德,著《富国策》一书,西国通人,珍之如拱璧。李提摩太译述《泰西新史》,推原英国富强之本,托始于是书。因忆十五年前,曾见总署同文馆所译《富国策》,词旨庸陋,平平焉无奇也。

---

① 陈炽《重译富国策》收入《陈炽集》中华书局1997年版,此版还将同文馆《富国策》目录附后,以备参考。笔者还参核了《时务报》、求是斋《皇朝经世文编五集》以及张登德编《陈炽卷》等中的相关内容,但没有采用上述文献中今人的句读。

续因学堂议起，译钞欧美各国课程，由小学以入中学、大学，其条贯综汇之处，皆以《富国策》为归，犹总学也。此外，天学、地学、化、重、光、电诸学，犹分学也。"① 这段话十分重要，好在收入了《陈炽集》，这或许能够提供解释有关问题的关键性线索。

第一，陈炽的确看到了李提摩太的《泰西新史揽要》中对亚当·斯密的介绍，而且知道斯密德《富国策》是促进英国富强之书，可见他在《续富国策·自叙》中说的英国某"贤士"当是亚当·斯密了，这大概提供了解开"公案"疑团的一个线索。但必须注意的是，陈炽此时只是从李提摩太等人的介绍中知道有斯密此人，也知道其著《富国策》使英国富强这样的事，但他并未真见到此书。退一步说，根据他自述不懂英文，即使看到了斯密的书也看不懂。

第二，据陈炽说他在1896年的15年前即1881年看到了同文馆中译本《富国策》，而且不满意这个译本。尤其是他认为《富国策》在当时教育中具有"总学"的地位，译文好不好关系重大，所以他决心要重新翻译。陈炽接着又说，正好有懂外文的朋友从南方来，也向他介绍西方富强得益于《富国策》，"《富国策》，淘天下奇文也。其言与李提摩太同"。于是，陈炽"旋假得西人《富国策》原文，与同文馆所译华文彼此参校，始知原文闳肆博辨，文品在管、墨之间；而译者弃菁英、存糟粕，名言精理，百无一存。"——注意：问题出来了！由于陈炽得到原文也看不懂，于是他理解的那部促使英国富强的《富国策》与同文馆的译本就被作为同一本书而"彼此参校"了。

第三，陈炽通过李提摩太等人的介绍知道原书很好，但是与他亲眼看到的同文馆所译的《富国策》很不同，他不清楚压根就不是同一本书，却认为是翻译不好所致，是译者"弃菁英、存糟粕"造成"名言精理，百无一存"。于是，他"爰即原本，倩友口授，以笔写之，虽未必吻合原文，亦庶乎可供观览矣"。在他看来同文馆译本简直没法看，只能重译！他所谓的"重译"是请懂英文的朋友口

---

① 赵树贵、曾丽雅编：《陈炽集》，中华书局1997年版，第274页。

授而自己笔述,并拿到《时务报》去刊登的。笔者看到此事还有旁证。如同在1896年,梁启超在《变法通议·论译书》中对陈炽的做法予以肯定,并将其作为中译西书的一类案例来分析,他指出:"如同文馆旧译之《富国策》,而《时务报》有重译之本;广学会旧译之《泰西新史揽要》,而湖南有删节之编。咸视原书晓畅数倍,亦一道也。"① 从这里也可见当时翻译西书不拘一格,当然也另有各种批评意见。

这篇《重译富国策》"叙"上正式签署"通正斋生译述",是陈炽无疑,另在他的几封书信《致汪康年书》中都提到此事。其中一函,是他与汪商议在《时务报》上刊登译稿名称之事,其中说到"通正斋生(《富国策》用之)……改曰《重订富国策》可矣。"另函又说"此书在西国最有名",又说"重译《富国策》,尚未卒业,皆系草稿。今倩友人录出叙文一篇、总论一篇,祈附刻报中。大约不过廿余篇,如日刻两篇,十余次可毕。"这又来问题了——亚当·斯密《国富论》怎么只有这么少的篇幅?《陈炽集》的编者考证《时务报》第15、第16、第19、第23、第25册连续刊登陈炽的《重译富国策》,最初的第15册是1896年12月15日刊登。编者指出"英人斯密德著《富国策》一书,分三卷十五章,八万多字。首译者为汪凤藻,时为1880年。次年有乐善堂聚珍版本,唯'斯密德'音译为'法思德'。故陈炽译述之曰'重译'。《时务报》连载未完,而于丙申年一至三十册合订本后,附书目八种,其第七种即《重译富国策》。今遍寻未着,大概时务报馆后因故未出。"②

《陈炽集》编者认定陈炽重译的就是同文馆的《富国策》,这没有问题,但陈炽心心念念那本使英国富强的斯密德之书,怎么也不会只有"八万多字",而且"法思德"怎么成了"斯密德"的译音呢?不通。法思德就是亨利·福西特,斯密德(雅堂)即斯密亚堂

---

① (清)梁启超:《饮冰室合集(典藏版)》(文集第1册),中华书局2015年版,第75页。

② 赵树贵、曾丽雅编:《陈炽集》,中华书局1997年版,第274页注释。

（亚当·斯密），两者无论生活的年代以及两书的作者名、书名以及出版时间、书的内容、篇幅等差距都很大。更重要的是，同文馆1880年出版的三卷八万多字的《富国策》，次年（1881年）有日本乐善堂本，笔者也做过详细考证。把此书作者法思德即福西特说成是"英人斯密德"，显然弄混了！懂得中国文献的学者，若又能看到亚当·斯密的《国富论》，大概就不会将"三卷八万多字"的福西特（法思德，1833—1884年）1863年麦克米伦公司出版的 Manual of Political Economy（同文馆译成《富国策》）与亚当·斯密（1723—1790年）1776年的巨著《国富论》混为一谈——两书问世相差87年！

麻烦的是，不仅《陈炽集》的编者如此，陈炽本人就弄错了，否则他上述那些话就不会那么难于理解了，难怪1896年的经济学术公案到120年后的今天还没有定论，这与陈炽本人弄错直接相关。后人的研究是要以当事人的论述为一手证据的——问题的关键就出在这里！那么，大名鼎鼎的才子陈炽怎么会弄错？这恰是新旧交织、中西叠合的转型时期之反映，从而似乎也并不奇怪。陈炽在这篇"叙"中就说"盖西士既不甚达华文，华人又不甚通西事。虽经觌面，如隔浓雾十重。"这恐怕就是那时情况的真实写照。当时福西特的书作为教科书有一定影响，而李提摩太、丁韪良等又都提到过亚当·斯密的书，国人并不能清清楚楚地知道这两者及其区别，有人甚至认为同文馆译本就是斯密原著并不高明的翻译，包括陈炽也认为是同文馆的译者"弃精华、取糟粕"所致。何况当时斯密的《国富论》并没有完整中译本，要到20世纪以后严复才翻译出此书，因此国人并不了解斯密之书，只是从洋人或到过英国的人的介绍中得到一知半解。并且在那时的西书中译时，一人一书多种译法或反之的情况比比皆是——故而出现所谓"公案"，主要是用现今的思维方式和眼光去看待百年前的情况所致。

更有意思的是当时还出现两本已经中译的西书也被混淆的情形。在梁启超的《读西学书法》中，提到"同文馆所译《富国策》与税务司所译《富国养民策》，或言本属一书云，译笔皆劣"。《富国策》

与斯密的书混淆还情有可原，至少都用了同一个名字《富国策》；但《富国策》与《富国养民策》也能被混淆，实在有些说不过去。可见那时西方经济学原理性著作的中译情况复杂，并无一定之规，人们弄不清楚哪个是哪个也不是不可能的。何况一些译著本身既有中外译者个人"非专业"的差池，也有他们翻译时不同的理解或删缩、发挥与议论，再加上国人多不懂外文，发生上述偏差也就不足为怪了。对此，不能用如今的目光和理解去认识——同时，这也可以证明"转型"之艰难！

再看看陈炽的译本。由于陈炽的"重译"并不全，现存只有卷一"生财"——总论、三要、人功、资本、分合、多寡、损益。卷二"用财"——总论、角逐、田限、工价。再看看同文馆的译本。同文馆《富国策》卷一"论生财"下分七章——总论、论生财有三要、论人功、论资本、论三要滋生之力、论制造多寡之异、论增益财用之理。卷二"论用财"下分九章——论制产之义与均富之说、论财所自分、论地租角逐之道、论工价……不需要再赘列了，简言之，陈炽重译的就是同文馆的《富国策》。陈炽《重译富国策》卷一"生财"的"总论"中就有"富国之学，以美利利天下。欲天下人人能知之、能行之，则必自浅者始矣。斯密德者，英人也。首创是学，名之曰《邦国财用论》"。这就是说，陈炽自己一会儿用李提摩太的说法"斯密德，著《富国策》"，一会儿又说斯密德著的是《邦国财用论》。实际上，《邦国财用论》就是亚当·斯密《国富论》的中文名，这在当时大概是不曾发生歧义的。如同文馆《富国策》卷一"论生财"的"总论"中，开宗明义讲"《富国策》所论述者，乃生财、用财、货殖、交易之道。昔斯密氏首创是学，名其书曰《邦国财用论》"。陈炽"重译"的就是同文馆此书，其所述内容也很相似，而他却真的弄不清楚同文馆译的不是斯密的书。

说到这里似乎终于清楚了。看来，后人的误解源自前人的偏差，而出现那样的偏差恰是转型、过渡时期的产物，不能按照今天的标准要求那时的人，包括陈炽。从这个意义上说，陈炽得知英人写的

《富国策》有益于富国，因此要"续"写中国的《富国策》，以求发展经济富强中国，这无疑是值得高度肯定的。这个"续"字，并非是为英著写续，而是要"踵英而起"使中国"他日富甲环瀛"，实在是难能可贵的。笔者以为，上述"公案"固然还可以商榷研讨，但着力点若放在国人从译书到自著经济学书的史实研究上、从中国经济史学转型与新发展的视域去认识分析，或许比继续驻足于注视一个"续"字的各种解析更为重要。

五　结语

现今的人们似乎很难理解上述那样的混淆、误读、曲解等现象，但在当时却往往是司空见惯的，关键就在于那是中国经济学术新旧叠合、中西交融的重要转折时期。中国传统的"经世济民"之学，伴随西方经济学的传入而逐步完成其现代转型，1896年正是这两种形态交汇的转折点。转型并非能够一蹴而就，必须经历一个过程，之所以出现莫衷一是的经济学术公案，正是这一过程的真实体现。这也证明了西方经济学并非"传入"就等于"移植"成功，而是国人需要接受、消化、反刍、吸收等，才能逐步完成从传统的"经世济民"之学到现代经济学的最终的"蜕变"；而且学术转型的过程并非可以独自完成，它是中国社会经济发展与现代化进程的重要组成部分。限于篇幅和本文主旨，无法再就此展开论述。

1896年作为中国经济史学现代转型的标志年份，这一年除了以上所述外还有许多相关情况出现。例如，比较集中的经济类系统出版物的面世，1896年"富强斋主人"编辑出版《西学富强丛书》（48册），收录了许多西方新学文献。再如，同年农学会编译出版《农学丛书》，共7集82册，其中也包括中文著作在内。比较有特点的国人著作，如黄皖的《致富纪实》，1896年刻本，是从技艺方式与耕作思想来论致富。这不仅是农学的新发展，而且可以弥补中国传统经济学术微观不足之欠缺。一般说来，我国的经济思想和理论重在宏观领域，而微观层面较为薄弱，中国经济史学新发展中的一个方面，就是微观层面的不断完善，或曰"深进"。

同时，我们知道学术"分科"是近现代的产物，而进入 21 世纪之后的学术发展趋势鲜明地呈现出"跨学科"的时代要求，若干重大问题的研究都需要多学科的合作与协力。笔者曾基于史实与逻辑的视域考察经济史学及其学理关联，[1] 进而研究分析中国经济史学的演进与走向，阐释科研在"深进"的基础之上"打通"学科界域，这是中国经济史学发展和创新的重要路径。[2] 这些前期工作奠定了本重大项目的科研基础，本文即是其中重要的典型案例之一。作为研究论文，已在写"结语"了，但本文提出的问题却远远没有结束，甚至只能说研究刚刚开始。相信后续的工作不仅能够修正以往一些成论，甚至可能颠覆已有的基本知识，在中国经济学术史这一经济史学的新领域，还有许许多多的研究有待来者探索。

（原载《贵州社会科学》2016 年第 9 期）

---

[1] 叶坦：《经济史学及其学理关联——基于史实与逻辑的视域》，《经济学动态》2013 年第 10 期。

[2] 叶坦：《中国经济史学的演进与走向》，《人民日报》（理论版）2015 年 12 月 6 日。

一锄明月满园花

——《吴承明全集》序言

2017年是吴承明先生的百年华诞,恰值先生全集出版。先生后人邀我将拙文作为全集的序言,深感荣幸。"一锄明月种梅花"是1946年3月吴先生与洪达琳女士结婚时,其父赠牙章一枚之镌文。1973年离开"五七干校"后,他检抄旧稿,以此名篇,为《一锄集》。我们知道,梅花具有独特的神韵与风姿,冰清玉洁疏影横斜。植梅,有陶情励志或归隐避俗等寓意,苏州怡园的"锄月轩",即是取自宋人刘翰"自锄明月种梅花"诗意,元、明亦有这样的诗句,而"一锄"或许更加强调专心致志、一心耕耘。光阴荏苒岁月如梭,先生当年在学术园地辛勤锄种的颗颗花粒,如今已是繁花满园硕果累累。

在中国经济史学晚近半个多世纪的发展史中,吴先生是享誉海内外的一颗睿智思想明珠。他的一生曲折坎坷而光耀璀璨,他的学术博大精深、引航导向,他的理论方法、治史观念及其科研成就,不仅凝聚成为高山仰止的巍峨丰碑,而且广为后学所接受、汲取和传播。从繁花硕果追溯耕耘艰辛,沿着他学问人生的跋涉行迹,能够引导我们透视中国经济史学世纪发展的一个缩影。

一

吴承明先生(1917—2011年),祖籍河北滦县,考其曾祖一辈自幼"好学不倦,十三岁应童子试,即以第一名冠军"。曾任清廷内阁侍读，"博洽能文，熟于掌故"，曾纪泽出使欧洲奏调其为使馆参赞，为之婉谢；而益发"研讨经世之学"，并与同文馆西学教习有交往。"知铁路为强国之具"，遂联名奏请修建芦汉铁路，得李鸿章力赞却始终未果。后外放浙江任多处地方官，"敦风化、创学校，以开民智"，其为官刚正清廉、政绩卓著，"处脂膏而不以自润"，反贪腐"守正不阿"，后人写入《清官集》。辛亥革命中曾敦促浙军起义，后北归隐居，"然忧国之心，老而弥笃"；用"思寡过"名书斋，"以清白遗子孙"，米寿而终。先生的祖父吴鸿逵（字用宜）曾在杭州为书吏，1920年后定居北京。

先生之父吴大业（字扶青），1911年毕业于北洋大学堂法科（该校1895年创建，系天津大学前身。其法科1917年并入北京大学，而北大的工科移到北洋大学），历宣统皇帝殿试，赐"同进士"出身。其主业法律事务，曾协助外交部长王正廷督办"鲁案"（即第一次世界大战后从战败国德国收回青岛相关主权和胶济铁路的权益）善后事宜，后为专业民法律师。两度出任北平律师公会会长，任北平国货陈列馆馆长、财政部北平印刷局局长等职。先生之母李翔青女士，毕业于我国最早的女子师范学校之一、也是女界名流的摇篮——北洋女子师范学堂，一生贤妻良母，高寿九十有四。

先生为家中长男，秉承勤学济世之家风，1923—1940年，读小学、私塾、北平市立三中、四中，入北洋、清华、北大、西南联大四校，历工、理、经、史四科。那时的中国正处在社会大变革时期，先生立志"工业救国"，1932年考入北洋工学院预科。两年所学均为实用课程，他感到当以"科学救国"，于是1934年再度考入清华大学理学院学习化学。进而，他认识到"经济救国"更现实，习学经济最能振国济世，便转入经济系。时任系主任的陈岱孙教授亲授基础课，西方经济学说史特别是古典经济学予其直接影响；而萧遽的货币银行学和余肇池的会计学均属必修，这对他日后的留洋学习非常有利。他还选读了杨树达、雷海宗等名师的文史课程，并参加世界语和新文字运动，1935年（即其18岁时）就在进步刊物《东方既白》创刊号上发表论中国土地问题的文章。

进而，日军侵华凶焰日炽，东北沦陷、平津危机，先生满怀报国热情，加入中华民族武装自卫会等组织，积极投身抗日救亡。"一二·九运动"爆发，他成为北平爱国学生运动领袖之一，也是清华救国会和大游行的领导人之一。1936 年中华民族解放先锋队成立，他被选为大队长，这年夏天被迫离开清华到北京大学史学系继续学习。他选修了孟森、郑天挺、钱穆等史学大家的课，也继续着"经济救国"的理想，到经济系听课并自修马克思主义经济学。"七·七事变"后，先生参加平津流亡同学会和战地服务团，这年冬天他在试马时写下"策马登峰极，边城看雪消；含悲辞燕阙，饮恨建康桥"的诗句①，记述那段艰苦岁月和抗战决心。1938 年冬，他到昆明西南联大复学。这里名师荟萃，先生得以面聆陈寅恪（隋唐史）、姚从吾（史学方法）、刘文典（古典文学）、赵迺抟（经济思想史）等名家教诲；还加入西南联大话剧团，参演闻一多为舞美、曹禺任导演的剧目，并到工厂农村演出宣传抗战。西南联大奠定了他深厚的文史功底，继而写出毕业论文《古代云南与中土关系之研究》。他感慨后来专门研究经济史，却从未念过一门经济史的课。1940 年夏毕业，他供职于重庆中央银行经济研究处，兼任《新蜀报》主笔、《银行界》主编等职，还发表过一些研究战时生产政策和金融方面的文章，产生了一定的影响。②

1943 年冬，先生历尽艰辛船行 43 天越洋赴美，入哥伦比亚大学继续深造，怀抱"实业救国"理想进商学院研究生部学习，主修货币与金融学兼修工业管理。时在第二次世界大战中，美国正值罗斯福总统任内，经济学界凯恩斯主义兴盛，哥大则还保留着克拉克（J. B. Clark）之遗风，其子小克拉克（J. M. Clark）主持哥大讲坛。

---

① 诗句出自《春望》，载先生惠赐之《濯足偶谈》1992 年第 1 版。"偶谈"已印 3 版，先生临终前还在补订，准备出第 4 版，却成永憾！
② 先生当时较有影响的文章主要有：《论当前生产政策》《论大小生产——再论当前生产政策》，载《时事新报》1942 年 4 月 12 日、6 月 8 日；《产业资金问题之检讨》《理想利率》，载《金融知识》1942 年第 2 卷第 5 期、1944 年第 3 卷第 2 期。

先生选修其经济学课外，还选了查普曼（T. Chapman）的银行学、多德（D. L. Dodd）的金融市场等课程；管理学方面选有工业管理、营销学等。1945年他的《认股权、股票股利及股票分裂与扩充公司之投资理论》颇受好评，修改后通过，被授予贝塔—西格玛—伽玛（ΒΣΓ）荣誉学会的"金钥匙奖"，此奖要求获奖人课业优秀，必须五门成绩全部是"A"。先生的导师贝克哈特（B. H. Beckhart）不仅是名学者，也是大通银行首席经济学家，他明确反对凯恩斯主义。不同学派并存的环境，成就了先生海纳百川的学术胸襟，他还注意观察各学派演变发展轨迹，蕴积成开放宽容的学术风格和思维逻辑直至终生。其学位论文顺利通过，1946年获得硕士学位（当时无MBA，称MS）。①

同年3月9日，先生与留学朱丽叶音乐学院的钢琴家洪达琳女士结为伉俪。婚后，他打消继续攻读博士学位或留在美国就业的念头，选择归国报效祖国。此时国内的抗战已经胜利，百废待兴，国民政府资源委员会"驻美技术团"1946年3月改组为"驻美代表办事处"，资源委员会经济研究室主任孙拯领命聘请被称为"GNP之父"（后改用GDP）的著名经济学家西蒙·库兹涅茨（S. S. Kuznets，1971年诺贝尔经济学奖得主）担任资源委员会顾问，聘吴承明、张培刚、丁忱做专门委员为库氏当助手，于6月陪同库氏来到南京的资源委员会。

二

先生一生读万卷书、行万里路，孜孜以求报效祖国、追求科学、追求真理。他的确称得上学贯中西、古今融通而且史论互证、著述甚丰，受到海内外同行的敬重。这与他深厚的文史功底和西方名校的系统教育分不开，也是他博学勤思严谨治学所致，更是他主张各

---

① 先生的获奖论文和学位论文在其回国后的1947年译刊中文概要——《认股权、股票股利及股票分裂与扩充公司之投资理论》，《证券市场》1947年第14号；《美国战时公债与金融政策评述》，《财政评论》1947年第16卷第1、2期。

家并存、取法务上、求实创新学术精神的体现,而"史实"是他自始至终坚持的治学根基。

归国之后,先生在资源委员会辅助库兹涅茨工作。他曾对我谈起,资源委员会聘请库氏的主要目的是"请他设计一套资源和工矿产业的调查统计制度,而不是研究中国的 GNP",但库氏对中国 GNP 有兴趣,要助手也为他提供相关资料,主要就是我导师巫宝三先生主持的"中国国民所得(一九三三年)"研究,并附有 1931—1936 年 GNP 的推论数据。此研究 1945 年完成,后于 1947 年由中华书局正式出版,至今仍有学术影响。我记得巫老说过出书之名只标 1933 年,是因为详细的估计以 1933 年为限,其余年份材料不足,无法用同样的方法准确估计,只能当作一种趋势看待。吴先生当时所见的还是用复写纸手抄的四大册原稿,摘译成英文供库氏参用。库氏对此项研究饶有兴致并写了评论 Comments on Mr. Ou's Study of the National Income of China,由吴先生送给当时在中央研究院工作的巫先生,巫后来写了《答库兹涅茨博士的评论》(Reply to Dr. Kuznets' Comments on Mr. Ou's study of the National Income of China)。在探讨相关概念和方法方面,巫先生还发表《国民所得中的国际支付》(International Payments in National Income)在美国的《经济学季刊》1946 年 2 月号上。吴先生到中央研究院拜访巫先生,巫与之谈了自己与库氏之间对国民所得的概念和计算方法见解之不同,并赠其《经济学季刊》之文。不久,吴先生经过研究写出长达 19 页的《我国资本构成之初步估计》,1946 年 11 月(此时他尚不到而立之年)发表在《中央银行月报》新 1 卷第 11 期,根据库氏的方法进行 1931—1936 年中国的资本形成(capital formation)估计,发表后产生反响,还被译成英文在香港刊行。此后巫先生 1947 年 12 月发表《〈中国国民所得(一九三三)〉修正》,谈到参考库氏及其三位助手包括吴先生的意见。[①] 吴先生接

[①] 相关文献参见 P. S. Ou(巫宝三)International Payments in National Income, *Quarterly Journal of Economics*, Feb. 1946;《修正》一文发表在《社会科学杂志》第 9 卷第 2 期,1947 年 12 月。此两文均收入巫宝三《经济问题与经济思想史论文集》,山西经济出版社 1995 年版。

下来继续完成《中国工业资本的估计》，主要时段是 1936—1946 年，与前人不同的是将"资本"定义为"生产剩余价值的价值"，此文也被几种刊物转载。这些工作无疑都是以"史实"为基础的实证研究，正式开启了吴先生的第一个经济史研究专项。[①] 巫、吴两位先生尽管研究方法不尽相同，却开始了此后半个多世纪的学术情谊，并成为社科院经济所三十多年的同事，且都尽享天年九十有四而终，他们是我人生和学术上影响最大、最久的恩师！

其实，当时库氏来华两个来月即回国了，吴先生也在 1947 年初辞去南京的工作来到上海，任中央信托局信托处襄理。同时兼任上海交通大学、东吴大学等校教授，主要讲授货币银行、国际汇兑、工业管理和财务报告分析等课，这些多是国内新开的课程，还发表了一些相关论文。新中国成立后的 1949 年冬，他的清华和哥大老学长冀朝鼎出任中央财经委员兼中央外资企业局局长，邀其到北京工作，是年 11 月 14 日先生回到了阔别多年的京城。从此直至辞世，先生在京生活了六十多年，一个甲子有余的沧桑巨变！

1950—1957 年，吴先生在中央外资企业局、私营企业局和工商行政管理局工作，并开始研究外国在华投资问题，1951 年以笔名魏子初（"外资处"谐音）发表了一些成果，其中生活·读书·新知三联书店出版的《帝国主义在华投资》虽是小册子却很受重视，先后再版并被译成俄文。在此基础上，先生继续拓展资料搜集并辅之以个案调查，将外国直接投资的考察从前人一般止于 1936 年延伸至 1948 年，研究证实外国在华投资中资本输出很少，主要来自外资在华的积累——结论源自人民出版社 1955 年出版的《帝国主义在旧中国的投资》，此书是研究相关问题的必读书。外国在华投资成为先生第二个经济史研究专项，第三个专项则是时代印记鲜明的中国资本

---

① 参见吴承明《我国资本构成之初步估计》，载《中央银行月报》新 1 卷第 11 期，1946 年 11 月；《中国工业资本的估计》，载《中国工业》新 1 卷第 5、6 期，1949 年 9、10 月，后得汪敬虞先生函件及资料而进行了部分修正。两文在收入其文集时标题均添加了年份，见《吴承明集》，中国社会科学出版社 2002 年版。

主义改造问题。

工商行政管理局的主要任务就是对民族资本主义工商业进行社会主义改造，局长是许涤新（1906—1988 年）。吴先生 1958 年任该局调研处处长，又调来方行、汪士信等同做研究。经许涤新与当时中国科学院经济研究所孙冶方所长商议，合设"资本主义经济改造研究室"，吴先生任主任，主要工作是编《中国资本主义工商业史料丛刊》、写《中国资本主义工商业的社会主义改造》（人民出版社 1962 年出版、1978 年出修订本），这是"资改"的重要作品得到广泛引用。需要说明的是，先生对"资改"有自己的认识，认为《公私合营工业企业暂行条例》在执行中走了样，改造不仅强制而且扩大化，他建议《中国资本主义发展史》写到新中国成立为止，不再继续写第四卷"资改"。到"文化大革命"，"资改室"解散，成员也下放到"干校"。先生生性达观，种稻种菜战天斗地的干校生活，反倒使得已患多年的十二指肠溃疡痊愈，能饮酒聊天濯足论诗，并把其中有价值的记下来——这就是其《濯足偶谈》的来源。1974 年初许涤新联系人民出版社"借调"先生等人编写《旧中国的资本主义生产关系》（1977 年出版），次年调到商业部，开始酝酿写《中国资本主义发展史》。1977 年许涤新古稀之年出任中国社科院副院长兼经济所所长，翌年吴先生等也转到经济所并扎下根来。在前述三个专项研究之后，30 多年来先生在经济所的学术贡献彪炳史册，尤其在探索经济史学的方法论和历史观方面更是无可替代！

先生专任经济所研究员之后，先后担任所学术委员会委员、研究生院博士生导师，兼任南开大学博士生导师。1980 年任日本东京大学客员研究员，1986 年任美国加州理工学院客座教授。学术兼职主要有：中国经济史学会会长、中国国史学会理事、中华全国工商联特约顾问等。1991 年获国务院颁发的社会科学突出贡献专家特殊津贴，2006 年被授予中国社会科学院首批"荣誉学部委员"，2008 年当选"中国社会科学院健康老人"——他一再说这是自己最后的也是最珍重的一项荣誉。

毋庸讳言，以"史实"为治史根基离不开枯燥烦琐的资料工作。回溯先生从20世纪50年代起就参加千家驹先生倡导的"中国近代经济史资料丛刊编辑委员会"，首先问世的是他1954年的《帝国主义与开滦煤矿》，署名"魏子初"；次年出版千家驹的《旧中国公债史资料1894—1949》。编委会还与海关总署合作，利用其存档编出"帝国主义与中国海关"丛刊，如《中国海关与庚子赔款》《中国海关与邮政》等，史料价值颇高。前述"资改室"的"中国资本主义工商业史料丛刊"也是先生负责的，"中资史"的基础就是大量发掘和调查的史料。

先生倾注了最多心血和精力的就是《中国资本主义发展史》。20世纪60年代初周恩来总理提出为实现"马克思主义政治经济学的中国化"，应编写一部"中资史"，任务交给许涤新，由"资改室"承担，但因"文化大革命"而中断，1978年先生等人到经济所后正式启动。许涤新和先生任主编，全书分三卷：第1卷"中国资本主义的萌芽"，系1522—1840年中国资本主义的产生；第2卷"旧民主主义革命时期的中国资本主义"，为1840—1920年中国资本主义的发展；第3卷"新民主主义革命时期的中国资本主义"，写1921—1949年的情况。这是一部逾二百万字的巨著，二十多位学者历十几个春秋才完成，全书配制487张统计图表，人民出版社1985—1993年出齐。许涤新撰著全书"总序"，先生统稿、许涤新审订。然而，从撰著体例和主要内容的构架，到执笔"导论"等重要部分的写作，再到统稿删改以至重写的巨量工作，处处凝聚着先生的心血！此外，他自认研究贡献主要有三：近代中国资本集成的估计、近代中国工农业和交通运输业总产值的估计、近代中国国内市场商品量的估计。这些研究均为海内外学者所重视、评介和引用，而先生却对其中一些数据不断修正，如前两项估计的修正直到21世纪收入《吴承明集》。可以看到，这部大作汇聚了先生前几个专项研究的精髓，而且在史实辨正、研究方法、论点新见等方面展现出其不懈的理论追求。

先生倾注最大精力锄种的学术之花结出了丰硕成果，此书面世后中外学界好评不断。特别是第 1 卷，1987 年台北谷风出版社就出了繁体字版；1989 年 7 月 20 日李约瑟（Joseph Needham）致信先生征求对"近代科学为什么在西欧而不是中国产生"（即"李约瑟之谜"）的意见，先生复信讲到中国 16、17 世纪的启蒙思潮缺乏欧几里得式的逻辑思维，但主要原因还在于明清中国是以小农生产（包括手工业）为基础的社会，经济上较少竞争且人力充裕，缺乏迫切利用新科技的需求等。剑桥大学的诺兰（Peter Nolan）与先生商议英译此书，由伦敦大学柯文南（C. A. Curwen）译编英文本，2000 年麦克米伦出版社（The MacMillan Press Ltd.）出版。客观地说，尽管此书难免留下时代痕迹，但确是中国经济史学的一座里程碑，被认为是"填补空白"之作和"国内外引用率最高的中国经济史著作之一"。先后获得"中国社会科学院优秀学术成果奖""孙冶方经济科学奖""郭沫若中国历史学奖"等，并多次再版。透过先生的治学轨迹，可见以"史实"为基础、扎根于实证研究的经济史学，才具有强劲的生命力，基于此的方法论探索才颇具学术价值！

三

在谈吴先生的方法论之前，需要说明"史法"大概初始于《春秋》之"书法""义例"，在中国史学中大抵指著史或治史的原则、方法，这里重在其方法论意义，主要指先生治经济史学的方法和方法论。

一般说来，方法论的探索离不开研究对象本身。值得重视的是，20 世纪 80 年代初学者多还重生产、轻流通时，先生已开始研究市场问题了。他首先估算市场商品量即市场大小的演变，整理出 1840—1869—1894—1908—1920—1936 年五个时段的国内市场商品量估计，据此可见 19 世纪下半叶市场发展很慢，其扩大是在 20 世纪以后，抗日战争后剧减，此即多次修改后最终载入《吴承明集》的《近代中国国内市场商品量的估计》。为了从更长时段研究市场，1983 年起他陆续发表论明代、清代、近代市场的系列论文,[①] 从人口和耕地、田价和物价、货币和白银流通、财政和商税等方面,深入研究明清和近代市场长周期性的兴衰演变,在国内外产生很大影响。1984年美国名家费维凯(Albert Feuerwerker)看了他的清代市场论文后邀其到意大利参加中国经济史研讨会;1986年法国著名汉学家贾永吉(Michel Cartier)将上述三篇市场论文摘要写成《吴承明的国内统一市场形成观》,发表于著名的《年鉴:经济 社会 文明》(Annales, Économies Sociétés Civilisations)1986年11—12月号;先生论中国近代市场的论文,则有日本的中国现代史研究会会长池田诚监译的日译本(载《立命馆法学》,1984年第5、6号)。

不满足经济史实的考证复原而深入透析现象进行理论阐释,这是先生治学的鲜明特点,也是其方法论探索的重要途径,即从"史实"出发探究"史法"。他在市场理论方面下了很大功夫,其《市场理论和市场史》分析马克思的分工产生市场的理论,赞赏恩格斯《反杜林论》中的主张"生产和交换是两种不同的职能",提出历史上各种市场的出现多与分工无关。《试论交换经济史》则建构交换与经济发展关系的模式,提出"交换先于生产",在理论上做出新尝试。先生研究市场,从商路、商镇、商品运销转向人口、价格、货币量、商品量等变化,分析市场的周期性演变,并讨论其对社会结构、阶级分化的影响,其市场研究是以中国现代化(即近代化)的宏大背景为基点的。他认为市场资料较多,数据有连续性,用市场和价格的演变来考察经济的兴衰与中国的现代化过程,均有很大的优越性。这与"斯密动力"相仿,即市场促进分工、分工和专业化促进生产,经济增长与市场的深化扩展分不开。仅从生产视角不足以认识经济发展和中国现代化,从而应注重流通,于是他努力进行两方面的工作:一方面对16世纪与17世纪、18世纪与19世纪上半

---

① 吴承明连续发表了《明代国内市场和商人资本》,《中国社会科学院经济研究所集刊》第5集,1983年;《论清代前期我国国内市场》,《历史研究》1983年第1期;《我国半殖民地半封建国内市场》,《历史研究》1984年第2期。

叶的中国市场进行系统考察，这可说是"史法"之"实证研究"（positive research）；另一方面，在经济学理论与经济史研究的方法论以及现代化理论等方面进行创新探索，希图在理论上找出一条适应中国经济史学和现代化研究之路，这可视为"规范研究"（normative research）。这些研究体现于《16 与 17 世纪的中国市场》、《18 与 19 世纪上叶的中国市场》等系列成果①，得出中国现代化肇端于 16 世纪的明代"嘉（靖）万（历）说"。客观地说，此论非其最先提出，如傅衣凌先生就有过类似论点，但吴先生将此说立论，并以坚实的实证考察和规范研究展现于世人。他的《传统经济·市场经济·现代化》一文论述从传统经济到市场经济的转变过程，同时指出市场机制也有个转变过程，也就是经济的现代化过程，这样其市场研究便同现代化研究有机结合起来。体现于其系列市场研究的集中成果——1985 年出版的《中国资本主义与国内市场》，是他 1949—1983 年相关论文的集萃；1996 年刊出的《市场·近代化·经济史论》，则是他 1985—1995 年重要贡献的汇聚。

研究可知，探讨近代经济问题绕不开现代化。先生 1987 年就在此方面下功夫并提出新见，在《早期中国近代化过程中的内部和外部因素》中，他针对"冲击—反应"范式和"传统—现代"对立模式，提出中国"内部能动因素"论，并予以实证考察。传统经济中的能动因素主要是农业和手工业，他认为传统农业可承担现代化任务，但不否认其落后面一定程度上制约工业化发展。更重要的是，他以科学的精神和谦逊的态度在再版时指出，对于近代人口与耕地数据"我的估算已落后了"，应"改用时贤新论"。在《近代中国工业化的道路》中，他分析利用手工业的功效及工业与小农经济的结合，或许本有一条立足本土、工农结合、土洋结合进而实现现代化的道路，但终败于以洋行、租界为背景的大口岸经济之路。正由于传统经济有其内部的积极能动因素，"中国的工业化应当走与传统产

---

① 分别载于中国商业史学会编《货殖：商业与市场研究》第 1 辑和第 3 辑，中国财政经济出版社 1995 年、1999 年版。

业协调发展的道路,不能一举而代之。"继而,他写了《论二元经济》,从理论方法上探讨不发达经济走向现代化的道路,认为将传统农业的作用局限于为现代化产业提供廉价劳力不准确,关键是低估了传统农业的剩余。二元经济现象长期延续,小农经济是多元的,有自行调节资源配置的功能。他构建出一个小农经济生产模型,但说明无法计量。

研究现代化最为关键的是现代化的标志问题。20世纪90年代国家正式提出建立社会主义市场经济体制,先生采用希克斯(J. R. Hicks)《经济史理论》的观点,把实现市场经济作为经济现代化的标志。他论证从马克思到诺斯(D. C. North)都将工业化归之于"专业商人"的兴起和市场的扩大,引发生产方式的变革,商业革命导致工业革命。具体到中国,他把明代嘉、万时期的徽商、晋商等大商帮的兴起和工场手工业、散工制的发展,以及财政、货币的白银化,租佃、雇工制度的变革以及社会结构的变迁与17世纪的启蒙思潮等综合考察,视为明清之际的现代化因素。在1997年《传统经济·市场经济·现代化》之后,1998年又有《现代化与中国16、17世纪的现代化因素》、1999年写的《中国的现代化:市场与社会》等系列成果问世,① 他在探索中国现代化研究的方法论上做出了不懈的努力。

就"史法"而言,先生的治学方法在经济史学界独树一帜,公认其方法论独到,且历史观新颖,理论追求伴随始终。回眸20世纪80年代初他发表《关于研究中国近代经济史的意见》,主要讲两个问题:如何看待帝国主义入侵的后果,如何评价封建主义的作用。对于前者,后继有《中国近代经济史若干问题的思考》;对于后者,则有《谈封建主义二题》深入讨论。"二题"指古代封建主义和近代封建主义,他论证中国古代封建制度有别于西方的若干特点,分析中国步入近代社会的不同道路;"近代封建主义"是新概念,意指

---

① 前两文修改稿收入先生的论文集《中国的现代化:市场与社会》,生活·读书·新知三联书店2001年版;第三文即此论文集之"代序"。

1840年以后封建主义经济发展到一个新阶段,即地主制经济发生质变,吸收较发达的商品经济来自我调节,成为能够与资本主义共存的近代封建主义,确属新论。同时,先生予古代封建主义新的研究价值,这与其"广义政治经济学"理论探究相关,尽管他自认在这方面"没做出什么成绩",其实不然。他提出以"马克思主义中国化"为目标的王亚南、许涤新等人的努力是可取的,但重点应放在前资本主义、特别是封建主义政治经济学上,因为社会主义经济在中国尚不成熟,半殖民地半封建经济已有定论,而封建经济在中国产生最早、历史最长,颇具政治经济学研究的典型意义,这恰是研究前资本主义时代的学者共同的理论困惑。在《论广义政治经济学》和《中国封建经济史和广义政治经济学》等文中,他阐述其论点并提倡研究"中国封建主义政治经济学",为我国经济史学的理论与方法创新引航导向。

总的看来,20世纪末的二十余年中,吴先生在商业资本、市场和交换理论、中国现代化理论以及广义政治经济学、中国经济史学方法论等方面着力甚多,也逐步形成颇有见地且自成体系的历史观,即基于"史法"形成"史观"。他非常关注西方学术特别是经济学的发展与动态,并运用其中适应中国经济史学研究的方法,成为经济学理论与经济史研究结合的典范。他的结合与运用绝非"照搬",而是能动而理性的,突出于有选择与做修正。例如,先生有"计量经济学"的深厚功力,认为研究中国经济史学离不开计量方法,能够计量的应当计量,但明中叶以前不太适用,此后可以用,但数据必须扎实可靠。再如,改革开放后以诺斯为代表的新制度学派影响中国,先生认为其产权理论、交易成本、制度变迁等概念可用于研究中国,但应注意具体的研究对象与实际数据,这些都是治经济史学重要的方法论见解,也是成就其最终的巅峰之作的必经过程。

四

"史观"也可以表述为"历史观",不仅与方法论紧密相连,而且一般讲史观问题当以治较长时段的"通史"为基础，即所谓"通古今之变"。先生的研究重心在近代，但他做到了"史通古今"并涵融中外，而且是在专精基础之上的贯通。他治史之"今"不仅仅在于关注当今世界学术理论思潮及其发展，更具体落实到当代经济史研究之中。1996 年国家社科基金"九五"重点课题《中华人民共和国经济史 1949—1952》立项，请先生做学术带头人，由他和董志凯任主编。该书独具一手档案资料优势，研究从人与自然的关系延伸到人与人的社会关系，并加强新中国成立初期社会经济状况的评估和新民主主义经济体制的理论分析，有关恢复国民经济的措施和成就也是以专题研究为基础的，突出反映了新民主主义经济在中国全面建立、实施和运行的历程与成就。该书 2001 年出版，并获奖和再版。先生自称对此"并无实际贡献"，其实他参与拟定大纲、研究撰写，还承担第二章"旧中国经济遗产"的部分写作。历次书稿讨论会也都参加，还审阅全部成稿，此书中亦可见他的思想轨迹。同年，先生还应邀主编《中国企业史》的"近代卷"，他请江太新共同主编，此书于 2004 年出版。这些都证明先生对经济所的经济史学研究发展具有独特贡献。

下探当代体现了先生的博学深进，但非其治学主向。他的研究重在近代到明清并上溯宋代，内容从生产到流通再到市场；进而超迈传统的"经济"概念，对社会结构、制度变迁、思想文化进行系统考察，最终凝聚而为"经济史：历史观与方法论"的深层探究。步入 21 世纪之后，他着重研究的就是此课题，还几度给博士生开课讲授，2001 年末中国社科院老年研究基金正式立项，这时他已近 85 岁且罹患眼疾"飞盲症"。就在这种情况下，此后整整四年多时间，他每天废寝忘食勤奋耕耘，趴在书桌上动辄数小时。此书承载着他近几十年来孜孜以求的研究志趣，更是其科研特色与学理思辨的高度凝练与升华，他投入全部精力和心血的研究炉火纯青已臻化境——最终呈现出其巅峰之作《经济史：历史观与方法论》。此书是"十一五"国家重点图书，2006 年底由上海财经大学出版社出版，几天之后即是先生的九十寿辰。他几次说过对此书比较满意，但这是自己的最后一部研究著作。在他身后，此书经过我们反复论证，收入商务印书馆享誉中外的"中华现代学术名著丛书"，于2014年出版。我应邀为此书撰写《史实·史法·史观》的导读文章，即是此序言的基础。

先生此著重点阐释经济史是研究历史上各时期的经济是怎样运行的，及其运行的机制和绩效，不能仅限于经济本身。他强调经济史首先是"史"，这是毕生治经济史学的大家在此书"结束语"中的首要提示。治史，离不开"历史观"，故而"史观"是首位的，《经济史：历史观与方法论》将"历史观"作为全书的"上篇"，分为四章予以阐释——引子：经济史学小史、古代中国与西方的历史观、理性化时期的中西历史观、理性主义的反思和西方历史观的转变，基本上都是基于中西比较展开考察分析的。他主要从三个方面考察阐释历史观，即如何认识人与自然界的关系即天人关系、如何认识人与人的关系即社会关系、如何认识思维与存在关系即认识论。他赞赏司马迁"究天人之际，通古今之变"的历史观，认为其天人相通、社会和谐、古今通变是高明的，而宋以后的启蒙思潮虽然促进思想的理性化却不能导致社会的现代化，这也是中西思想文化差异对经济发展和社会转型的不同影响。我们能够在先生学贯中西古今游刃有余的畅论中，领略到的不仅是博大的知识体系的碰撞，而且可能体悟其精湛宏论的深邃寓意，进而思考：为何要从历史观层面谈经济史学？中西方的历史观主要异同何在？西方的历史观缘何而转变？

"方法论"是全书的下篇，分章深入阐述方法论和历史实证主义、经济学理论与经济史研究、社会学理论与经济史研究、计量分析与经济史研究以及区域研究与比较研究等，最后是点睛之笔第十章"结束语"。先生着重评介诺斯的新制度学派、法国年鉴学派和经济计量学派的方法，并特别强调实证主义是"不可须臾或离"的治史方法，而中国史学一直是实证主义的，这也就是以"史实"为根基。他具体考证中国史学诸家以及西方从狄尔泰（Wilhelm Dilthey）、克罗齐（Benedetto Croce）直到海德格尔（Martin Heidegger）等，尽管各家的学说主张各异，但无疑更充实了实证主义方法。他着重指出，历史研究是研究我们还不认识或认识不清楚的事物，任何时候都存在有待认识的东西；随着知识的增长、特别是时代思潮的演进，原来已知的需要再认识，研究就是不断地再认识，因此研究方法应开放即"史无定法"。最后，先生概括他研究中国经济史学的思维理路："历史—经济—制度—社会—文化思想"，语重心长地阐发——"百家争鸣，学术才有进步"！

离开书本再回到先生治学的轨迹。历史观和方法论都是他数十年来研究经济史学的探索和积累并不断完善的结晶。其"史观"的特色就是凸显创新的"发展论"，并且深入落实一以贯之。早在他为《中国大百科全书·经济学卷》撰写万余字的"中国经济史"长词条中，就对中国几千年的经济发展史进行系统总结——历史包括经济史的发展可能曲折，也会有回潮，但总趋势是进步的，不存在从唐宋"顶峰"走向明清"衰落"的阶段。直至近年国家级大型项目多卷本《中国经济通史》请他撰写"总序"，其依然重申发展的观点。从发展的眼光看问题，他以古人的"苟日新，日日新，又日新"为志，学术追求突出一个"新"字！如果没有新东西，他就不写文章、不开会发言；做研究要求有新材料、新观点或新理论，包括对以往的研究成果进行不断修正。他认为科研不可能一蹴而就，随着时代的发展，材料的新发现和研究手段的提升以及认识的深化，以前的成果也需要不断修正才能与时俱进。发展必然要创新，他视"创新"为学术研究的生命力——这与先师巫宝三先生十分相似，他们绝不故步自封，而是力主创新，而创新要建立在充分的实证研究基础之上，系统研究要先作专题，专著要以论文为基础，"由小而精到大而博"。他们都十分注重中国史学传统"究天人之际，通古今之变"，巫先生据此从经济思想史上研究司马迁的"法自然"思想颇多新意，而吴先生则从历史观与方法论视阈阐释其历史哲学，通过实证提出西方征服自然的斗争哲学终将回归太史公的主张!

再插一句,这两位治经济史学的先生对《中国经济史研究》杂志都寄予厚望,对经济所这点"史学家业"十分上心,大凡有好文章首先想着在此发表;每一期杂志刊出,他们都会立即放下手中工作认真阅读,都非常关心杂志的发展和学界的评价,拳拳之心感人至深!

五

不难看到,历史观与方法论密不可分,而且史实—史法—史观也相互融通。有必要对吴先生经济史学研究中最具代表性的"两论"集中阐述。众所周知,在方法论上吴先生力倡"史无定法"影响很大,他的许多论著中都有相关论述,这的确是不可或缺的研究方法,更深具方法论内涵和意义。诚然,我国早有"史无定法"之说,我记得清人章学诚曾就"史家之绝唱"的司马迁《史记》,提出"迁《史》不可为定法"之论。① 今人谈陈寅恪之学有"诗无定式,史无定法"之说;余英时在其流传甚广的《怎样读中国书》中,说他以前提出过"史无定法"的观念,现在也可以扩大为"读书无定法"。至于到底什么是"史无定法",说法就更多了,如"运用一切可能的方式"或者"历史可以有不同的表述方式和解读方式""历史是需要不断解读的"等等;还有学者专就经济史学解读吴先生所论"史无定法",都是很有启发意义的。的确,先生赋予此论以治经济史学的具体而可行的实际内容。

二十多年来,我有幸时常得到先生的教诲(他称为"切磋"),深感"史无定法"在其方法论中重要而深邃,并且他是在"经济史:历史观与方法论"这一宏大架构中概述和不断完善此论的。回溯先生阐发此论的轨迹,或许会有更多启迪。早在 20 世纪 80 年代初,

---

① 《文史通义》卷一《内篇一·书教下》。

他出访东京大学时就注重各种研究方法问题，特别是西方研究经济史学的动向，当时国际学界的顶级学者们在方法论方面都显现出极高的热忱。1984年在意大利米兰召开"International Conference on Spacial and Temporal Trends and Cycles in Chinese Economic History, 980—1980"，主持人是费维凯（Albert Feuerwerker）和郝若贝（Robert M. Hartwell），出席的有诺斯（Douglass C. North）、施坚雅（G. William Skinner）、马若孟（Ramon Myers）、罗斯基（Thomas Rawski）、白吉尔（Marie-Clair Bergere）、贾永吉（Michel Cartier）、魏丕信（Pierre-Etienne Will）、斯波义信及王业健、李中清、王国斌、刘翠溶等名家。吴先生应邀与会并发言提出"史无定法"，即"就方法论而言，有新老、学派之分，但无高下、优劣之别"，"新方法有新的功能，以至开辟新的研究领域，但我不认为有什么方法是太老了，必须放弃"。会后，他在中国社会科学院和上海社会科学院都讲授国外的观点和方法，听众大开眼界。接下来，1986年美国加州理工学院聘他为客座教授，因而得与海外学者深入交流，其深感收获甚丰。同年底，先生在中国经济史学会成立大会上发表《中国经济史研究方法杂谈》引起轰动，三种刊物登转。到1992年，他发表长文《中国经济史研究的方法论问题》，阐述其系统性方法论研究，重申"治史可因对象、条件不同，采用不同方法"，可谓"大道至简"的点睛之论。

概括地说，其方法包括（1）文献学和考据学方法；（2）历史唯物主义；（3）计量学方法；（4）发展经济学方法；（5）区域论和周期论；（6）社会学方法；（7）系统论方法；（8）"史无定法"。先生将方法分为三个层次：（1）世界观、历史观思维方法；（2）归纳、演绎等求证方法（后来概括为"认识论意义的方法"）；（3）经济学、社会学等专业和技术研究方法。在"史无定法"原则下，直接适用于中国经济史研究的主要方法：（1）经济计量学方法（明中叶以前不适用，因古代文献不准确、记载不连续等）；（2）发展经济学方法（研究欠发达国家，特别是考察长期趋势可借鉴，注意比较研究，二元经济论等均可用）；（3）区域经济史方法［区域内与区域间两者应同时进行，中地理论（central place theory）提出经济发展由核心地区向边缘地区扩散，可考察移民、贸易、交通等及核心与边缘地区的关系和城市与市镇研究，有利于展现经济发展的不平衡性]；（4）社会学方法（源于社会学的结构理论、行为和功能学说及人口、心态等成为经济学的内容。可借鉴社会学的整体思考、比较研究、社会底层研究与社会调查方法等）。他为使国内学者拓展眼界，对西方经济史的年鉴学派、经济计量学派、新制度学派等重点阐述，肯定布罗代尔（Fernand Braudel）长、中、短时段的历史研究体系，但因其分量大应分工进行。总之，可以根据研究的对象和条件的不同而采用不同方法，重要的是该方法本身的实用性及其对所研究的问题和现有资料的适用性。他指出选用理论主要是启发性的而不是实证性的；一种方法不可能万能，所以要集众家之长，也可以多种方法并用。先生的方法论随着研究的深入不断发展完善，经过更为深入的理论拓进，他发表了名篇《经济学理论与经济史研究》[①]，提出"在经济史研究中，一切经济学理论都应视为方法论"，此文获得"孙冶方经济科学论文奖"，并成为学术经典流传甚广，先生本人即是学界公认的应用经济学理论研究经济史学的成功典例。

我经过多年的学习和理解，尤其是先生言传身教之耳濡目染，认识到其"史无定法"论精深而博大，不仅根植于中国传统学术深基之中，更是其注重国际学界新动向、在与海外顶尖学者的交流中不断完善的。故此，他总能站在学术之巅，为中国经济史学执旗导航！没有学贯中西的扎实功底，没有长年潜沉的积淀和升华，没有超常的智慧与敏锐，就不可能在学术发展日新月异中不断执旗导向！先生攀登的是学术高峰，创造的也是生命奇迹——其巅峰之作是在85岁到90岁之间完成的。

[①] 《中国经济史研究的方法论问题》，《中国经济史研究》1992年第1期；《经济学理论与经济史研究》，《经济研究》1995年第4期；两文收入吴先生的论文集《市场·近代化·经济史论》，云南大学出版社1996年版，后者还收入《吴承明集》。

至于何为"史无定法",我的理解是——既然"无定法",也就不求诠释一致。关键是,应根据研究对象和具体问题以及可用资料来选择适用的方法,注重其特有的适用性和局限性并加以修正、调整或再加用另外的方法。我认为"史无定法"本身就是一种"法",或可概述为"非一"之法——核心就是"不绝对"。这不仅包括"条条道路通罗马",而且"罗马"也不是只有一个或一成不变。这里既有一般理解的方法多样性,也蕴含着不断的发展与创新。不难想见,先生的"求新"和"不绝对"在他那个时代是相当难的。大家在不知不觉中习惯了太多的"一"(一个思想、唯一真理、甲是则乙非等等),真能"非一"谈何容易!不过,先生不同,其具备"家渊"、"学脉"和"思源"三方面的基础,这从上述其学问人生的演进历程中可以看到。他倡导的"史无定法",不仅为学人治学提供了方法启迪,更引导大家从思维逻辑上改变长期形成的习惯"定式",并力倡中国学者要具有世界眼光,成为追求科学与真理的正确方向和良好风尚。

在"史无定法"之外,先生再一个很有影响的论点是"源流之说",最经典的表述也是在《经济学理论与经济史研究》中提出的——"经济史应当成为经济学的源,而不是它的流"。他引述熊彼特(J. A. Schumpeter)语"经济学的内容,实质上是历史长河中一个独特的过程",指出"经济学是一门历史科学,即使是最一般的经济规律,如价值规律,也不能无条件地适用于任何时代或地区"。他强调应当历史地看待经济学的发展,任何经济学理论都有其特定的历史背景。任何伟大的经济学说,在历史的长河中都会变成经济分析的一种方法,也是研究经济史的方法,而不是推导历史的模式。直到 2010 年 11 月 11 日《中国社会科学报》刊登记者对他的长篇专访《经济史应当成为经济学之源——访中国经济史学专家吴承明》,年近 94 岁高龄的先生进一步深入诠释自己的学术主张。他认为不能把全部经济史建立在某种单一的经济学理论上,经济史之所以是经济学的"源"而不是"流",因为经济史为经济学提供材料拓宽视野。作为习史之人，我时常思索：世间万事万物均不过是时空坐标中之一点，都会随着时间的变迁而步入"史"的行列；经济学也一样，在时光演进过程中同样也会成为"史"的一部分。以提出"现代创新理论"著称的熊彼特，在其皇皇巨著《经济分析史》"导论"开篇，不厌其烦地强调经济学之史的重要，不仅将经济学的内容视为历史长河中的一个独特的过程，而且指出"如果一个人不掌握历史事实，不具备适当的历史感或所谓历史经验，他就不可能指望理解任何时代（包括当前）的经济现象"。熊彼特还有一段话，或许是我们今天理解"源流之说"最好的注脚："经济史——是它造成了当前的事实，它也包括当前的事实"。[①] 可以认为，一个经济学家若患有"贫史症"，不仅很难做好研究，而且研究成果的生命力也会很有限。

先生提出研究历史上的经济问题主要是看实践，经济史研究一般可以一定的自然条件下的生产力的增长、一定的社会制度下经济运行的效果作为考察的主线。一部新的经济史，不是已有文献和著述的选择与综合，而应该在总体上和部分上，在数据、方法、观点上均属新构，代表一个时代的学术水平。他反复重申经济史研究不能只讲"纯经济的"现象，经济史学家应具备历史学修养。他赞成"社会经济史"的提法，认为经济史历来是社会经济史，主张从自然条件、政治制度、社会结构、思想文化诸方面研究经济发展与演进。他总结经济学各学派总的方法不外乎"模式法"和"因素分析法"，经济史研究则不宜用模式法，历史上各时代的经济发展总会形成某种模式，但它是研究的结果而不是出发点。经济学日益模型化和数学化，以至于出现用公式"伪装精确的知识"（哈耶克，F. A. Hayek）、"用时间变量来代替思考"（索洛，R. M. Solow）。经济史研究应以实证分析为主，应具体不宜抽象，不宜先立范畴，更不能用范畴"填充"历史。历史研究提出问题非常重要，而一般不宜假设。他还有许多精辟而精湛的论断，常常给人的习惯性思维逻辑以冲击震撼，

[①] 熊彼特：《经济分析史》第 1 卷，朱泱等译，商务印书馆 1991 年版，第 29 页。

如："合乎历史发展规律的未必就是好的"，举出奴隶制的出现就是如此；再如，"萌芽不一定非成大树"，像资本主义萌芽就可能只是"萌芽"等等，振聋发聩，启人深思。

六

吴先生晚年越发重视思想文化对经济的作用与影响，认为经济发展—制度改革—社会变迁中最高层次上都要受思想文化的制衡（conditioned），这有两重意思：一是不合民族文化传统的制度变革是行不通的，二是文化思想又常是社会制度变革的先导即启蒙。他对宋儒之学尤其是宋明心学倾注心力，认为自宋以后儒学理性化，到王阳明将"知"和"理"一元论，有利于思想解放；那时的反传统思潮和经世致用主张以及实学思想都具有启蒙意义。可惜中国思想的理性化只有道德理性，缺乏工具理性，加之清统治者的思想禁锢，启蒙思潮被扼杀，直到西学传入，现代化启蒙才真正来临。

思想文化与经济发展是近十余年来先生和我谈论较多的论题，他相当博学却十分谦逊。或许出于我的专业偏好，我向先生不断请教经济思想史方面的问题，包括对这门学科本身的看法。我知道他对经济思想史颇为注重，自学生时代起就修习西方经济学说史，认为研究中国经济史更不能忽视中国经济思想。在他的经典论作《经济学理论与经济史研究》篇首就列举"富国、富民思想，田制、赋税思想，义利论、本末论、奢俭论等思想，在研究中国经济史中无疑是很重要的"。晚近他对经济思想史愈加注重，认为研究经济思想史尤其是中国古代经济思想需要较为广博的知识结构和理论素养，而研究经济史不深入到思想史层面就可能深度不够，研究思想史离开经济史则可能成为"无源之水"。先生认为中国经济思想史有三大问题：义利—价值论、本末—生产论、轻重—流通论。他指出西方经济学有局限，要总结中国经济学，研究中国经济思想史十分重要。在中国经济思想史中古代经济思想是源头，这偏重文化范畴，与中国哲学史关系较紧密，要懂经济史和文化史才能深入研究。他的许多论点都是高屋建瓴之见，发中国经济思想史专业学者所未发，对中外经济思想史研究都具有指导和启迪意义。

先生的研究多居国内外领先地位，他的论著大多是掷地有声的传世之作，也是留给我们的宝贵精神财富。他被评为"影响新中国经济建设的百位经济学家"，成果选入"中国百名经济学家理论贡献精要"。[①] 先生不仅在他的著述中阐发和重申其论点，而且作为教师他一直到年届九旬依然坚守在讲台上，将其研究心得传之于后学。20世纪末，我和李根蟠先生都开始招收博士生，商议集中授课，在社科院研究生院开设了"经济史学的理论与前沿"系列讲座，邀请不同专攻的专家开讲古今中外经济史学。讲座从20世纪末直到21世纪，吴先生一直是领衔的"头牌"！他的讲座座无虚席，有个学生写了篇《听大师讲课》的文章，生动地讲述了这位年近九旬的老师神采奕奕博大精深的实况——"不间断地讲了两个半小时，台下是经久不息的掌声，是发自每个听课者心底深处对大师的敬重和仰慕"。可先生不认为自己是"大师""泰斗""权威""国宝"等等，他发自内心地称自己是"小人物"，做的是"小事情"——这是他留给自己后人的心里话，也让我明白了什么是真正的"大"和"小"！身为教师，先生谦虚谨慎为人师表，德泽桃李同人——他循循善诱语重心长，答疑解惑孜孜不倦，教书育人桃李芬芳，培养出多名经济史学的博士、硕士；他指导、扶掖和帮助过的学者数不胜数，勉励后学如沐春风，他是中国乃至世界经济史学界当之无愧的导师！半个多世纪以来，他的精心锄种不仅幽雅香妍，更是春色满园……

直到2011年春，先生已度过了他94岁的生日，还发表了两篇文章：一篇是《经济研究》2011年第2期刊登的吴承明、叶坦《一部承前启后的中国经济史杰作——〈中国近代经济史，1927—1937〉

[①] 参见吴太昌、张卓元等主编《影响新中国60年经济建设的100位经济学家》6，广东经济出版社2009年版；张卓元、周叔莲等主编《中国百名经济学家理论贡献精要》第1卷，中国时代经济出版社2010年版。

评介》，虽然先生未执笔，但内容和观点都反复征询其意见，定稿全部经他审订，只有一项没有听他的，那就是在署名问题上他要求不署名或署在我后面。另一篇是《全要素分析方法与中国经济史研究》，刊登于《永久的思念——李埏教授逝世周年纪念文集》，云南大学出版社 2011 年 5 月出版。前述《中国社会科学报》记者采访时曾问他"有哪些新的关注点"时，他谈的就是此问题，并说明"全要素分析就是分析要素与整个经济增长的关系及其变迁。……在全要素分析中，那些用丹尼森（E. D. Denison）模型计量的部分，仍然要辅之于逻辑分析，才比较完善。"他在自己的微博（是的，94 岁的先生开有微博）上说"我准备写一篇关于全要素分析方法的文章"。病重之时与我断断续续谈得最多的也是这一研究，并遗憾地说："这是我一生最后的文章了。"按照他的心愿还将继续深入下去，而不能继续进行科研的日子，在他看来是没有意义的——这，就是一个真正的学者的人生！[1]

先生学术上的"发展论"也贯穿于其整个人生且身体力行，他主张"今胜昔"，更希望"人胜己"，多次与我谈及"长江后浪推前浪"，对后学充满期待和肯定。他以后学之能为喜、以后学之得正己，在《16 与 17 世纪的中国市场》一文中，他痛责自己曾回避 17 世纪的"低谷"是"逃避"、是"可耻的"[2]，律己之严，令人衷心感佩！他非常注意新的研究动向和成果，哪怕是"小人物"的研究，

---

[1] 有关先生的学问人生，我先后应邀撰写过多篇文章，其中最重要的就是应商务印书馆之邀，为入选该馆"中华现代学术名著丛书"的吴承明《经济史：历史观与方法论》所写导读论文《史实·史法·史观——吴承明先生的生平与学术》，即本序言的基础，此书 2014 年出版。此外正式发表的拙文主要有《吴承明教授的经济史研究》，载"中研院"近代史研究所《近代中国史研究通讯》第 26 期，1998 年 9 月；《经济学不老人》，载《经济学家茶座》第 7 辑，2002 年 1 月；《学贯中西古今　德泽桃李同仁——吴承明先生的生平与学术》，载《经济学动态》2011 年第 9 期；《吴承明传》，《中国历史学年鉴》2012 年 3 月交稿；《史无定法　识人唯长——吴承明先生的治学与为人》，载《中国经济史研究》2012 年第 2 期；《抗战时期的中国经济学家——吴承明：为"经济救国"理想而奋斗》，载《人民日报》2015 年 7 月 27 日学术版等。

[2] 我曾建议先生对这些话稍作修改，但未被采纳，直到《吴承明集》中还继续保留，见该书第 142 页。

也以之修正自己的观点，表现出公开自我批评的大智大勇，我们有幸仰慕先生风范，实为终身楷模。在严于律己的同时，他待人十分诚恳宽厚，其看人主要看优点，看别人的研究也重在长处。对同事、朋友、学生，他都诲人不倦无微不至；无论升职、评奖、出国、答辩、出书，先生能帮忙的都会鼎力推荐；他的科学精神、博大襟怀与谦逊态度，令与之有交往的人无不肃然起敬。在他逝世后为之撰写的生平中，我臆用了"识人唯长"四个字来概述括他的仁厚品格与大家风范。

"识人唯长"实际上也是很不容易的。学者的职业从某种意义上讲恰恰相反，使人看到的往往是他人之不足——做研究就是做他人未做或做错、或不足的，从而很容易孤芳自赏，甚至否定他人，即便是大家也难免如此，即使是谦和的人也很难多看他人的长处。在职业习惯之外，长期形成的"真理唯一"思维逻辑也限制了博采众长，阻碍着学术的健康发展。先生却不然，他看人只看长处，并强调"肯定自己但不要否定别人"。他对不同学术流派乃至不同思想观点等同视之，认为考察学术不应当以观点为据；主张不同论点可以各讲各的，不必非让别人接受自己，更不要以己非人。这并不是说他不讲原则，他的原则就是要"持之有故"，包括学生写博士论文，只要"言之成理"，不求观点一致。还要特别指出，先生对培养研究生相当重视，认为年轻人思想活跃，可以"教学相长"促进自己更新。我一直请他担纲我培养博士生的导师组，直至九秩有余还坚持为我招生阅卷。他很注意学生的长处，每每指出其中稍有见识之处，很令我感动。他提出"学术研究不是任何人的专利，各有其特点，才能互相补充、互相切磋"。反复重申百花齐放，史坛才能一片繁荣！

我自1985年衔巫老之命开始上吴先生的课，到1988年博士论文答辩，再到1992年破格晋升研究员，吴先生都亲自参加，真是师恩如山！从多少次开会听他发言讲话，到数不清的把盏问学促膝长谈……特别是1993年以来我与先生同住一栋楼，时时面聆学术教海，经常得到生活关照，处处都留下先生辛勤的心血！其治学与为人的点点滴滴，都深深铭刻在我心中永难忘怀！特别是先生为我作序的书还在修改，未能在他生前问世，永成遗憾……古语言"智者寿，仁者寿"，既智且仁的先生身体一直很好必然高寿。他乐观洞达、与世无争，他好酒，自称"酒家"；喜美食，且中西菜系不拘，每谈笑"我吃菜和做学问都主张兼容并蓄"。我总结他的"养生之道"是"抽烟、喝酒、不锻炼"，据说流传甚广，还被纽约一家报纸所引用。其实，后来先生已经注意锻炼身体，还自编"诗操"（依唐诗配动作），经常散步观花，北京电视台 2009 年采访他 92 岁的"长寿之道"。然而，2011 年 7 月 8 日 15 时 45 分，先生最终走完了他坎坷而光辉的一生，驾鹤西归，享年 94 岁。他的离去是中外学界无法估量的损失，也是我永远的痛！

时光飞逝，又是一年花开花落，海棠花溪如今已从繁花似锦到落英缤纷再现初实满枝[①]，我坐在与先生一道看花坐过的长椅上，凝眸仰望随风摇曳的枝叶，相信先生还能闻到这阵阵淡香……更相信他辛勤锄种的学术之花，汇聚于这部全集之中的篇篇精品，将长存传世、千古流芳！

是为序。

2017 年 7 月　于北京安贞桥

（原载《吴承明全集》全 6 卷，社会科学文献出版社 2018 年版）

[①] "海棠花溪"在北京的元大都遗址公园中，每年春天海棠花盛开，成为京城一景。这里离先生和我的居处不远，以往大家常到公园散步观花。

编选者手记

叶坦是我国最早的中国经济思想史博士学位获得者,几十年来,心无旁骛地坚持本学科研究,取得了一些学术成果。除了个人专著和主编的学术著作等20余部著书外,先后发表学术论文约180余篇,基本上为个人独撰。

学术界曾为庆贺叶坦从事本学科研究廿年,于2005年5月出版了《叶坦文集——儒学与经济》。这部46万字的论文集,共分"理论篇""历史篇""思想篇""比较篇"和"现实篇"五个部分,恰如环嵌在"儒学与经济"上的"五片花瓣",基本上映衬出其科研理路与学术之花的总体轮廓,可视为本文集的前编。

本文集按照选编要求,以公开发表的论文为主,没有选编专著中的内容,亦不包括外文论文,全部论文编排以发表时间为序。除了第一篇《"中国经济学"寻根》外,均为上述文集之后的研究成果,大抵可以反映作者近十几年来的主要科研情况和学术观点。之所以特别选留"寻根"一文,主要因为此文曾获得"孙冶方经济科学奖",不仅方便读者,也为留作纪念。

本文集选编论文中,仅有一篇合作论文需要特别说明,这就是《一部承前启后的中国经济史杰作——〈中国近代经济史,1927—1937〉评介》(《经济研究》2011年第2期)。此文系与吴承明先生合作,由叶坦执笔完成。这也是吴先生一生中的最后一篇论文,2011年7月8日先生驾鹤西归。在本文集收录的《一锄明月满园花——〈吴承明全集〉序言》中,作者详尽地总结阐述了吴先生的生平与学术,这也是前辈学者留给后学的中国经济史学宝贵学术遗产。本文集中仅有一文没有正式发表，即叶坦 2012 年 3 月 23 日作为中国社科院创新工程首批"长城学者"代表，在聘任证书颁发仪式上的致辞，此文在其学术生涯中颇具代表性。

作为教师，叶坦从 20 世纪以来不仅指导本学科的硕士、博士、博士后，而且对许多院校的中青年学者热心扶掖尽力帮助，本文集收录的《寄语新生》，就是其对学生寄予厚望的情感流露，也是以治学心得指导和启迪学生的由衷企盼。

由于种种缘故，特别是距离文集交稿的时间非常紧迫，按照《文库》编选要求中有关"作者本人在世且愿意亲自编选的，可交由作者本人编选"的规定，本文集系由本人选编，还请方家指正。

叶　坦

《经济所人文库》第二辑总目(25种)

(按作者出生年月排序)

《汤象龙集》　　《李伯重集》
《张培刚集》　　《陈其广集》
《彭泽益集》　　《朱荫贵集》
《方　行集》　　《徐建青集》
《朱家桢集》　　《陈争平集》
《唐宗焜集》　　《左大培集》
《李成勋集》　　《刘小玄集》
《刘克祥集》　　《王　诚集》
《张曙光集》　　《魏明孔集》
《江太新集》　　《叶　坦集》
《李根蟠集》　　《胡家勇集》
《林　刚集》　　《杨春学集》
《史志宏集》